古代都城の造営と都市計画

近江俊秀著

吉川弘文館

目次

挿図・表　目次

はじめに

日本では毎年、八〇〇〇件近い発掘調査が全国各地で行われている。中には、報道で大きく取り上げられ、広く国民の関心を集めるものもあるが、それはごく一握りであり、多くは開発に先立って行われる緊急調査である。その中には調査の規模も小さく、限られた予算と期間の中で行われているものも多く、こうした発掘調査現場は、一般の方々が見てもなかなかその成果を理解することは難しい。しかし、そうした発掘調査を丹念に続けていき、そこから得られた断片的な情報をつなぎ合わせることにより、地域の歴史のみならず日本史そのものの復元につながることがある。

古代国家がその首都として造り上げた平城京跡で行われている発掘調査の多くも、そうした小規模な調査である。筆者は二〇〇四年度から二〇〇七年度までの四年間、平城遷都一三〇〇年記念事業に伴う道路整備などに先立つ発掘調査を担当した。調査の多くは百平方メートル程度の小規模なものであったが、三条大路に沿って右京四坊から左京五坊までの間を横断的に調査することができた。

調査に携わる中で常に意識していたのは、今まさに掘っている調査区そのものを見る目と、視点を広げ坪全体の土地利用の中で調査区を見る目、さらに京全体を見渡す目の三つの視点を常に持つということであった。そうすることにより、小さな調査の積み重ねが奈良時代史の復元につながるという考えがあった。そして、調査をつうじて蓄積された問題意識は、第三章のタイトルである「平城京の宅地と居住者」という課題に集約され、平城遷都時における宅地班給の方法と論理、そして今後の居住者復元の方法などについて数編の論文をまとめることができた。
本書はこうした筆者自身の発掘調査経験をもとに、これまで公表してきた拙論を一書にまとめたものである。掲載した論文の中には、最低限の修正と体裁の統一にとどめたものもあれば、その後の知見を加え大幅に加筆・修正を行ったものもある。不十分な点も多々あろうが、本書が今後の発掘調査、さらには奈良時代の研究に多少なりとも寄与できれば、望外の喜びである。

初出一覧

第一章　平城京における基幹水路『平城京左京三条一坊五・十二・十三坪』奈良県立橿原考古学研究所、二〇〇八年（発表後の知見を加え、大幅に改訂）
第二章　平城京左京三条三坊-小字「衛門殿」の居住者について『考古学論攷』第三一冊、奈良県立橿原考古学研究所、二〇〇八年（ほぼ前稿のまま掲載）
第三章　平城京における宅地班給と居住者に関する予察『平城京左京三条三坊五・十二坪』二〇〇八年（ほぼ全面的に改訂）
附章一　藤原宮の造瓦（上）（下）『古代文化』五二-七・九、二〇〇〇年（ほぼ前稿のまま掲載）
附章二　軒丸瓦製作技法における丸瓦先端加工法に関する若干の検討『考古学論究』小笠原好彦先生退任記念論集、二〇〇七年（ほぼ前稿のまま掲載）

第一章　平城京の都市計画と基幹水路

はじめに

平城京の条坊道路側溝については、佐保川と秋篠川から取水し、常時一定量の水量を保ちながら、京全域にまんべんなく水が回るよう調整されていたとする見解と、側溝の多くは土地区画と不定期的な雨水を排水するためのものであるとの見解がある。

発掘調査で検出される側溝の多くは、後者の在り方を示しており、井上和人が指摘するとおり[1]「条坊側溝からの排水は、原則として大規模な運河及び（改修された）自然河川に一方的に流し込む状況」であったと考えられる。大規模な運河とは、西堀河、東堀河などであり、西堀河は秋篠川を付け替えたもの、東堀河は佐保川から分流するもので、両者はそれぞれ西市、東市の近辺を流れ、京内の水運の大動脈として機能していたことが知られている。

このふたつの運河以外にも、条坊側溝の中には発掘調査により、常時、水が流れていた可能性が高いものもいくつか確認されており、平城京内には、いくつかの基幹水路が存在していたことが分かっている。

また、平城京内には秋篠川、佐保川のほかにも、菰川、菩提川などの複数の河川が流れ、さらに発掘調査では、平城京造営以前に埋没あるいは造営に伴い付け替えられた複数の河川が存在したことも確認されている[2]。これらの中には、治水のため、または水運の利用のために条坊に合致するよう付け替えられたものもある。

つまり、平城京造営にあたっては周囲の山々から京内に流れ込む既存の河川を制御すること、そして付け替えた河川を排水や水運などのために効果的に利用するということが重要な意味を持っていたと考えられるのである。

よって、本章ではこれまでの発掘調査成果をもとに平城京内の基幹水路を抽出するとともに、旧河川との関係を検討することにより、河川の制御と水運という視点から平城京の都市計画について考えることとする。

一　基幹水路の抽出とその具体例

1　基幹水路抽出の条件

基本的に常時、水が流れる基幹水路として機能していたと考えられる側溝を抽出するにあたっての必要条件は、

①一定の幅と深度を持ち、河川あるいは他の基幹水路と合流するまで連続すること。

②埋土下層に砂層の堆積が認められるなど、水流の痕跡が認められること。

を挙げることができる。さらに、十分条件としては、

③墨書人面土器や人形など、水にかかわる祭祀遺物がまとまって出土すること。

が挙げられる。なお、③については表1、図1で示すように、特定の道路側溝から集中して出土する傾向が認められる。

平城京内で今まで発掘調査された条坊道路側溝のうち、この三条件を満たし、かつ、その規模が突出して大きなも

表１　祭祀遺物が出土した条坊関連遺構一覧

	遺跡名	側溝	人形	斎串	墨書人面	位置	備考	報告
1	朱雀大路	東側溝	○			四条条間路交差点		奈良市 Ｈ７概報
2	朱雀大路	東側溝	○			左3.1.1・8		奈文研 61年度概報
3	朱雀大路	西側溝	○		○	右3.1.3・4		奈文研 1998-Ⅲ
4	朱雀大路	西側溝			○	羅城門		大和郡山市「平城京羅城門発掘調査報告書」1972
5	西一坊大路	東側溝			○	右8.1		大和郡山市「平城京西一坊大路（右京八条一坊）発掘調査報告書」1987
6	西一坊坊間路	西側溝	○	○	◎	右8.1.11		奈文研「平城京八条一坊十一坪」1984
7	西一坊坊間路	西側溝	○	○	○	右9.1		奈文研「平城京九条大路県道城廻り線予定地発掘調査概報」1981
8	西三坊坊間路	西側溝			○	右2.3.11		奈良市 H12概報
9	西三坊坊間路	西側溝	金属	○		右2.3.7		奈良市 Ｈ９概報
10	二条大路	北側溝	○	○		左2.2 3.2		奈文研「平城京左京二条二坊・三条二坊発掘調査報告」1995
11	二条大路	北側溝		○		左2.2.12		奈良市「平城京左京二条二坊十二坪発掘調査概要報告」1984
12	二条大路	北側溝	◎			壬生門前		奈文研 55年度概報
13	二条条間路	北側溝	○	○		東院隣接地		奈文研 1998-Ⅲ
14	二条条間路	北側溝	○			左2.2.10・11		奈文研 1998-Ⅲ
15	三条大路	北側溝	◎	○		左3.3.3		奈良県 2005概報
16	三条大路	北側溝	○	○		左3.3.12		奈良県 2005概報
17	東一坊坊間路	西側溝			○	左3.1.12		奈良県 1994概報
18	東一坊坊間路	西側溝		○	○	左3.1.12		橿考研「平城京左京三条一坊五・十二坪」2008
19	東一坊坊間路	西側溝	○			左3.1.14		奈文研 1998-Ⅲ
20	東一坊坊間路	西側溝	○			左3.1.7		奈文研 1997-Ⅲ
21	東一坊坊間路	西側溝		○		左4.1.10・11		奈良市 Ｈ８概報
22	東一坊坊間路	西側溝	○ 含金属	○	◎	左7.1.15・16		奈文研「平城京左京七条一坊十五・十六坪発掘調査報告」1997
23	東五坊坊間路	東側溝	○	○		左3.5.10		橿考研「平城京左京二・三・五条五坊」2013
24	東五坊坊間西小路	東側溝		○		左4.5.6		奈良市 Ｈ６概報
25	東五坊坊間西小路	東側溝			○	左5.5		橿考研「平城京左京四・五条四坊・五条五坊」2012
26	東三坊坊間路	西側溝	○	○		左3.3.8		橿考研「平城京左京三条三坊八坪」1998
27	東二坊坊間路	西側溝	○		○	左2.2		奈文研 55年度概報
28	東二坊坊間路	西側溝	○	○		左2.2 3.2		奈文研「平城京左京二条二坊・三条二坊発掘調査報告」1995
29	東二坊坊間東小路	東側溝	○	○		左2.2.11・14		奈良市 S63概報
30	四条条間路	北側溝			○	左4.5.7	河川 05 出土	奈良市 H13概報
31	六条大路	南側溝	○			左7.1.15・16		奈文研「平城京左京七条一坊十五・十六坪発掘調査報告」1997
32	八条条間路	南側溝	○	○	○	左8.3		奈文研「平城京八条三坊発掘調査概報」1976
33	九条大路	北側溝	○	○	○	右9.1		奈文研「平城京九条大路県県道城廻り線予定地発掘調査概報」1981
34	東堀河		◎ 含金属	○	○	左4.3.9		奈良県 2005概報
35	東堀河		○			左4.3.10		奈良市 Ｈ６概報
36	東堀河				◎	左6.3.10		奈良市 S60概報
37	東堀河				○	左6.3.11		奈良市 S62概報
38	東堀河		○	○	◎	左8.3		奈文研「平城京八条三坊発掘調査概報」1976
39	東堀河		○	○	◎	左9.3		奈良市「平城京東市推定地の調査Ⅱ」1984

※　○は出土あり。◎は出土量、特に多い。

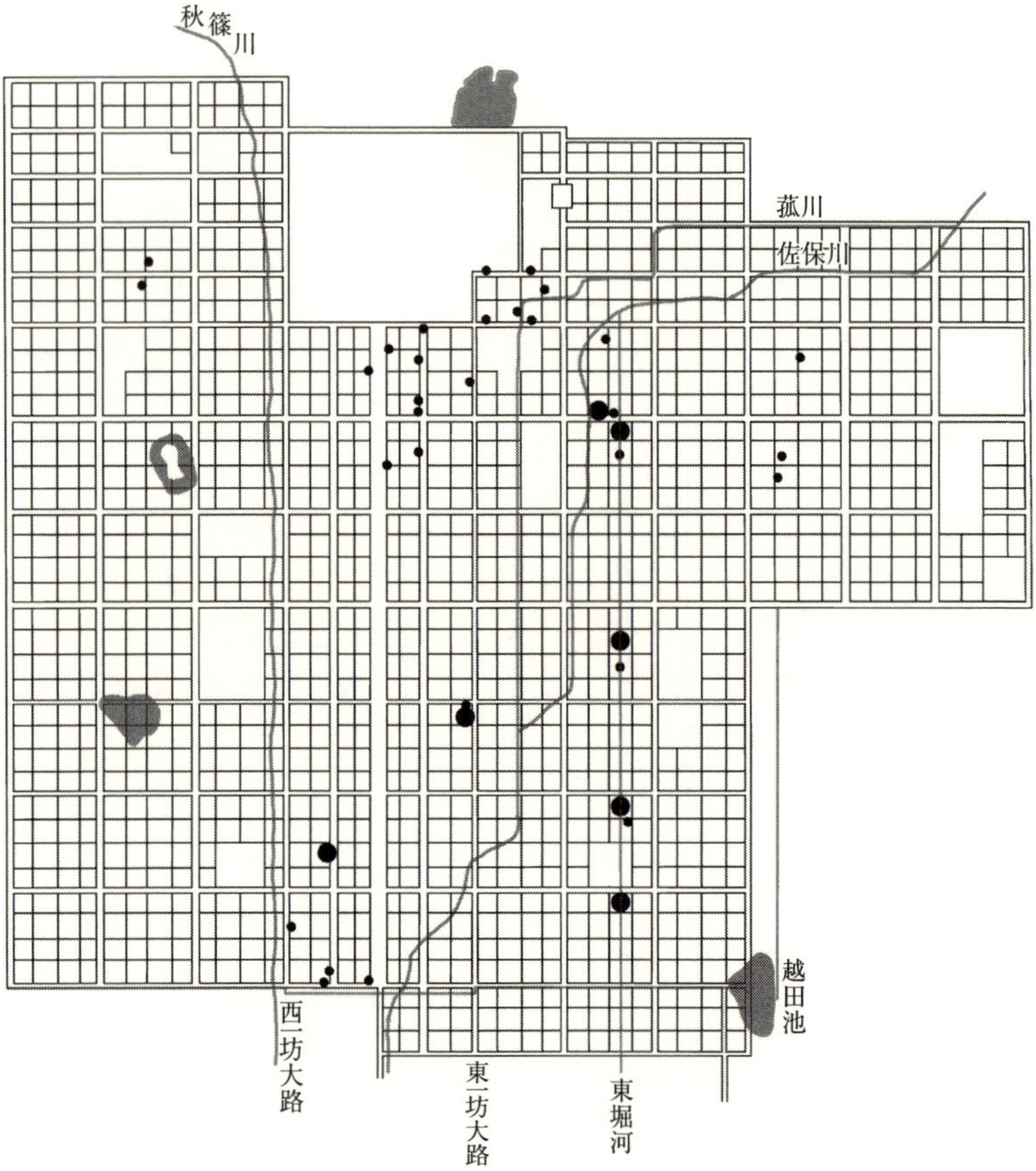

図１　祭祀遺物が出土した道路側溝・水路

のは、いずれも南北方向の条坊道路側溝に限られる。東一坊坊間路西側溝をはじめ、東一坊大路西側溝、[3] 左京三条付近の東三坊坊間路西側溝、[4] 右京八条周辺の西一坊坊間路西側溝、[5] 左京四～五条の東五坊坊間西小路東側溝[6][7]などがそれにあたる。

2　南北方向の基幹水路の具体例

東一坊坊間路西側溝

少なくとも三条一坊八坪から四条一坊六坪までの間で、幅五メートル程度、深さ一・五メートル程度の規模であり、斎串や土馬、墨書人面土器などの祭祀遺物が出土している。奈良県立橿原考古学研究所（以下「橿原考古学研究所」）が平成十八年度に三条一坊五・十二坪において実施した発掘調査では、西側溝が三条大路の路面を横断することが確認されるとともに、側溝底面で足跡の可能性がある著しい凹凸が認められている[8]（図2）。

また、この側溝は平城廃都後に三条大路との交差点の南側に堤を造って上流から流れる水と三条大路北側溝から流れ込む水を堰き止め、溜池として利用していたことが確認されている[9]。さらに、左京三条一坊七坪の発掘調査では、側溝から南東方向に分流する水路が検出されていることから、この側溝は廃都後の水田耕作に

図2　左京三条一坊五・十二坪における三条大路北側溝と東一坊坊間路西側溝交差点（北から）

も利用されていたことが分かる。[10]

東一坊大路西側溝

三条一坊十六坪[11]から七条一坊十六坪[12]までの間で、幅五メートル以上、深さ一・二メートル以上の規模を持ち、七条では幅八メートル以上にまで広がっている。また、東一坊大路西側溝は、二条大路、六条大路、七条条間北小路との交差点を検出しており、六条大路との関係は不明であるものの、他の二例は東一坊大路西側溝がそれぞれの道路の路面を横断する。三条一坊十六坪で行われた発掘調査では、西岸で河原石による護岸が確認されている。[13] なお、詳細は後述するが、東一坊大路と東一坊坊間路に挟まれた三条大路以北では、一町利用以上の宅地が集中する傾向が認められる（図3）。

東三坊坊間路西側溝

左京三条三坊八坪[14]の調査で、幅四メートル、深さ一・五メートル程度の規模である。人形・斎串などの木製祭祀遺物が出土している。なお、この側溝は二条三坊五・六坪では規模が小さく、水流の痕跡も認められていない。よって、基幹水路として機能していたのは、佐保川以南と考えられる。

東三坊大路

左京二条三坊・三条三坊付近では、東三坊坊間路と東三坊大路の間で、平城廃都以降の自然流路が何条か検出されている。[15] 特に、東三坊大路推定ライン上には、明確な河川痕跡が残り、発掘調査でも近世に埋没した河川跡が検出されている。

この区間における東三坊大路は、この河川により破壊されているため、側溝の形状も不明であるが、河川痕跡は南北方向であり、東三坊大路推定ライン上に相当することから、本来は、基幹水路として掘削された東三坊大路の東西いずれかの側溝が、平城廃都後も水路として機能し、それが氾濫を繰り返すことによって、道路そのものを破壊した

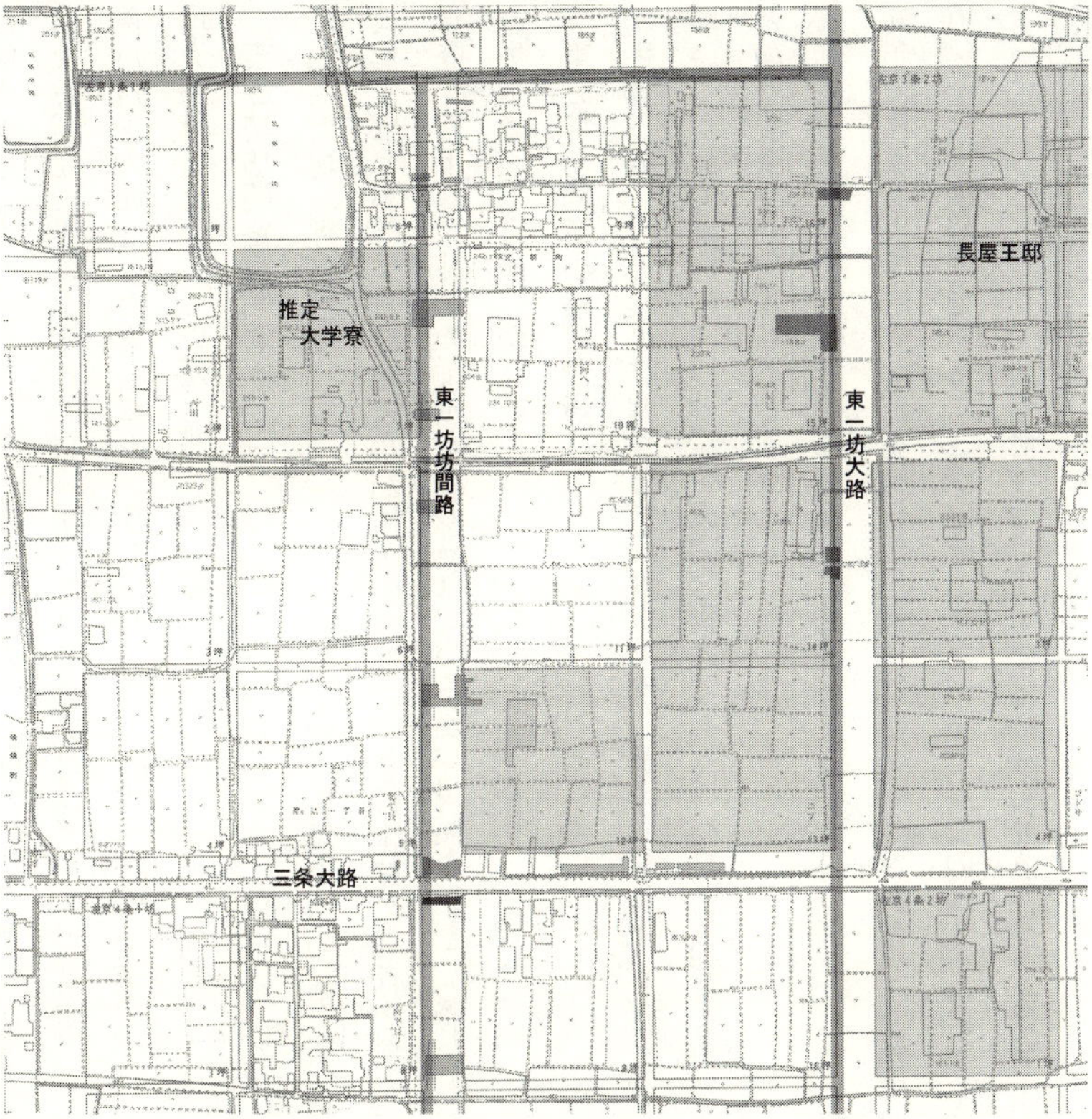

図３　左京三条一坊付近の基幹水路と大規模宅地との関係

可能性が考えられる。よって、東三坊大路のいずれかの側溝が、基幹水路であった可能性を想定しておくべきだろう。なお、岸俊男によると天文二年（一五三三）の文書（「東大寺文書」）に「字石カ町」の水田について「添上郡三条佐保川西従大路北」とあること、また左京三条三坊十二坪の小字が「石ヶ町」であることから、この頃の佐保川が東三坊大路付近を流れていたと述べている。(16)

東五坊坊間路東側溝

三条五坊一坪付近で、幅二・二メートル、深さ二五センチの規模で、石積みの護岸が認められている。(17)規模こそ小さいものの、人形をはじめとする祭祀遺物が出土するなど、基幹水路の要件を満たす。なお、この側溝は左京五条五坊七・十坪の調査でも下層に砂層の堆積が認められているが、規模を大きく減じていることから、五条では基幹水路としての機能を失っていた可能性が高い。

東五坊坊間西小路東側溝

平成十六・十七年度に橿原考古学研究所が実施した発掘調査をはじめ、(18)左京四条五坊六・七・八坪などで検出されている。最大幅約一三メートル、深さ五〇センチ程度であり、奈良市教育委員会が実施した市三一一次調査では、斎串・人形などの祭祀遺物が出土している。(19)

市三一一次調査以南で奈良市教育委員会が実施した調査区では、この溝の延長は確認されていなかったが、平成十八年に橿原考古学研究所が実施した左京五条五坊一坪の調査では延長部分が検出され、他の調査地点とほぼ同様の規模・土層堆積状況であることが確認された。(20)また、この調査では墨書人面土器をはじめとする奈良時代の遺物がまとまって出土しており、調査地付近で祭祀が行われた可能性があることや、側溝の掘削から廃絶までが奈良時代の間に収まることも確認された（図4）。

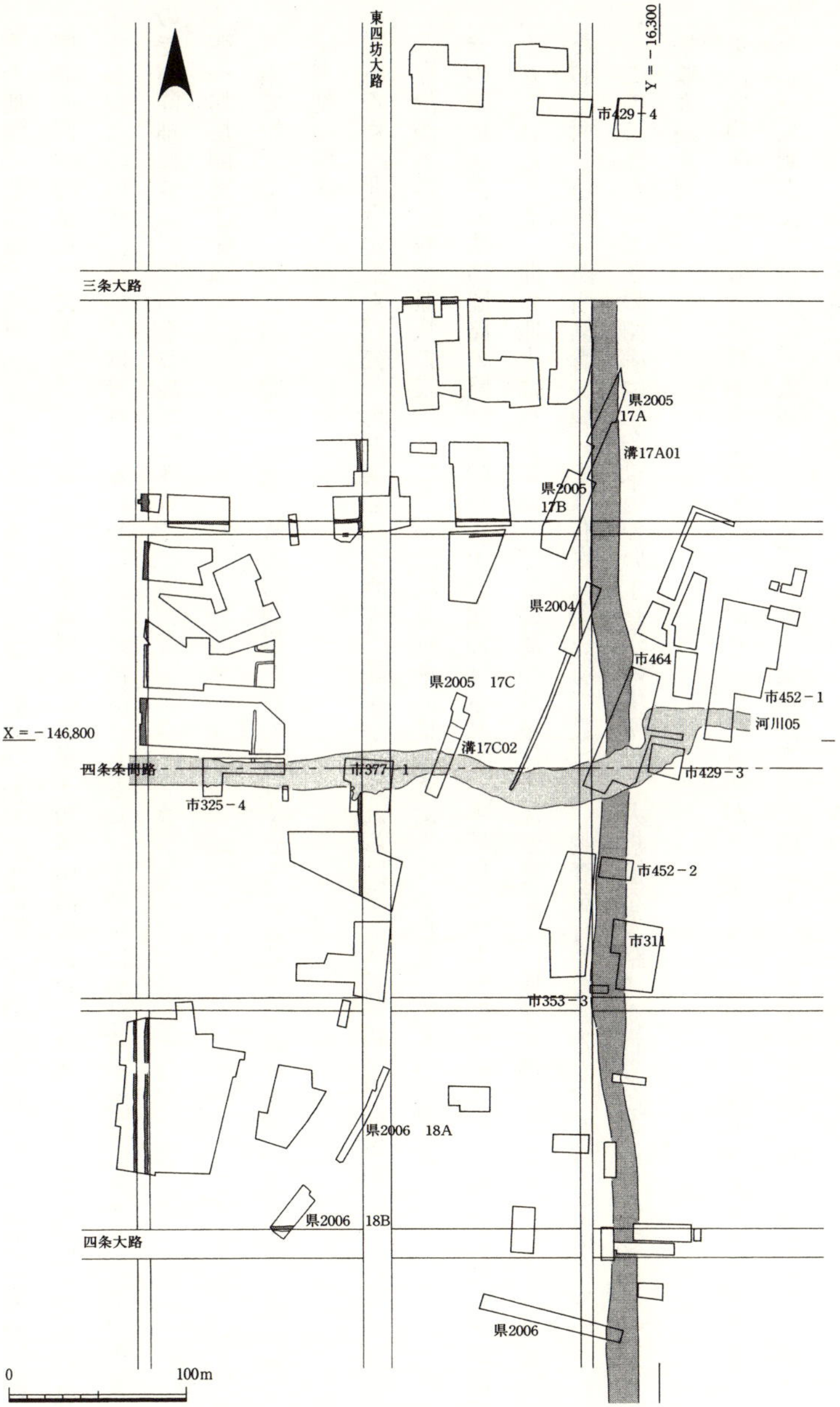

図4　四条条間路北側溝と東五坊坊間西小路東側溝

また側溝の痕跡は、京外となる六条以南でも明確に残っており[21]「牛池」「古池」と呼ばれる南北に細長い池は、この側溝の南への延長上にあたり、南端は『日本霊異記』に見える越田池に比定されている五徳池に至っている。

なお、この側溝については後述する四条条間路の側溝とともに、平城京における治水計画を考える上で重要であるので、詳細については項を改めて述べることとする。

西一坊坊間路西側溝

八条で幅五・五～一〇メートル、深さ一・五メートル程度の規模を持ち[22]、埋土から大きく三時期の変遷が考えられる。

①当初の側溝。

②ある程度埋没が進んだ後、再掘削し、シガラミ護岸がなされる段階（奈良時代中頃前後か?）。

③埋没が進み、断面皿状の浅い溝になる段階（再掘削後の埋土から、奈良末～平安初の遺物出土）。

その後は、西一坊坊間路の路面を削った土で埋め戻されている。埋め戻された土からは、九世紀代の灰釉陶器片が出土している。②③間の埋土は粘土であり、この間の堆積は水流が途絶え、側溝が泥濘化していたようである。

なお、西一坊坊間路西側溝については右京三条一坊で数ヵ所、調査を行っているが、明確な遺構は検出されていない[23]。このことから、この側溝は三条以南のいずれかの場所で、大規模な水路に変わると考えられる。

朱雀大路側溝

東西両側溝ともに幅四メートル以上の規模を持っており、祭祀遺物が出土することから基幹水路の可能性が考えられる[24]。ただし、東側溝については、当初、四条条間路との交差点部分に橋が架けられていたが、後に陸橋に付け替えられていることから、基幹水路であったものが、ある時期に水路としての機能を失ったと考えられる[25]。

これ以外にも平城京では長屋王邸北側における二条大路と東二坊坊間路のように、遷都以後、側溝の改変による排水経路の変更が認められる事例がある。(26) これは、平城京における排水経路が平城遷都後も、実際の水の流れにあうよう、変更が繰り返されたことを示すものとして注目される。

3　東西方向の基幹水路の具体例

次に、東西方向の基幹水路について見ていくこととする。東西方向の条坊道路側溝にも、幅四メートル以上のものがいくつか見つかっているが、これらは、いずれも南北方向の溝との合流地点で得られる数値であり、基幹水路ではなく不定期的な流水により幅が広がったものと考えられる。冒頭で挙げた基幹水路としての要件を満たすものは、南北方向のものに比べ数が少なく、規模も小さい。

三条大路北側溝

東堀河〜佐保川間では、幅三メートル程度、深さ一メートル未満と規模こそやや小さいものの、多量の祭祀遺物が出土していること、下層で板と杭による護岸が確認されていることから、基幹水路として機能していたと考えられる。(27) 溝底のレベルは、五九・五メートル前後で安定しているため取水と排水との関係は不明である。(28)

なお、三条大路は、東堀河以東では、北側溝を二ヵ所、南側溝を一ヵ所で確認しているが、いずれも水流の痕跡が認められない。佐保川以西では、右京三条一坊十二坪における検出例が基幹水路である可能性があるが、それ以外の区間については、その可能性は低いと考える。なお、先に挙げた南北方向の基幹水路である東三坊坊間路西側溝は、三条大路北側溝に取り付くことにより、基幹水路としての役割を終えていたと考えられる。

二条条間路

左京二条二坊では南北両側溝ともに、幅四メートル程度の規模を有する。(29) いずれも、付け替えられた菰川の流路と考えられる。下層に砂層の堆積が認められること、人形・斎串などの祭祀遺物が出土していることから、基幹水路と考えてよいだろう。

ただし、この付近は長屋王邸の調査で確認されたとおり、条坊道路側溝の改変が何度か行われているなど、二条条間路をはじめとする二条一・二坊では、時期によって排水経路を変えている。

二条大路北側溝

壬生門前では幅四・二《メートル》、深さ九〇《センチ》の規模を持ち、石組の護岸を有する。[30] 多量の木製人形が出土したことから、基幹水路としての機能が考えられるが、後に門前に陸橋が造られており、基幹水路としての機能を失っている（図5）。

七条条間北小路北側溝

左京七条一坊では、東一坊坊間東小路の路面を横断し、同東側溝と交差する。[31] 交差点部分の幅は一・〇〜一・八《メートル》深さ一五《センチ》であるが、十六坪では幅一・五から二・七《メートル》深さ三〇〜八〇《センチ》となる。東一坊大路西側溝への排水を意図していると考えられるが、常時、水流があったかは不明である（図6）。

八条条間北小路南側溝

東市では、幅三・四〜三・八《メートル》、深さ一・二《メートル》の規模を有し、人形、墨書人面土器などが出土している。[32] 西側を流れる東堀河に排水していたと考えられる。また、東三坊坊間東小路との交差点では、南側溝は東三坊坊間東小路の両側溝とそれぞれL字に取り付くが、北側溝は東三坊坊間東小路の路面を横断し、交差点部分は当初は架橋され、後に暗渠に改修されている。

三条条間路北側溝

西三坊坊間西小路と西四坊坊間西小路の間における三条条間路推定線上では、近代に埋没する河川跡が検出されている[33]。この河川跡は、現在の地割りにも明瞭にその痕跡をとどめるとともに、三条条間路の路面を浸食しながらも、ほぼ東西方向に流れていたことが確認されていることから、先に見た東三坊大路と同様、基幹水路として掘削された三条条間路北側溝が、平城廃都後も水路として機能し、それが氾濫を繰り返すことによって、道路そのものを破壊した可能性が考えられる。

なお、西四坊坊間路との交差点付近では、この河川に合流する近代に埋没する南北方向の河川跡が検出されていることから、これも条坊側溝を踏襲するものであると考えられる。

四条条間路北側溝

左京四条四坊から五坊にかけて、奈良市教育委員会や橿原考古学研究所が実施した発掘調査で検出されている。最大幅一三メートル、深さ一・五メートルである（11頁図4参照）。

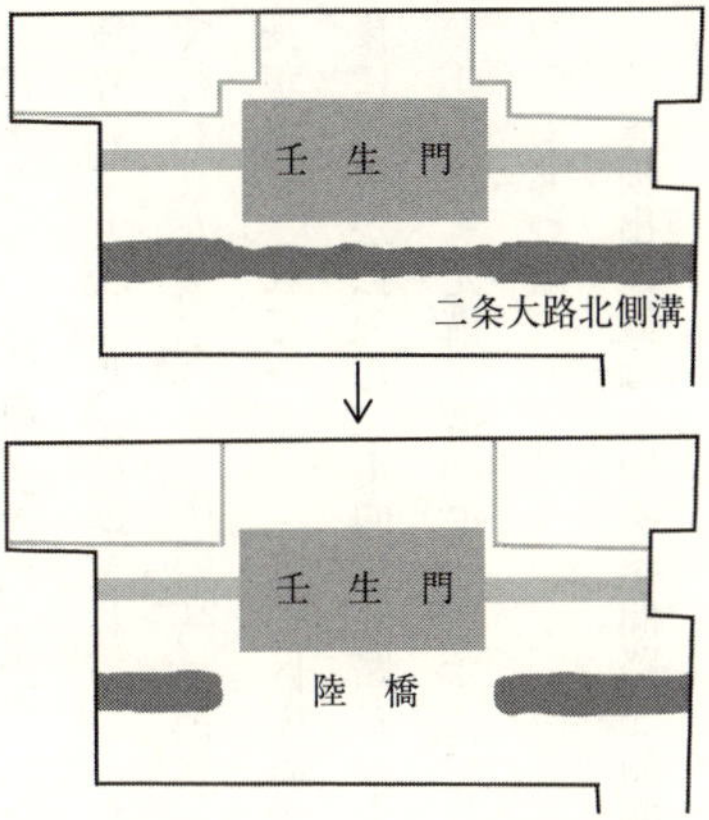

図5　壬生門前の二条大路北側溝の変遷

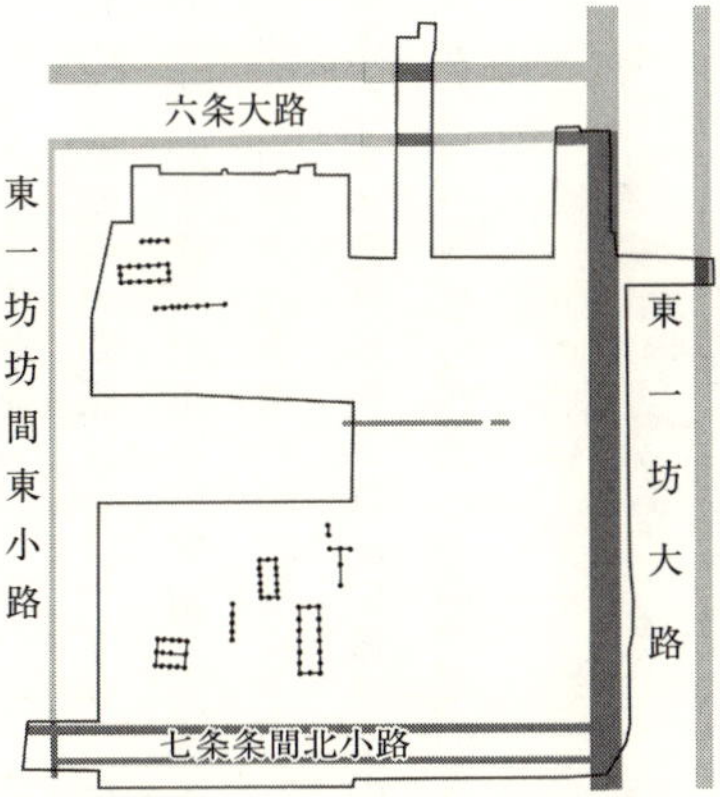

図6　左京七条一坊における道路側溝の形状

市三七七-一次調査では、東四坊大路と四条条間路の交差点の調査を行っている[34]。この調査では、平安時代以降の流路により交差点が破壊されていたために、これらの道路側溝の関係は、はっきりしない。しかし、この流路は西側で行われた三二五-三次調査[35]、東側で橿原考古学研究所が平成十七年度に実施した調査区（一七C区）でも、その延長が確認されている[36]。一七C区の調査では、この流路は当初、四条条間路北側溝として掘削されたものが、平城廃都後に規模が拡大し、東四坊大路との交差点を破壊するに至ったと解釈されている。その理由は、

①検出した溝（溝一七C〇二）は人工的に掘削されたもので、三時期の変遷が認められ、掘削当初は東西方向の溝であった。

②溝検出位置は、四条条間路北側溝の推定位置に合致する。

③少なくとも一七C区から、市三二五-三次調査までの間、この溝の走行方向は正しく東西を向く。

である。また、溝一七C〇二は、県十七年度調査区の東側で行われた市四六四次調査などで検出されている、河川〇五の延長であることは確実で、この河川は東五坊坊間西小路以東では、蛇行する自然流路であるが、以西では東西方向の溝となっている。

先述のように、この側溝は東五坊坊間西小路東側溝とともに、平城京の治水計画を考える上で重要なので、詳細については改めて述べる。

4　河川と堀河

菰川

左京二条二坊周辺で行われた数ヵ所の発掘調査地点[37]で、平城京造営時に埋められたと考えられる旧流路が検出され

ている。この河川は旧菰川であり、条坊施行により、東二坊坊間路東側溝の位置に付け替えられたことが判明している。しかし、少なくとも三条大路以南については付け替えが行われたという従前の理解に対し、否定的な調査成果が蓄積されつつある。

奈良市教育委員会が左京四条二坊七坪で実施した調査では、現在の菰川の東岸から東二坊坊間路路面にかけて調査されているが、検出された東二坊坊間路西側溝の規模は、幅二メートル以下であり、菰川の旧流路とするにふさわしくなく、また、現在の菰川との間に旧流路は確認されなかった(38)。

左京四条二坊八・九坪境で奈良市教育委員会が実施した調査では、東二坊坊間路東側溝と西側溝の一部を検出しているが、検出された東西両側溝ともには、規模・埋土の状況ともに菰川の旧流路とは考え難い(39)。左京四条二坊は、藤原仲麻呂の田村第跡と考えられていることから、東二坊坊間路以東に菰川が流れていたとは考え難く、この付近における菰川は、現在の流路とほぼ同じ場所を流れていた可能性が高い。

平成十八年に、橿原考古学研究所が菰川の河川改修に伴い左京五条二坊五坪において、現流路内で実施した発掘調査では、奈良時代の遺物を含む自然流路が検出されている(40)。この流路は、位置や周辺の状況から考えて、菰川の旧流路であると考えられる。検出位置は、現在の菰川が、東二坊坊間西小路付近まで大きく張り出す部分であり、このことは、五条付近における菰川も、条坊に沿って南流するものではなく、現在の流路とほぼ同じ場所を流れていた可能性を示すものである（図7）。

三条以南に見られる現在の菰川の蛇行については、平城廃都以降、氾濫により流路が移動したとする見方が強いが、これらの発掘調査成果から、少なくとも四条以南における奈良時代の菰川の位置は、現在とほとんど変わっていない可能性が高いといえる。

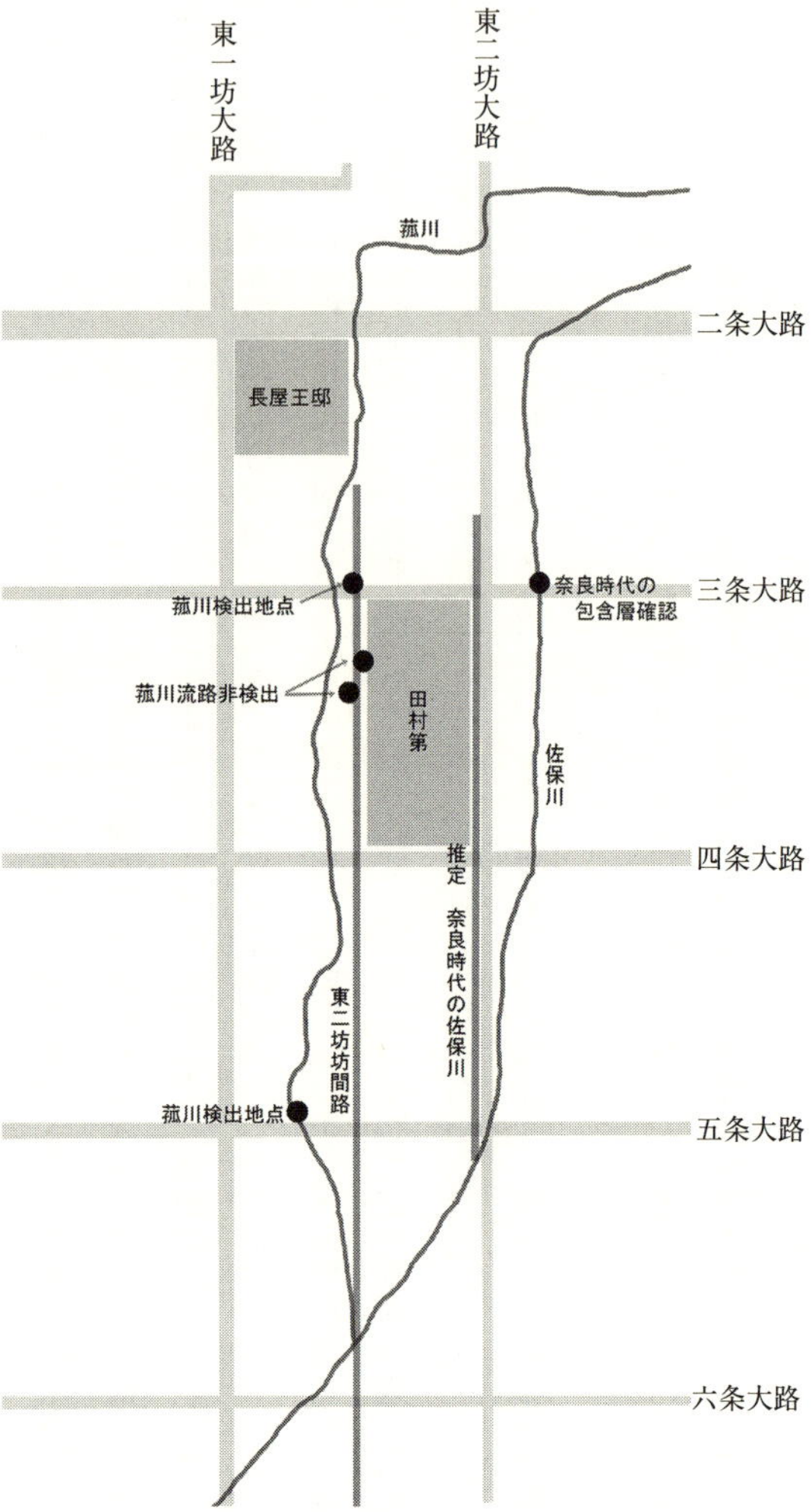

図7　菰川と佐保川の流路

このことは、平城京造営に伴う菰川の改修は、三条以北のみで行われ、それ以南は、当初の流路をそのまま踏襲していた可能性を示している。

佐保川

現在は二条条間路付近を西流し、東二坊大路付近で屈曲し、東二坊大路と東三坊坊間西小路の間を南流、五条大路付近から南東方向に向きを変え七条大路付近からは朱雀大路上を流れている。五条大路以南は、近世以降の付け替えであると考えられており、それ以前の流路は地表に痕跡をとどめている。

このように佐保川は、五条以北は条坊に合致するよう付け替えられているようであるが、以南は平城京造営に伴う付け替えはなされていなかったと考えられる。

また、五条以北においても
①河川痕跡と考えられる地割りが複数、認められること。
②東二坊大路に沿って中・近世に埋没する幅一五《メートル》前後の南北溝が確認されていること。[41]
③現在の佐保川の改修や堤防改修に伴う工事立会で、奈良時代の遺物が確認されていること。[42]
から、佐保川の流路は平城京造営に伴う付け替え以後もたびたび位置を変えていたことが判明している。

なお、岸俊男は廃都以降の佐保川の流路に関する史料を紹介している。[43] それによると、
①右京六条二坊十五坪の東は、仁和三年（八八七）には大路であったが、正暦五年（九九四）には河が流れ、嘉暦三年（一三二八）も河であったこと（唐招提寺文書・東大寺文書）。
②左京七条二坊十二坪の西を建久六年（一一九五）に佐保川が流れていたこと（東京大学所蔵文書）。
③左京九条一坊十六坪の田地について、永仁六年（一二九八）の記録に「字辰市河西ニアリ」とあること（西大寺田園目録）。
④左京九条一坊十坪は、東は保元元年（一一五六）の文書によると小路であるが、寿永二年（一一八三）二月の文書には川となっており、以後、建久二年（一一九一）・建長六年（一二五四）の文書にも東は河と記されていること（久原文庫所蔵文書・東大寺文書）。
が知られる。このことは、現在の流路になるまでの佐保川の流れは不安定であり、しばしば洪水を繰り返し、その位

置を変えていたことを示す。

また、奈良時代にも佐保川が氾濫した形跡が認められる。宝亀四年（七七三）二月三〇日の「太政官符左京式[44]」には、佐保川の堤の修理が六ヵ所で行われ、うち二ヵ所は築堤、残り四ヵ所は堀とある。作業にあたった延べ人数は、三七六人であることからさほど大規模な工事とは言えないが、佐保川の維持にあたって、しばしば同様の工事が行われていた可能性が考えられる。

西堀河・秋篠川

西一坊大路と西二坊坊間東小路の間を流れる現在の流路は、平城京造営に伴い付け替えられたものであり、八条大路以南の付け替えは近世のものである。付け替え前の秋篠川は宮西南隅から西一坊坊間路付近を南流していたことが、遺存地割りや発掘調査により判明している。

また、付け替え前の秋篠川は宮内や二条大路付近までは埋められていることが判明しているが、それ以南では埋められず近世まで沼地として残っていることが、発掘調査で確認されている[45]。

東堀河

東三坊の中央を南北に流れる。幅一〇メートル程度、深さ一メートル程度の規模で、両側には幅約三メートルの通路と考えられる空閑地が認められる。杭や堰板で護岸をしている地点も確認され、奈良時代には定期的に浚渫が行われていたことも判明している[46]。

佐保川から取水していたと考えられ、平安時代以降は水流が止まり沼地化する。

二　平城京の地形と河川・基幹水路

1　平城京の地形と河川

平城京は、北は平城山丘陵、西は西ノ京丘陵、東は春日山系から流れる河川によって形成された扇状地に囲まれており、それらから京の中央に向けて河川が集まるといった地形である。発掘調査では複数の河川跡が検出されるとともに、土地の起伏も著しいことが判明している。

重見泰は、発掘調査成果と遺存地割りを基に平城京の旧地形と河川の復元を行い、平城京における初期の宅地は起伏の少ない場所にあること、宅地割りは旧流路を避けるように行われていることなどを指摘し、旧地形と河川の復元は平城京の都市計画や宅地利用を考える上で重要であると指摘した(47)。

重見が指摘する旧地形と宅地との関係については、三章で述べることとし、ここでは重見が復元した平城京造営以前の河川に、ここまで述べてきた基幹水路を加え、平城京における水路網の復元を行うこととする（図8・9）。

2　菩提川の付け替えと基幹水路

先に紹介した東五坊坊間西小路東側溝及び四条条間路北側溝が菩提川の付け替えを具体的に示す例である。改めて、発掘調査で確認されたこれらの側溝の特徴を示すと次のとおりとなる。

図８　平城遷都以前の河川形状（重見2013）

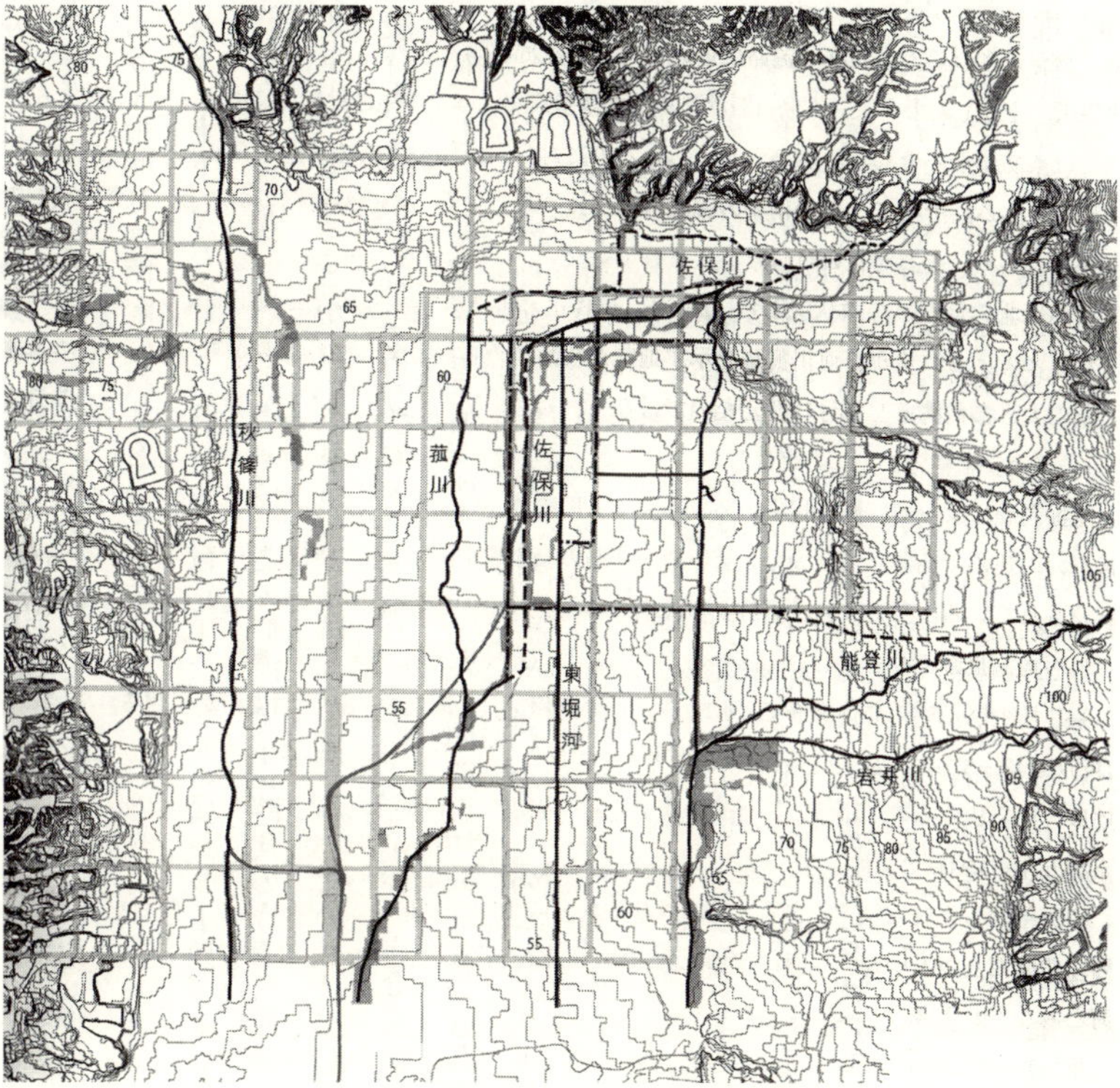

図９　平城遷都後の河川形状（重見2013）

(ア)東五坊坊間西小路東側溝

○最大幅約一・三メートル、深さ五〇センチ程度。北端は不明であるが、南端は平城京の南東隅にある越田池推定地まで直線的に伸びており、地割りに明瞭に痕跡をとどめている。

○埋土は大きく上下二層に分けられ、下層は粘土ないし粘質シルト層、上層はシルト層である。橿原考古学研究所が実施した左京五条五坊一坪の調査では、この側溝は奈良時代のうちに埋没したことが確認された。また、下層が粘土やシルト層であることから、奈良時代は常時、水流があったのではなく池のような状態であったと考えられる。

○奈良市教育委員会が左京三条五坊五坪で実施した市四二九-四次調査で検出した東五坊坊間西小路は、盛り土により構築されており、[48]橿原考古学研究所が行った左京四条五坊一坪及び五条五坊一坪でも、時期は特定できなかったものの盛り土をして路面を造っていた形跡が認められた。このことから東五坊坊間西小路そのものが、堤としての機能を持っていた可能性がある。

(イ)四条条間路北側溝

○東五坊坊間西小路東側溝以東では、四条条間路北側溝に流れ込む蛇行する自然流路が検出されている。この流路は、東側溝との交差点の手前でクランク状に屈曲した後、そこから西で東西方向となる。これは、東から京中心部に向かって流れ込んでいる旧菩提川を、条坊に則った人工流路に付け替えたものと考えられる。すなわち、四条条間路北側溝は、東五坊坊間西小路以西は、菩提川の水を条坊に沿って流す水路として機能していたことが分かる。

○側溝は三時期の変遷が認められるが、いずれの埋土も粗砂であり、著しい水流があったと考えられる。また、このような堆積状況は東四坊大路との交差点でも認められることから、四条条間路北側溝は東四坊大路を横断していたと考えられる。

(ウ)その他

○東四条大路と東五坊坊間西小路との間に挟まれた四条五坊一坪は、遺構の密度が極めて希であり、宅地として利用されなかった可能性が指摘されている。

これらのことから、京内に流れ込む菩提川の水を東五坊坊間西小路付近で制御し、東西方向の人工流路として、京内に流すために設けられたのが四条条間路北側溝と考えるのが最も自然な解釈と言えよう。

東五坊坊間西小路は、盛り土により築造されることにより堤としても機能し、大雨などの一時的な出水が、それより西に流れ込まないように制御するとともに、東側溝に貯・排水する機能を担っていたと考えられる。また、この側溝の東側で認められた菩提川のクランクは、水流を制御し河川の方向を変えるための何らかの施設が存在した可能性を想定させるものであり、ここで一旦、制御された流れは、四条条間路の北側溝として西流し、東三坊大路あるいは東堀河に接続していたと考えられる。

ここで注目すべき点は、菩提川の付け替えが東五坊坊間西小路以西であること、そしてこれと東四坊大路との間の坪が宅地として利用された形跡がないことである。重見は平城京における河川の付け替えのあり方から、「平城京の造営時に、東四坊までの京域と東五坊からの京域に対する空間認識に差があった」[49]としたが、そこまでは断言できないものの、このような河川制御の在り方は、東四坊大路以西の確実な土地利用のために、左京五条一坊の土地の一部を河川制御のためにあてたと見なすことは妥当な見解であると考える。

3　佐保川・菰川の付け替えと基幹水路

南北方向の基幹水路の間隔は、朱雀大路以東、現在の佐保川以西でおおむね二～二・五坪ごとに一条設けられ、現在の菰川から東三坊大路の間は、さらに細かい単位で設置されている。そして、これらの基幹水路はいずれも佐保川から取水していると考えられる。

このうち最も東で確認されているのが、東五坊坊間路東側溝であり、石積み護岸を伴うなど、条坊道路の側溝の中でも極めて堅牢な造りである。先述のように、この側溝は左京五条五坊七・十坪においては大きく規模を減じていることから、基幹水路として機能していたのは菩提川までと考えることができるが、祭祀遺物の出土や側溝の石積み護岸を隣接する宅地に伴うものと評価し、基幹水路としての機能を認めない見方もある。

その西にある東五坊坊間西小路東側溝は、先述のように常時、水が流れていたものではなく、佐保川からの取水は考えにくい。そうした場合、佐保川については東五坊坊間西小路で水流を制御してはおらず、東四坊大路以西に引き込んでいたと言えよう。

奈良時代の実態が判然としない東三坊大路側溝を除いても、東堀河、菰川の水源は佐保川であり、東堀河は左京における水運の大動脈として機能し、佐保川は五条まで東二坊大路付近を南流するよう付け替えられ、菰川は二条では二条条間路の側溝となり、それ以南は三条大路まで東二坊坊間路側溝であったことが判明している。

仮に、奈良時代の佐保川の流路を発掘調査で中世の大規模な流路が検出された東二坊大路付近と仮定した場合、三つの基幹水路の間隔は、東から二・五坪、二坪となり、少なくとも三条大路までの間のこれらの基幹水路には高い計画性が認められる。また、後述する旧秋篠川が二条大路以南では付け替え後も埋められた形跡がないのに対し、佐保川、菰川ともに旧流路は奈良時代に埋め立てられているか庭園の一部として利用されている。

また、菰川旧流路が検出され、かつ宅地の内容が判明した左京三条二坊六・七・十六坪のうち、六・七坪は遷都当初から一町利用の宅地とされていることが判明している。このことは、計画的な基幹水路の配置と、宅地の班給とが何らかの関係を持つことを示していると考えられる。

なお、これらの基幹水路のうち、佐保川、菰川、東三坊大路は奈良時代以降も水路として機能し、佐保川と東三坊大路は奈良時代以降の氾濫の痕跡も認められるのに対し、東堀河のみが平城廃都後に水流が止まり廃絶へと向かうことが注目される。このことは、他の三つの水路は水を自然に流下させていた、つまり京内に流れ込む水を制御する目的で整備されたのに対し、東堀河は運河として利用するという理由から、常時、一定量の水流を確保するために、水を集めた(堰などの施設を有し、人為的に水を流し込んでいた)可能性を示している。

4 佐紀丘陵から南流する河川の付け替えと基幹水路

平城宮南面では、しばしば南西から北東方向の弥生~古墳時代に埋没した河川跡が複数、検出されている。このうち、最も大規模なものは西一坊坊間西小路と三条条間路の交差点付近で秋篠川旧流路から分岐し、朱雀大路と三条大路交差点付近を通過する河川である。

この河川は飛鳥時代に下ツ道が敷設されることを契機に、その東側溝を流れるよう付け替えられた形跡があり、平城京造営に伴って朱雀大路西側溝を流れるように再度、付け替えられたようである。

また、この他にも佐紀丘陵から流れ込む河川が宮下層で二条検出されているが、これらの水は宮外郭あるいは宮内で制御され、二条大路北側溝に集められ、それ以南は東一坊大路西側溝や東一坊坊間路西側溝、朱雀大路東側溝に流されていたと考えられる。このうち、朱雀大路東側溝は、奈良時代のうちに基幹水路としての機能を失っていることから、佐紀丘陵から左京に流れ込む水は、主として東一坊大路西側溝や東一坊坊間路西側溝に流されていたと考えられる。両者ともに規模は同じであり、かつその変遷も極めてよく似ている。

三条大路付近における東一坊坊間路西側溝の変遷を詳しくみると、側溝として機能していた時期は、二時期に分けられる。最初の西側溝（以下、Ｉ期側溝）は、掘り直しにより、当初の形態を留めないが、埋土は細砂～粗砂であり、部分的に植物遺体層を挟む。溝底は、北端と南端とでは、ほとんどレベル差がない。そして、この側溝はある程度埋没した後に、掘り直しが行われる。時期は平城廃都後と考えられ、掘り直し後の側溝（以下、Ⅱ期側溝）は、幅約五メートル、深さ約一・二メートルで、埋土は上層が溜池の埋土と考えられる粘土層、下層が植物遺体を含む細砂～粘質細砂である。また、三条大路を挟んだ南側の調査区では、側溝底に複数の杭が打ち込まれており、これは堰の一部であった可能性が考えられる。

　このことを裏付けるように、Ⅱ期側溝の段階の溝底の標高は、三条大路北側溝が合流する付近が最も低く南側が高い。つまり、この時点で北からの水流は、堰により調整されていた可能性がある。

　以上のことと先に紹介した内容を併せると、東一坊坊間路西側溝の変遷は、

①基幹排水路として機能した段階。（奈良時代）
②水路として機能するものの、堰を設け水流を調整する段階。（奈良時代後半以降、九世紀後半以前）
③陸橋を設け北からの水流を遮断し、三条大路との交差点付近を溜池として利用する段階。（九世紀後半）
④溜池部分に粘土層が堆積し、沼地化する段階。（九世紀後半～）
⑤沼地が完全に埋没するとともに、その上面を整地する段階。（～十五世紀）

ということになる。②は、平城廃都後の周辺の耕地化に伴う用水の確保に関連する可能性が高い。このことは、周辺を耕地化する際に、基幹水路であった東一坊坊間路の数ヵ所に堰を設けることにより、耕地化された宅地跡あるいは道路跡への導水を行ったと考えられる（図10）。

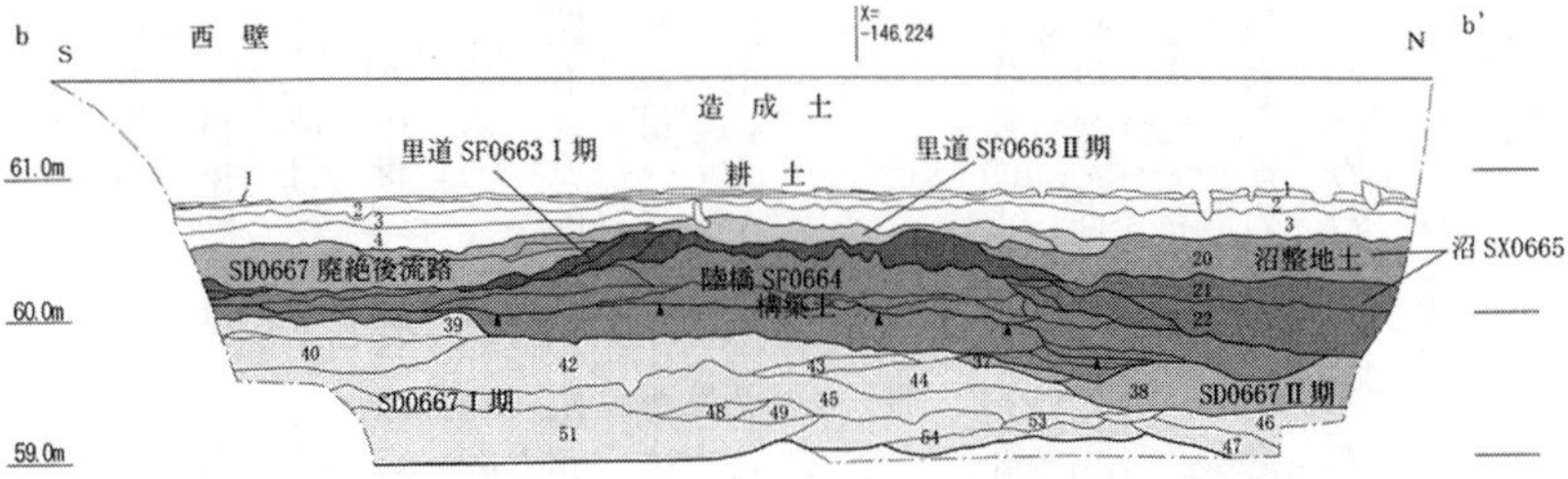

図10　左京四条一坊九・十坪における東一坊坊間路西側溝の縦断面

一方、東一坊大路西側溝について、その変遷が明確にとらえられた、左京七条一坊十五・十六坪の調査では東一坊坊間路西側溝とよく似た変遷をたどることが確認されている。

この調査地における東一坊大路西側溝の変遷は、

①幅七・六～八・三メートル、深さ一・二～一・六メートルの規模を有する側溝として開削される。

②奈良時代末に掘り直しが行われる。

③②の溝が埋まった段階で、再度、掘り直しが行われる。

①の段階の溝は、規模や埋土の状況から基幹水路として機能していたようで、埋土には奈良時代後半頃までの遺物を含む。

②の段階の溝には、曲物を利用した取水施設と考えられる遺構が伴うが、この頃には定量的な流れが長期間続いたり、長期にわたって滞水したりすることがなかったということが、指摘されている。遺物は、奈良時代末から十二世紀までのものが出土している。

③の段階の溝は、蛇行しており、当初、杭と石による堰を有し、その後は杭と横木によるシガラミからなる堤が造られている。なお、堰下流部では、東側に送水する溝が検出されている。遺物は十二～十三世紀のものが出土している。

以上、各段階の時期こそ異なるものの、東一坊大路西側溝と東一坊坊間路西側溝は、極めてよく似た変遷をたどっており、以下の共通点が認められる。

(a)両者ともに条坊道路側溝としては、大規模であるだけでなく基幹水路として機能していたと考えられること。

(b)奈良時代末にはほぼ埋没し、その後、さほど時を置かずに再掘削されていること。

(c)再掘削後は、用水路として機能したと考えられ、堰や取水施設を伴うこと。

(d)堰は後に、堤に造り替えられること。

(e)中世に廃絶すること。

である。先に見た東堀河と同様、平城廃都とともに基幹水路としての機能を喪失しているということは、これらの水路も人為的に水を供給することにより、はじめて水路として機能したということを示していると考えられる。言い換えれば、これらの側溝は奈良時代では京内に流れ込む水を制御するという役割よりも、水運などの利用のために、意図的に水を集めた可能性がある。

5　秋篠川の付け替えと基幹水路

先述のように、現在の秋篠川は平城京造営に伴い付け替えられたものであり、西堀河として機能していた。しかし、付け替え前の旧秋篠川も二条大路以南は埋められることなく、近世までその痕跡をとどめていた。

また、右京域では三条条間路の側溝が基幹水路として機能していた可能性が高く、その南北の丘陵地帯から流れ込む水を集め、付け替えられた秋篠川に排水していたと考えられる。これらの水路はいずれも京内に流れ込む水を制御するための水路であり、秋篠川は現在でも河川として機能し、三条条間路の側溝も近代まで河川であった。

なお、右京域ではこれらの事例と、八条付近における西一坊坊間路西側溝を除くと、基幹水路と考えられる条坊側溝は見あたらない。これは、発掘調査例の少なさにも起因するが、右京が左京に比べ土地の起伏が大きく、条坊もその起伏を残しながら施行されていることに起因していると考えられる。

つまり、比較的平坦な左京域では、京内に流れ込む河川を条坊側溝に合致するように付け替えることは、さほど大きな土地造成を行う必要がなかったのに対し、起伏の激しい右京で、条坊に合致するように基幹水路を設けるには、大規模な土地造成を行なわなければならないため、基幹水路の建設を断念し、基本的にはもともと存在した自然流路を可能な限り直線的に付け替え、その機能も京内に流れ込む水を効果的に排水することに主眼が置かれていたと考えられる。(50)

6 基幹水路の構成と排水経路

以上のように、南北の基幹水路は、西一坊坊間路西側溝以東、東堀河以西では、二坪ないし二・五坪の間隔で配置されている。これらの基幹水路は、佐保川、東堀河が坪の中央を縦断するのを除くと、基本的には条坊道路の西側溝である。東堀河以東は、確認例が二例のみであるが、いずれも条坊道路の東側に設けられている。このことから、西一坊坊間路から東堀河までの間の排水は、西からの水を東の基幹水路へ流し込むように計画されていたと考えられる。東西の基幹水路は、左京二条付近では、佐保川がその役割を担い、二条条間路両側溝がそれを補完していたと考えられる。それ以南は、東堀河から佐保川間の三条大路北側溝、東五坊坊間西小路から東堀河間（あるいは東三坊大路間）の四条条間路北側溝、東市付近の八条条間北小路南側溝が認められるにすぎない。いずれも、京内を横断するものではなく延長は短い。恐らく、基幹水路として機能していた区間は、南北の基幹水路の間を連結する範囲のみにとどまっていたと考えられ、状況に応じて、適宜、設置・改変されたものであろう。

次にそれぞれの基幹水路の機能について考えてみたい。ここまで見てきたように、基幹水路には、平城廃都後も水路として継続的に機能したものと、廃都とともに埋没が始まり水路としての機能を喪失するものとがある。

前者には、佐保川、菰川、東三坊から四坊においての四条条間路北側溝、西三坊坊間西小路と西四坊坊間西小路の間の三条条間路側溝といった自然河川を改修したものと、西堀河として秋篠川を付け替えたものがあり、いずれも自然河川に起源を持つもので、唯一の例外が東三坊大路ということになる。

後者は東堀河、東一坊大路西側溝、東一坊坊間路西側溝、朱雀大路側溝である。これらは、京内に流れ込む水を制御するという目的よりも、むしろ、水運に利用するなどの目的で、京内に水を供給するといった意図で造られた可能性も考えられる。

もちろん前者の水路が水運などに利用されたことを否定するものではないが、基幹水路の中には水を制御することに主たる目的を置くものと、意図的に水を引き込む目的のものとがあったと考えられる。

三　条坊交差点の形状と基幹水路

基幹水路は、一定の幅・深度を持ち、河川あるいは他の基幹水路に合流するまで連続するといった性格上、条坊交差点の形状にも影響を及ぼすと同時に、条坊道路交差点における側溝の形状は、京内の排水計画とも密接にかかわる。また、平城京における条坊道路には、大路と小路の区分があり、そこには路線としての重要度の差、優先関係が表れると考えられている。ここでは、先に述べた基幹水路と条坊交差点の関係について見ていくこととする。

都城における条坊交差点の形状については、山中章の研究がある。(51) 山中は、交差点の形状を側溝と路面の関係から、東西道路（条路）の側溝が南北道路（坊路）の路面を横断するパターン（A型〈条型〉）、南北道路の側溝が東西道路の

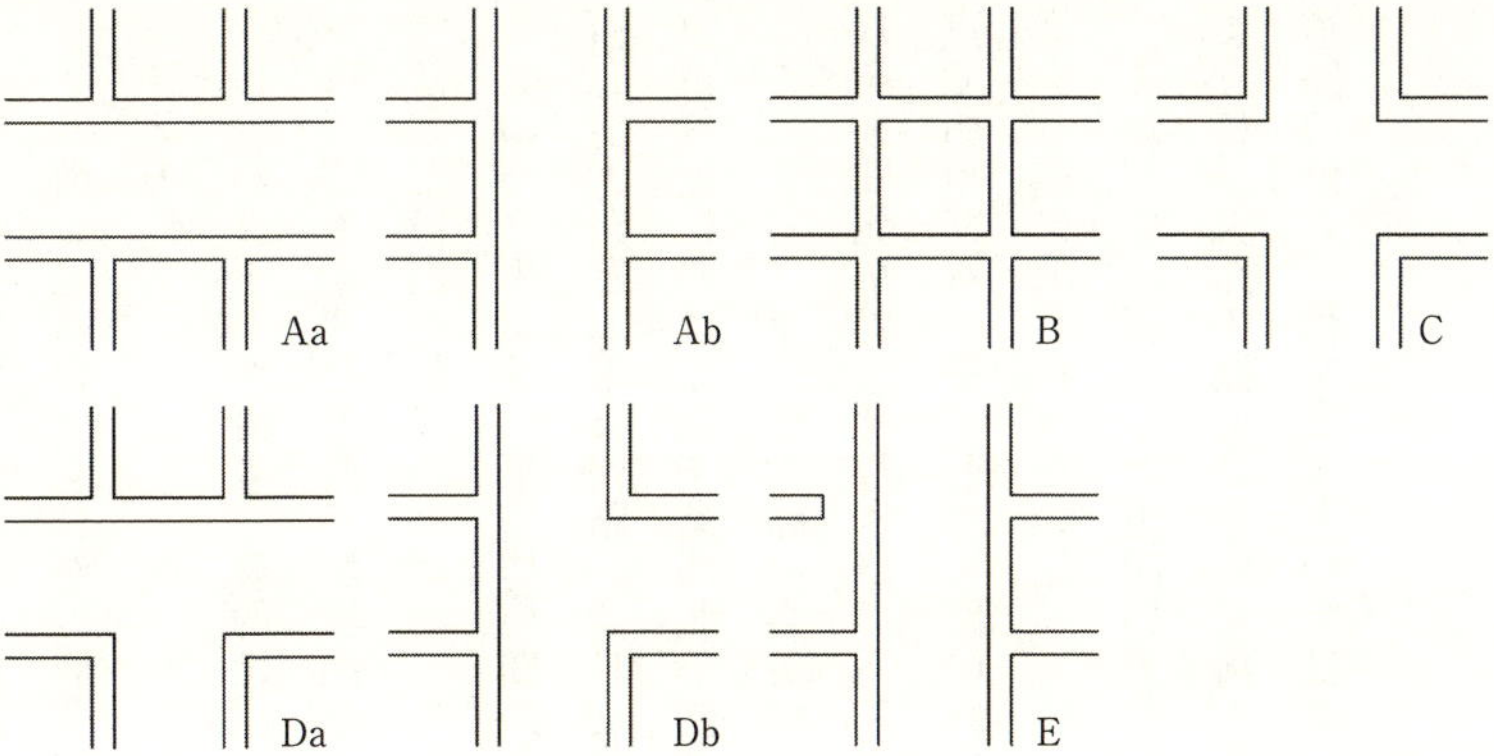

図11　条坊交差点の形状

路面を横断するパターン〈B型〈坊型〉〉、東西道路、南北道路ともにそれぞれの側溝が路面を横断するパターン〈C型〈閉鎖型〉〉、いずれの側溝も路面を横断しないパターン〈D型〈開放型〉〉の大きく四つに区分した。山中が論文を執筆した一九九〇年当時、平城京における条坊交差点の検出例は、一三例であったが、うち八例がB型、残りがA型あるいはその可能性が考えられるものであり、C・D型は皆無であった。

　山中の論文発表以後、条坊交差点の検出事例は増加したが、その在り方は山中論文の時点とさして変わらない。山中は、坊と条との関係から側溝の在り方を検討したが、ここでは、基幹水路との関係から条坊交差点の形状をあらためて検討する、という主旨であるため、山中とは異なる分類基準を設定する（図11）。

(A)一方の道路側溝が、他方の路面を横断するもの。
　(a)東西道路の側溝が南北道路の路面を横断する。
　(b)南北道路の側溝が東西道路の路面を横断する。
(B)いずれの道路側溝も路面を横断するもの。
(C)いずれの道路側溝も、路面を横断しないもの。
(D)一方の側溝が他方の路面を横断し、もう一方の側溝が他方の側溝とL字状につながるもの。

(a)東西道路のいずれかの側溝が南北道路の路面を横断する。

(b)南北道路のいずれかの側溝が東西道路の路面を横断する。

(E)その他。

(A)のパターンが最も一般的に認められているもので、特に大路と小路の交差点で認められている。(B)・(C)のパターンは、二条条間路と西二坊坊間路の交差点が(C)である可能性があるものの、山中の指摘どおり確実なものは、平城京では未だ検出されていない。

(D)のパターンは、東一坊坊間路と三条大路北側溝のほか、奈良市教育委員会が右京二条三坊二・三坪[52]で検出した、西二坊大路と二条条間路、奈良文化財研究所が左京七条一坊十六坪で検出した、東一坊坊間東小路と七条条間北小路、東市付近における八条条間北小路と東三坊坊間東小路、東一坊大路と改修後の二条大路で認められている。

このうち、東一坊大路の事例は、いずれも基幹水路である西側溝が路面を横断し、東側溝がL字に取り付くもので、八条条間北小路も基幹水路である南側溝が路面を横断する。これは、当然のことであるが、一方で大路と小路の交差点であっても、必ずしも大路の両側溝が小路の路面を横断するわけではなく、逆に水を流す支障にならなければ、側溝をL字に取り付けている。

また、先に紹介した東四坊大路と四条条間路北側溝、長屋王邸北側における改変された二条大路と東二坊坊間路のように、大路の路面を小路側溝が横断する事例も認められるように、少なくとも条坊交差点における側溝の関係は、道路の優先関係を表すものではなく、排水計画という具体的な必要性を反映しているものと考える[53]。

まとめ

平城京造営に伴う河川改修は、必ずしも京域すべてを対象として行われたのではなく、部分的なものであった。付け替え前の河川には菰川や佐保川のように埋められたものもあれば、秋篠川旧流路のように、そのまま放置されたものもある。

一方、東堀河に代表される新たに設けられた水路については、京内全域にわたって条坊に合致するよう設置され、左京域においてはほぼ等間隔に配置される。これらの多くは、京内に流れ込む水を制御したというよりも、京内に水を引き込んでいたと考えられ、その証拠に平城廃都後は、埋没が進み沼地化している。また、側溝が基幹水路として機能する場合は、二条大路と東二坊坊間路のように、大路の路面を小路側溝が横断する事例も認められるなど、道路の格よりも水を引き込むことが優先されているようである（図12）。

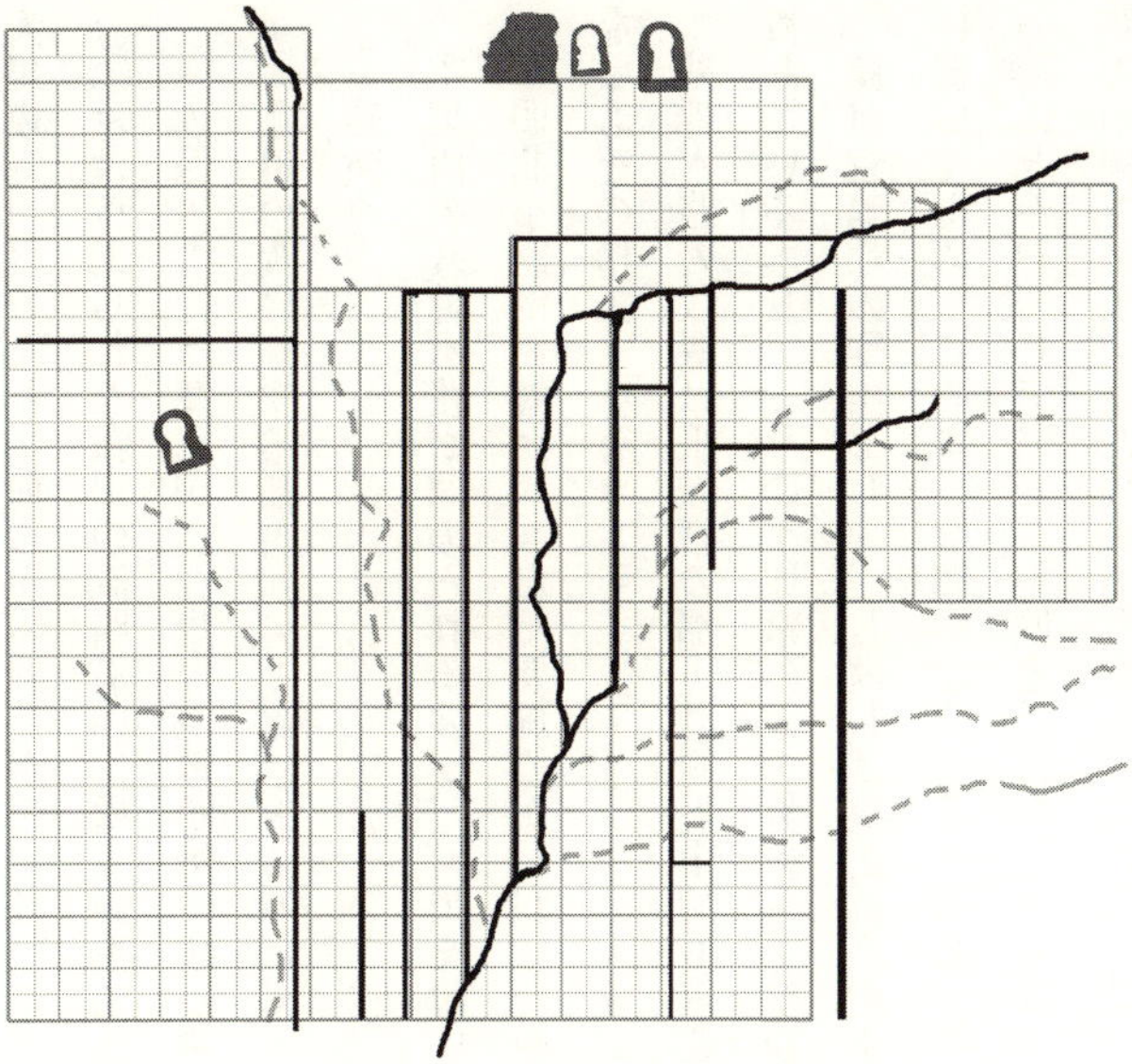

図12　平城京の基幹水路

さらに、左京域においてはこのような基幹水路の配置と

大規模宅地の分布と何らかの関係が想定される。先に紹介したように、
①付け替えられた菰川の流路沿いには大規模宅地が分布すること。
②佐保川の付け替えが、大規模宅地が集中する範囲の南限にあたる五条大路付近までであること。
③菰川の改修が、遷都当初の大規模宅地が集中する範囲の南限にあたる三条大路付近であること（詳細は第三章で述べる）。
④東西の基幹水路が認められるのが、河川を付け替えた四条条間路北側溝を除くと、三条大路、東市付近の八条条間北小路南側溝といった重要施設が存在した範囲であること。
なども その傍証となろう。

基幹水路の設置は平城京の都市計画の中でも重要な意味を持っていたことは当然であるが、基幹水路を計画的に配置しているエリアこそが平城京の中でも最も重要なエリアであった可能性も考えられる。

藤原京廃都の理由として、しばしば排水計画の不備が指摘されている。京の中心となる宮を、土地が最も低い部分に置いたため、このような問題が生じるのは必然的なことであり、事実、発掘調査でも宮中心部に向けて水が流れていたことが判明している。平城遷都にあたっては、その占地も含め、都市計画的な観点から、藤原京における排水経路の不備を是正するための処置がとられたことは、容易に想像できるが、その具体像については、さして検討されることはなかった。

今回、従前から指摘されている自然・人工河川による排水に加え、条坊道路側溝にも同様の機能を持つものが存在したとの観点から、先のような排水経路の復元を行った。その結果浮かび上がったのは、平城京の立地、即ち、北・東・西から水が集まり南へ流れる、という地形にふさわしい排水経路を有していたというだけではなく、基幹

水路の中には、京に流れる水を制御するものと、意図的に水を引き込んだものの二者があるということである。そして、このような基幹水路の配置と、大規模宅地の配置とは何らかの関係があったと思われる。

このことについては、章を改めて述べることとする。

注

（1）井上和人『古代都城制の実証的研究』学生社、二〇〇四年

（2）重見泰「平城京域の河川復元」『研究紀要』第一八集、公益財団法人由良大和古代文化研究協会、二〇一三年

（3）検出事例として以下のものがある。

a　奈良国立文化財研究所『平城宮木簡　三』一九九〇年

b　奈良国立文化財研究所「東一坊大路西側溝の調査」『一九九二年度　平城宮跡発掘調査部発掘調査概報』一九九三年

c　奈良国立文化財研究所「左京三条一坊十五坪の調査」『昭和五十四年度　平城宮跡発掘調査部発掘調査概報』一九八〇年

d　奈良国立文化財研究所「左京三条一坊十四坪の調査」『奈良国立文化財研究所年報』一九九八年-Ⅲ

e　奈良国立文化財研究所「左京四条一坊十四坪の調査」『昭和五十八年度　平城宮跡発掘調査部発掘調査概報』一九八四年

f　奈良市教育委員会「平城京左京五条一坊十五坪・東一坊大路の調査　第三一六次」『奈良市埋蔵文化財調査概要報告書』平成六年度、一九九五年

g　奈良市教育委員会「平城京左京五条一坊十三・十四坪・柏木の調査　第二四九次」『奈良市埋蔵文化財調査概要報告書』平成四年度、一九九三年

h　奈良国立文化財研究所『平城京左京七条一坊十五・十六坪発掘調査報告』一九九七年

（4）橿原考古学研究所『平城京左京三条三坊八坪』一九九八年

（5）奈良国立文化財研究所『平城京右京八条一坊十一坪発掘調査報告』一九八四年

（6）橿原考古学研究所『平城京左京二・三・五条五坊』二〇一三年

（7）奈良市教育委員会『平城京左京（外京）五条五坊七・十坪』一九八二年

（8）奈良県立橿原考古学研究所『平城京左京三条一坊五・十二坪』二〇〇八年
『一遍上人絵伝』巻七には平安京の堀川において、三人の男が堀川の中に身を入れて筏流しをしている様子が描かれている。断定はできないが東一坊坊間路西側溝の底面で認められた凹凸も、同側溝における水運の傍証になるかも知れない。
（9）奈良県立橿原考古学研究所『平城京三条大路Ⅰ』二〇一一年
（10）奈良国立文化財研究所「左京三条一坊七坪・東一坊坊間路の調査二六九-五次」『奈良国立文化財研究所年報一九九七-Ⅲ』一九九七年
（11）注（3）a
（12）注（3）h
（13）注（6）b
（14）橿原考古学研究所『平城京左京三条三坊八坪発掘調査報告』一九九八年
（15）橿原考古学研究所「平城京左京三条四坊十四坪」『奈良県遺跡調査概報』第一分冊、二〇〇五年
※この遺跡名は誤り。正しくは左京三条四坊三坪
（16）岸俊男「遺存地割・地名による平城京の復元調査」『平城京朱雀大路発掘調査報告』奈良市、一九七四年
（17）注（5）
（18）橿原考古学研究所『平城京左京四条四坊・四条五坊』二〇〇七年
（19）奈良市教育委員会の調査による検出地点は、以下のとおりである。
a　奈良市教育委員会「三条遺跡・平城京跡（左京四条五坊七坪）の調査　第四六二-一～三、四六四次」『奈良市埋蔵文化財調査概要報告書』平成十三年度、二〇〇四年
b　奈良市教育委員会「平城京跡（左京四条五坊六坪）の調査　第四五二-二次」『奈良市埋蔵文化財調査概要報告書』平成十二年度、二〇〇二年
c　奈良市教育委員会「平城京左京四条五坊六・七坪　第三一一次」『奈良市埋蔵文化財調査概要報告書』平成六年度、一九九五年
（20）橿原考古学研究所『平城京左京四・五条四坊、五条五坊』二〇一二年

なお、この側溝の最終埋没時期は、調査地点によって異なる見解が示されているが（市四五二―二次調査＝中世、一七A区＝奈良、一六年度調査区＝近世）、この側溝の遺存地割りは奈良駅建設前の地積図にも明瞭に残っていることから、これは、溝廃絶後も遺存地割りに添った用水路の掘削と廃絶が繰り返された結果と考えられる。

(21) 岸俊男「遺存地割・地名による平城京の復原調査」『平城京朱雀大路発掘調査報告』一九七四年

(22) 注(4)

(23) 三条以北では、以下の調査が行われているが、いずれも明確な西側溝の遺構は検出されていない。

a　奈良国立文化財研究所「右京三条一坊九坪の調査」『平城宮跡発掘調査部発掘調査概報』一九八九年度、一九九〇年

b　奈良国立文化財研究所「右京三条一坊十坪の調査」『平城宮跡発掘調査部発掘調査概報』一九九五年度、一九九六年

c　橿原考古学研究所「平城京右京三条一坊十二坪」『奈良県遺跡調査概報（第一分冊）』二〇〇六年

なお、cの調査では、三条大路北側溝が西一坊坊間路の路面を横断しないことを確認している。また、西一坊坊間路西側溝推定位置で検出した、溝状の落ち込みを西側溝とすると、西一坊坊間路西側溝も三条大路の路面を横断しないということとなる。

(24) 奈良市『平城京朱雀大路発掘調査報告』一九七四年他

(25) 奈良市教育委員会「平城朱雀大路の調査　第三二八次」『奈良市埋蔵文化財調査概要報告書』平成七年度、一九九六年

(26) 奈良国立文化財研究所『平城京左京二条二坊・三条二坊発掘調査報告』一九九五年

(27) この区間における三条大路北側溝の検出例は、以下のとおりである。

a　橿原考古学研究所『平城京左京三条三坊五・十二坪』二〇〇八年

b　橿原考古学研究所「平城京左京三条三坊十二坪」『奈良県遺跡調査概報』第一分冊、二〇〇六年

(28) 前稿（東一坊坊間路、三条大路の交差点の形状について『平城京左京三条一坊五・十二坪』奈良県立橿原考古学研究所、二〇〇八年）では、三条三坊五坪の調査で側溝底面の標高は西端が東端よりも一〇センチ低いことから、東堀河から取水し佐保川に排水していたと考えたが、その後、三条三坊十二坪西端の調査における三条大路北側溝底面の標高は、五坪西端のレベルと大差なく、東堀河との合流点付近では逆に約一メートル低くなっていることが確認されている。また、十二坪では調査区中央部において、側溝の最下層で堰板が検出されており、そこから東へ向けて溝底が低くなっていることが確認されている。

このことから、少なくとも十二坪においては水は東堀河に流れるようにされていたと言える。

(29)　奈良国立文化財研究所「二条条間路の調査」『奈良国立文化財研究所年報』一九九八-Ⅲ
(30)　奈良国立文化財研究所「南面東門（壬生門）の調査　第一二二次」『昭和五十五年度　平城宮跡発掘調査部発掘調査概報』一九八一年
(31)　奈良国立文化財研究所「平城京右京七条一坊・十五・十六坪　発掘調査報告」一九九七年
(32)　奈良国立文化財研究所『平城京左京八条三坊発掘調査概報　東市周辺東北地域の調査』一九七六年
(33)　奈良県立橿原考古学研究所「平城京右京三条三坊六・十一坪他」『奈良県遺跡調査概要（第一分冊）』二〇〇七年、二〇〇八年
(34)　奈良市教育委員会「東四坊大路の調査　第三七七-一次調査」『奈良市埋蔵文化財調査概要報告書（第一分冊）』平成九年度、一九九八年
(35)　奈良市教育委員会「平城京左京四条四坊十五坪の調査　第三一八-一・三、三二五-二～七、三四七-一次調査」『奈良市埋蔵文化財調査概要報告書』平成八年度、一九九七年
(36)　注(18)
(37)　注(26)
(38)　奈良市教育委員会「平城京左京四条二坊七坪の調査」『奈良市埋蔵文化財調査報告書』昭和五十八年度、一九八四年
(39)　奈良市教育委員会「平城京左京四条二坊坊間路の調査　第一三三次」『奈良市埋蔵文化財調査報告書』昭和六十二年度、一九八八年
(40)　橿原考古学研究所「平城京左京五条二坊五坪」『奈良県遺跡調査概報』第一分冊、二〇〇六年
(41)　a　奈良市教育委員会「平城京左京三条三坊三坪の調査　第二四七次調査」『奈良市埋蔵文化財調査概要報告書』平成四年度、一九九三年
　b　奈良市教育委員会「平城京左京三条三坊三坪の調査　第三七五次調査」『奈良市埋蔵文化財調査概要報告書』平成九年度、一九九八年
(42)　注(24)
(43)　注(16)
(44)　太政官符左京職

應修理佐保川堤六處
築堤二處
堀四處
應役単功三百七十六人
使左衛士員外佐從五位上武蔵宿禰不破麻呂　從三人
主税助外從五位下日置造道形　從三人
左京大進正六位上尾張連豊人　從二人
以前被内臣正三位藤原朝臣宣偁、修理川堤差件人等充
使發遣者、職宜承知早速修造其役夫食料、用彼職糀、人別
糀四升鹽二夕海藻二兩糟三合、亦使依例供給、但五
位已上出役夫食者、各令其家充、符到奉行、
從五位下守左少辨小野朝臣石根　左大史正六位上會賀臣真綱
寶亀四年二月卅日

(45) 橿原考古学研究所『平城京三条大路I』二〇一一年
(46) 注(18)
(47) 重見泰「平城京の造営と土地利用」注(45)
(48) 奈良市教育委員会「平城京左京三条五坊五坪の調査　第四二九-四次調査」『奈良市埋蔵文化財調査概要報告書（第一分冊）』平成九年度、一九九八年
(49) 注(2)
(50) 右京が左京に比して、土地の高低差が著しいことは、奈良市教育委員会が実施した近鉄西大寺駅前土地区画整理事業に伴う一連の発掘調査や、橿原考古学研究所が実施した国道三〇八号線大宮道路工区に伴う発掘調査成果からも、窺い知ることができる。特に、右京三条三坊、三条二坊付近は、西の京丘陵が秋篠川に向けて落ち込む傾斜地にあたるが、この傾斜地を造成した形跡は認められず、この付近の条坊は、自然地形の起伏をそのまま残し施行されていることが判明している。

一方、奈良文化財研究所が実施した左京三条二坊（長屋王邸）周辺の調査では、北西から南東に向けて緩やかに傾斜する土地を平坦に造成しているが、本来の地形も右京に比して起伏が少ない。また、田村第の所在地である左京四条二坊周辺は、概ね標高五九・五メートル程度で安定し、以南の五条二坊も五七・五メートル程度で安定している。

なお、平城京における一町利用宅地の分布や、五位以上の官人の居宅の分布を見ると、右京よりも左京の方が多いという傾向が見出せ、かつ、これらの宅地の多くは、土地の起伏の少ない平坦な場所であるということも言える。逆に、宮に近くても土地の起伏が著しい右京三条三坊の居住者は、六位の官人と無位の人物が知られているのみである。これらのことから、平城京における宅地班給の基準は、単に宮との距離関係だけではなく、建物を建てやすい平坦な土地であるか否かという点が重視されていたと考えられる。

(51)　山中章「古代都城の交通―交差点からみた条坊の機能」『考古学研究』第三七巻第一号、一九九〇年

(52)　奈良市教育委員会「平城京右京二条三坊二・三坪の調査　第二八三次調査」『奈良市埋蔵文化財調査概要報告書』平成五年度、一九九四年

(53)　朱雀大路東側溝と四条条間路における交差点形状の変更、壬生門前の陸橋の構築などの事例は、当初、朱雀大路東側溝を基幹水路として排水していたものを、廃したことを示すものであるが、その場合、東側溝に代わる基幹水路の構築がなされたと考えられる。

朱雀大路東側溝に最も近い基幹水路は、東一坊坊間路西側溝であり、当初、朱雀大路東側溝に流されていた水が、東一坊坊間路西側溝に流れるよう改変されたのだろう。その場合、東一坊坊間路西側溝は、当初は基幹水路としての機能を有していなかったものが、この排水経路の変更に伴い、大規模なものへ改造された可能性が考えられる。そうだとすると、当初の三条大路との交差点の形状は、いずれの道路側溝も路面を横断しないCパターンであった可能性もある。

このように、平城京における排水経路は、遷都以後も改変を繰り返しており、それに伴い条坊交差点の形状も、変更されていたと考えられる。

第二章　平城京左京三条三坊　小字「衛門殿」の居住者

はじめに

平城京左京三条三坊五坪・六坪周辺に、「衛門殿」という小字がある。この小字の存在は、一九七四年に刊行された『平城京朱雀大路発掘調査報告』の中で、京内に残る注目される小字のひとつとして、岸俊男により指摘されている。(1)岸は、平城京内の遺存地割りや小字の検討をつうじて、条坊復元や京内の諸施設の分布に関する重要な指摘を行っているが、「衛門殿」については、宮北方に残る「門外」「衛門戸」とともに、その存在を指摘するにとどめるのみで、解釈については述べていない。

しかし、岸があえてこの小字を抽出し、「門外」「衛門戸」と並べて示していることは、この地名と「衛門府」、あるいは「衛府」とかかわりのある人物などとの関係を、視野に入れていただろうことが想像できる。そして、積極的に解釈論を展開しなかったことは、この小字以外に、この地の利用に関する情報が無かったためと考えられる。

平成十六年度から十七年度にかけて、ＪＲ奈良駅連続立体・街路整備事業の一環として行われた県道奈良生駒線の拡幅に伴い、「衛門殿」の小字が残る、左京三条三坊五坪周辺の発掘調査が実施された。これらの調査は、主に三条大路とその北側溝を対象にしたものであるため、坪内の土地利用については明らかにされなかったが、出土した多量の遺物の内容は、三条大路に面する他の調査地点とは、明らかに異なっており、この小字が残る場所が特殊な性格を有していただろうことを想像させるものである。

本章では、「衛門殿」周辺における発掘調査成果の分析と検討をつうじて、奈良時代にこの地にあった施設について、私見を述べることにする。

一　「衛門殿」周辺における調査の概要

小字「衛門殿」の範囲を平城京条坊復元に当てはめると、左京三条三坊五坪・六坪、佐保川以東の三坪・四坪にまたがっていることが分かる。これらの坪内では、かつて橿原考古学研究所と奈良市教育委員会によって、数回、小規模な発掘調査が行われており、先の県道拡幅事業に伴い、左京三条三坊五坪に面する三条大路北側溝の調査が二ヵ所で行われた。

次に、各調査区の概要を述べる（図13）。

1　左京三条三坊五坪

三ヵ所で調査が実施されている。

調査区Aは、東三坊坊間路に面する同坪の北東部にあたる[2]。遺物は、小規模な調査にもかかわらず多量であり、その大半が瓦である。軒瓦は、軒丸・軒平瓦をあわせて四点出土しており、型式が判明した二点は、いずれも六六六八

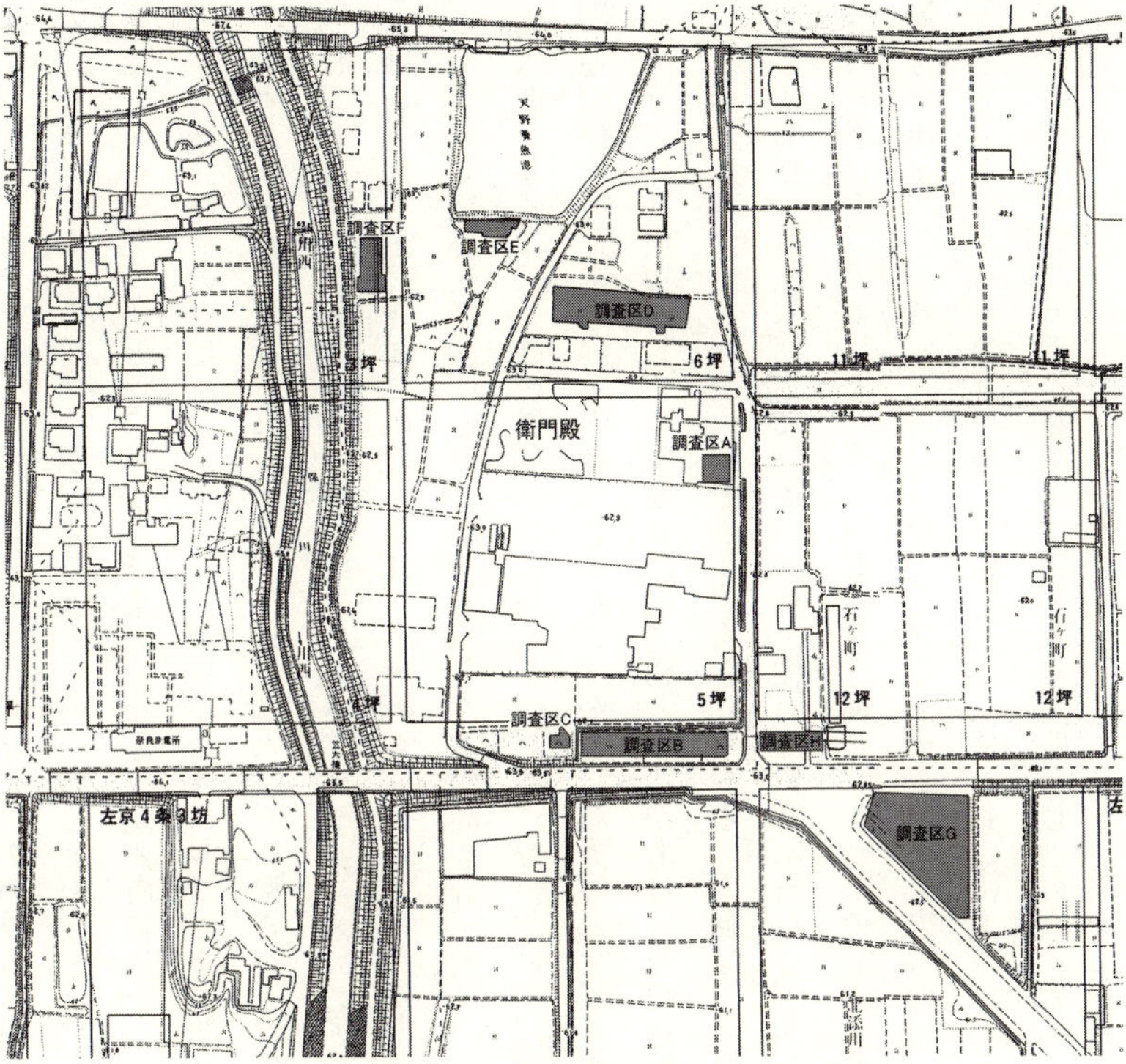

図13　「衛門殿」（左京三条三坊）付近の調査区

A型式である。報告によると、この軒平瓦は、瀬後谷瓦窯産の笵割れ二段階のものとされている。また、出土した平瓦の中にも、桶巻きづくりの模骨痕が確認できるものがあるという。

調査区Bは、左京三条三坊五坪に面する三条大路路面と北側溝に当たる。(3) 北側溝は、八世紀後半頃に行われた掘り直しを境に、前後二時期の変遷が考えられる。下層からは、多量の土器と瓦、木製品が出土している。軒瓦は、軒丸瓦一〇点、軒平瓦一一点が報告されており、軒丸瓦は六一三八型式が一点出土したのを除くと、残りはすべて六二八四Ea型式、軒平瓦は六六六四H型式一点、六六六八A型式五点、六六六四I型式五点である。実見したところ、六二八四Ea型式はいずれも瀬後谷瓦窯産の笵割れ二段階のもの、六六六八A型式も瀬後谷瓦窯産の笵割れ二段階のもの、六六六四I型式も瀬後谷瓦窯産のものであり、ほとんどが瀬後谷瓦窯産のものによって占められていることが分かる。なお、六六六四I型式には、瀬後谷瓦窯では出土が確認されていない、笵割れが生じる以前のものが含まれているが、製作技法が他の瀬後谷瓦窯産のものと共通することから、瀬後谷瓦窯産と考えてよかろう。

瓦以外の注目すべき遺物として、多量の祭祀遺物と木簡がある。祭祀遺物は、全長六〇センチを超える大型のものを含む、人形一九点と斎串九点、銅製人形一点が報告されている。人形は、中層から折り重なって出土している。木簡は二五点出土しており、荷札木簡、文字と人物画を描いた習書木簡などがある。

調査区Cは調査区Bの西側にあたる。(4) 調査区Bと同様、二時期の三条大路北側溝を検出した。多量の土器、瓦とともに和同開珎が出土している。瓦は、三条大路北側溝最上層出土のものは、ほとんど一枚づくりのものによって占められるが、中・下層出土のものは、粘土紐桶巻きづくりのものによって占められている。また、軒丸瓦二点、軒平瓦二点が出土しており、六二八四Ea型式と、笵割れが生じる以前の六六六四I型式が一点ずつ含まれている。

2　左京三条三坊六坪

二ヵ所で調査を実施している。

調査区Dは、坪の南東部にあたる(5)。東西三間、南北二間の奈良時代の掘立柱建物跡二棟、塀二条、溝一条、地鎮具埋納土坑などを検出している。建物は時期が異なり、それぞれ塀を伴う。出土遺物を実見したところ、出土瓦の量はコンテナで四八箱に及び、塼も六箱を占めるなど、瓦塼類の出土が目立つ。軒瓦は、瀬後谷瓦窯産の笵割れ〇〜二段階の六六六八A型式が三三点と、他を圧倒する（表2）。また、平瓦の中には、一枚づくりのものも含まれるが、粘土紐桶巻きづくりのものが目立ち、調査面積一〇〇平米あたりの軒瓦の出土量は七・四点で、この量は瓦葺き建物の存在が確認されている左京二条二坊十一坪の一六・四点、同じく左京二条二坊十一坪の一三・一点に次ぐものであることから、この調査区付近に、奈良時代前半の瓦葺き建物が存在したことは確実である(6)（表3）。

調査区Eは、坪の中央やや西よりにあたる(7)。地割りから佐保川の氾濫原にあたると考えられたが、奈良時代の遺構は比較的良好に残存していた。検出した遺構には、それぞれ時期を異にする、三棟以上の奈良時代の掘立柱建物跡がある。そのうちSX〇一とされた柱穴からは、瓦と塼がまとまって出土しており、中には塼四枚を底に敷き、礎板として利用したものもある。軒瓦は、六五七二C型式が一点出土しているのみであるが、面戸瓦一七点、鬼瓦一点が出土している。

3　三条三坊三坪の調査

三条三坊三坪は、坪のほぼ中央に流れる佐保川により、東西に分かれている。佐保川以東では、奈良市教育委員会

表２　調査区Ｂ・Ｄ・Ｇ出土軒瓦型式一覧

地区名	出土遺・層位		軒丸瓦		軒平瓦	
			型式	点数	型式	点数
調査区Ｂ	遺構面検出時		6138( )	1	6664H	1
			6284Ea	2		
	三条大路北側溝	上層	6284Ea	2	6668A	5
					6664 I	1
		中層	6284Ea	5	6664 I	2
		下層			6664 I	2
調査区Ｄ			6012( )	1	6572D	2
			6225( )	1	6640A	3
			6284Ea	2	6641F	1
			不明	1	6664 I	2
					6668A	33
					6691A	3
					不明	1
調査区Ｇ	東堀河	上層	6225A	1	6574A	1
			6225( )	1		
			6284C	1		
		中層	6133P	1	6664 I	1
			6225A	1		
			6284F	1		
		下層	6012H	1	6663Cb	1
			6133C	1	6664 I	4
			6282Ba	1	6664D	1
			6282Ca	1	6664( )	1
			6282Cb	1	6671 I	1
			6282D	2	6703A	1
			6284Ea	2	6721A	1
			不明①	1	6721E	2
			不明②	1	6732A	1
					6732O	1
		排土内	6011( ) または 6012(　)	1		
	SX03		6138( )	1		
	SX04		6282Ca	1		

により、一度、発掘調査が行われているのみである。(8) 調査区Ｆは、東三坊坊間西小路推定ライン上にあたり、東三坊坊間西小路西側溝を検出しているが、これは、平城遷都当初は造られておらず、ある時期に追加されたものであることが判明した。つまり、遷都当初は、西接する六坪と一体として利用されていたものが、ある時期に小路が造られ、三坪と六坪とに分割されたということである。分割された時期は、報告書に記載がないため不明であるが、分割以前に掘られた溝からは、瀬後谷瓦窯産の六二八四Ea型式-六六六八Ａ型式のセットが出土している。

4　近接する調査区の状況

ここでは、先の調査区に近接して実施した調査の概要について述べておく。

調査区Gは、調査区Hと三条大路を挟んだ南側にあたる。[9] 検出した奈良時代の遺構には、東堀河、掘立柱建物跡・塀跡などがある。東堀河からは多量の遺物が出土しているが、中でも目を引くのは、祭祀遺物の多さである。出土した祭祀遺物には、墨書人面土器、土馬、人形、斎串などがある。東堀河は、過去六ヵ所で調査が行われているが、このうち三ヵ所では多量の祭祀遺物が出土するなど、運河としての機能のほかに、祭祀の場としても利用されていたことがうかがわれる。また、木簡は一九点出土しているが、この中には「田村殿」「左京四条二坊」の文字が見えるものがあり、これらは左京四条二坊に存在した、藤原仲麻呂の田村第と関係する木簡と考えられる（表4）。

軒瓦は多様であるが、Ⅰ期からⅡ期前半のものに限定すると、瀬後谷瓦窯産の六二八四Ea型式が二点、六六六四I型式が五点、中山瓦窯産の六二八四C型式が一点、生産窯不明の六二八四F型式が一点、六六六四D型式が一点と、瀬後谷瓦窯産の製品が目立つ。

表3　京内宅地における瓦の出土量

左京			右京		
1	1.3.15・16	5.8	17	北辺2.2・3	0.3
2	2.2.11	16.4	18	北辺4.6	1.8
3	2.2.12	13.1	19	2.2.16	2.1
4	2.2.13	5.7	20	2.3.3	0.9
5	2.2.14	4.8	21	2.3.4	1.7
6	3.2.1・2・7・8	6.9	22	2.3.6	2.1
7	3.2.6	2.5	23	2.3.7	0.9
8	3.2.10・15	1.2	24	3.3.1	0.3
9	3.3.6	7.4	25	3.3.4・5・6	0.3
10	3.3.5	3.4	26	3.3.7	1
11	3.4.7	0.4	27	3.3.8	2.2
12	4.2.1	3.9	28	8.1.11	1.3
13	5.1.8	0.4	29	8.1.13・14	0.5
14	5.2.14	1	30	8.2.12	0.1
15	8.1.3・6	0.6			
16	9.3.10	0.1			

京内宅地における100㎡あたりの軒瓦出土点数
※9・10は6284Ea・6641I・6668Aのみの点数

調査区Hは、左京三条三坊十二坪の南西隅に相当し、三条大路路面と北側溝、東三坊坊間路東側溝を検出している。(10)三条大路北側溝は、掘り直しが行われていることは、調査区Bの概要の中で述べたが、ここでは、より具体的に掘り直しの時期について触れられている。報告書によると、北側溝の掘り直しは、三条大路北側溝及び東三坊坊間路東側溝が完全に埋没した以降になされているようで、出土遺物は九世紀前半のものを含んでいる。

掘り直し前の三条大路北側溝は、下部に杭と横木による護岸を伴っており、埋土からは、多量の土器と瓦のほか、木製品・木簡・金属製品が出土している。軒瓦は、軒丸瓦一点、軒平瓦七点があり、軒丸瓦は六一三三Q型式、軒平瓦の内訳は報告されていないが、六六四一Ｉ型式、六六六五A型式、六六六八A型式、六七六〇A型式、六七六〇B型式があるという。木製品には、調査区Bと同様、人形が含まれている。木簡は、二点報告されており、一点には「藤原家」の文字が見える。

表4　藤原氏関連木簡釈文

出土地区	釈文	大きさ
調査区G	・「田村殿解 ・「前寅□□料□ 〔暦ヵ〕	(108)×(13)×3
	・「四条二坊百	(82)×23×●
調査区H	・□得麻呂年廿九　　藤原家	(153)×(8)×6

二　遺構の状況

宅地内の調査が部分的であるため、遺構の配置などから、施設の内容に踏み込むまでには至らない。しかし、三坪と六坪は、平城遷都から奈良時代のある時期まで、一体として利用されていたことが判明している。また、建物は複数回の建て替えが行われており、古い時期の建物の中には、塼を礎板として用いている事例があること、さらに宅地内から、瀬後谷瓦窯産と考えられる軒瓦や、丸・平瓦がまとまって出土していたり、面戸瓦が多数出土していたりすることは、奈良時代でも早い時期に、瓦葺き建物が存在したことを示すものである。

三　出土遺物

出土遺物については、次のことが言える。

①瓦について

(A)全調査区をつうじて瓦の出土量が多い。

(B)軒瓦の多くは瀬後谷瓦窯産のものであり、丸・平瓦の中にも瀬後谷瓦窯産の可能性があるものが多く含まれる(表5)。

②祭祀遺物の出土

(A)三条大路北側溝・東堀河ともに祭祀遺物がまとまって出土している。

(B)調査区Bの人形の出土状況から、これらの祭祀遺物は、上流から流れ込んだというよりも、出土地付近で用いられたものである可能性が高い。

③木簡

(A)荷札木簡、文書木簡、習書木簡など内容は多様である。

(B)「田村殿」「左京四条二坊」「藤原家」など藤原氏との関係を示す木簡が出土している。

まず、瓦についてであるが、出土した軒瓦のうち、多数を占める瀬後谷瓦窯産のものは、平城京の瓦編年ではⅠ期

表５　瀬後谷瓦窯　供給先一覧

出土軒瓦		出土地点	調査区	点数
丸／平	型式			
軒丸瓦	6284Ea	長屋王邸		7
		左京　四条三坊十坪・東堀河		2
		左京　三条三坊五坪	調査区 B	9
		左京　三条三坊五坪	調査区 C	1
		左京　三条三坊六坪	調査区 D	2
		左京　三条三坊三坪	調査区 F	3
		左京　四条三坊九坪・東堀河	調査区 G	2
	6298A	長屋王邸		2
		左京　三条二坊九坪		1
		左京　二条二坊十二坪		1
軒平瓦	6664 I	長屋王邸		4
		左京　五条五坊十三坪		1
		右京　三条三坊十五坪		1
		左京　三条三坊五坪	調査区 B	5
		左京　三条三坊五坪	調査区 C	1
		左京　三条三坊六坪	調査区 D	2
		左京　四条三坊九坪・東堀河	調査区 G	5
		左京　三条三坊十二坪	調査区 H	-
	6668A	長屋王邸		5
		左京　一条三坊　東三坊大路		1
		左京　三条三坊十四坪		1
		左京　四条三坊六坪		2
		左京　四条三坊十坪・東堀河		1
		左京　四条四坊十五坪		1
		左京　四条四坊十五坪・十六坪境小路		1
		右京　一条二坊四坪		1
		右京　二条三坊七坪		1
		興福寺		1
		左京　三条三坊五坪	調査区 A	2
		左京　三条三坊五坪	調査区 B	5
		左京　三条三坊六坪	調査区 D	25
		左京　三条三坊三坪	調査区 F	2
		左京　三条三坊十二坪	調査区 H	-
	6671Ia	長屋王邸		8
		左京　三条二坊九坪		9
	6671Ib	長屋王邸		1
	6679A	左京　三条一坊十・十五・十六坪		1
		左京　三条二坊十六坪		1
	6700A	長屋王邸		7
		左京　二条二坊五坪，二条大路		4

※網掛けは小字衛門殿と周辺地域からの出土

（和銅元年～養老五年）に位置付けられており[11]、この時期の瓦が、宮や寺院以外の場所からまとまって出土しているのは、長屋王邸など数例に限られる。仮に、これらの軒瓦をⅡ期としても、ひとつの瓦窯の製品が集中して出土する傾向は、宮や寺院、長屋王邸以外では確認されていない。

祭祀遺物のうち、特に人形と墨書人面土器は、水にかかわる祭祀の道具と考えられており、条坊道路側溝から出土する事例は、側溝が基幹水路として機能していた事例にほぼ限定される。よって、運河としての機能が指摘されていた東堀河はもちろんのこと、この付近の三条大路北側溝も、基幹水路であった可能性を指摘できる。また、調査区Bの大型人形の出土状況から、これらを用いた祭祀は、出土地付近で行われていた可能性が高い。

木簡は、出土量が少ない上、多様なものが出土していることから、木簡から周辺に存在した施設の性格まで、想定することは難しい。しかし、数少ない木簡の中に、藤原氏、さらに限定すると、藤原仲麻呂にかかわる木簡が出土していることが注目される。

以上のことから、左京三条三坊五坪・六坪周辺には、一般的な宅地のものとは異なった施設が存在した可能性を指摘することができる。

では、この施設は何であるのか。施設の具体像に迫るためには、京内の他の宅地と比較して、この坪の特異性を際立たせている点、すなわち、瀬後谷瓦窯産の瓦の大量出土という点について、検討する必要がある。よって、次に瀬後谷瓦窯とその製品について検討する。

四　瀬後谷瓦窯と出土軒瓦について

瀬後谷瓦窯は、京都府木津川市に所在する。(12) 昭和六十二年度から平成三年度にかけて、京都府埋蔵文化財調査研究センターにより実施された発掘調査により、三基の瓦窯（一～三号窯）と、二基分の灰原（四・五号窯）を検出した。窯の操業順序は、切りあい関係と出土瓦の分析から、二号窯→三号窯→五号窯（一号窯）→四号窯の順と考えられている。そして、これらの窯で焼成されたことが判明した軒瓦は、軒丸瓦三型式、軒平瓦七型式である（図14）。

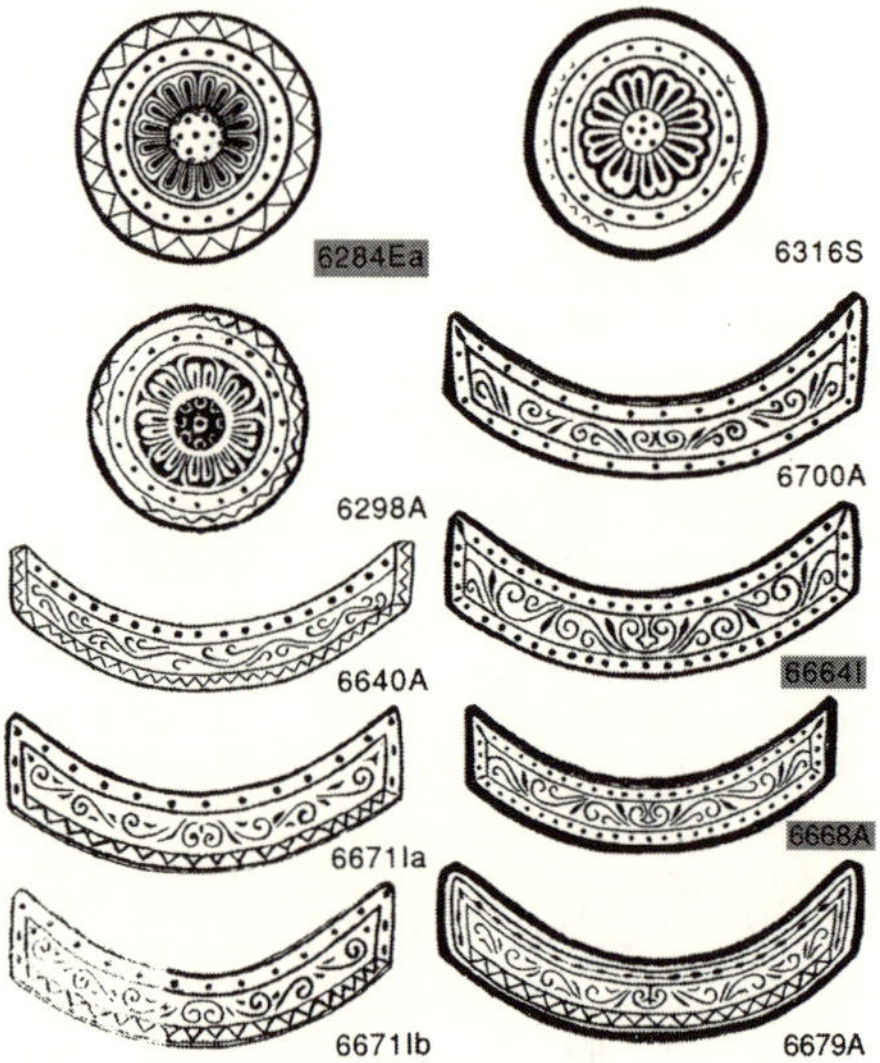

図14　瀬後谷瓦窯出土軒瓦

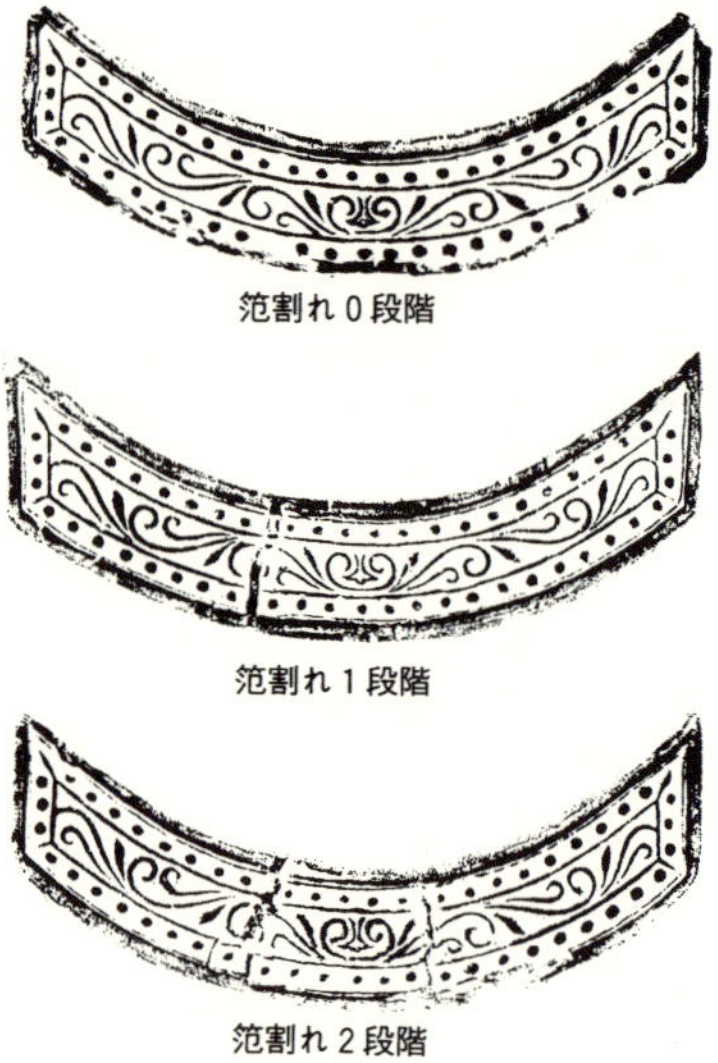

図15　6668A 型式の笵割れの進行

左京三条三坊五坪周辺で出土する六二八四Ea型式と六六六八A型式は、二・三号窯から、六六六四I型式は、一〜四号窯から出土している。次に、それぞれの軒瓦について述べる。

1　軒瓦の概要

(ア)六二八四Ea型式

二号窯灰原から三七点、三号窯灰原から五点出土している。蓮弁部分に二段階の笵キズの進行を確認できる。

この型式の軒丸瓦は、平城宮第一次大極殿からも出土しているが、大極殿出土のものは瀬後谷瓦窯で生産されたものではないとされており、大極殿所用瓦を生産した瓦窯から、瀬後谷瓦窯への笵の移動が想定されている。

(イ)六六六八A型式

二号窯灰原から六点、三号窯灰原から一点出土している。先述の六二八四Ea型式とセットになると考えられている。成形技法は、粘土紐桶巻きづくりで、顎は段顎であり、側縁を丸く仕上げるものと、角張ったままのものの二者がある。また、瓦当側面には、糸切り痕が残るものがある。三段階の笵割れの進行が認められる（図15）。

この型式の軒平瓦は、平城宮第一次朝堂院南門でまとまって出土しているが、これらは笵割れが生じる以前のものであり、かつ製作技法も瀬後谷瓦窯のものとは異なることから、他瓦窯の製品であると考えられており、先の六二八四Ea型式と同様、宮の造営が一段落した際に、瀬後谷瓦窯に笵が持ち込まれたと考えられる。

(ウ)六六六四I型式

一号窯から一点（ただし混入の可能性あり）、二号窯灰原から七点、三号窯灰原から五点、四号窯灰原から二点出土している。成形技法は、粘土紐桶巻きづくりで、顎は段顎である。六六六八A型式と同様、側縁を丸く仕上げるものと、角張ったままのものの二者がある。また、瓦当側面に、糸切り痕が残るものがあることも、六六六八A型式と共通する。技法の共通性から、六六六八A型式と同じ瓦工により作られた可能性が高い。

この型式のものも、平城宮第一次大極殿などで出土しているが、製作技法などが異なることから、大極殿出土のものは瀬後谷瓦窯産ではなく、先の二つと同様、他瓦窯から瀬後谷瓦窯に笵が持ち込まれたと考えられる。

また、この軒平瓦は、横方向に大きな笵割れが認められること、平瓦部に対し、瓦当部が大きく垂れ下がったような形状のものが多数を占め、中には、瓦当上部に粘土のはみ出しが認められるものがあることを特徴とする。瓦当部が大きく垂れ下がる形態のものは、この粘土のはみ出しを削り取った結果によると考えられる。

なお、このような特異な形状となった要因は、瓦笵の円弧と、桶の円弧が合わなかったことにある（図16）。六六六四Ⅰ型式のうち、瓦当上部に粘土のはみ出しが認められる個体の、はみ出し部から復元される桶の円弧は、六六六八A型式に伴う桶の円弧と合致する。このことに関して、報告書では、桶は六六六八A型式・六六四〇A型式に合わせて作られたものであり、六六六四Ⅰ型式の笵は、先に瀬後谷瓦窯に持ち込まれた、六六六八A型式・六六四〇A型式の笵に合わせて桶が作られた後に、持ち込まれたものと評価し、瀬後谷瓦窯における六六六四Ⅰ型式の生産は、六六六八A型式・六六四〇A型式とこれに伴う軒丸瓦六二八四Ea型式の生産に遅れるとした。

笵の移動にあたり、桶もセットで移動するものなのか、あるいは笵のみが移動し、移動先の瓦窯でそれに合うような桶を製作するのか、という問題があるため、六六六四Ⅰ型式の生産開始が遅れるとは断定できないが、六六六八A型式と桶を共有することと、製作技法が共通することから、両者の間にあまり大きな時間差を見出すことはできない(13)。

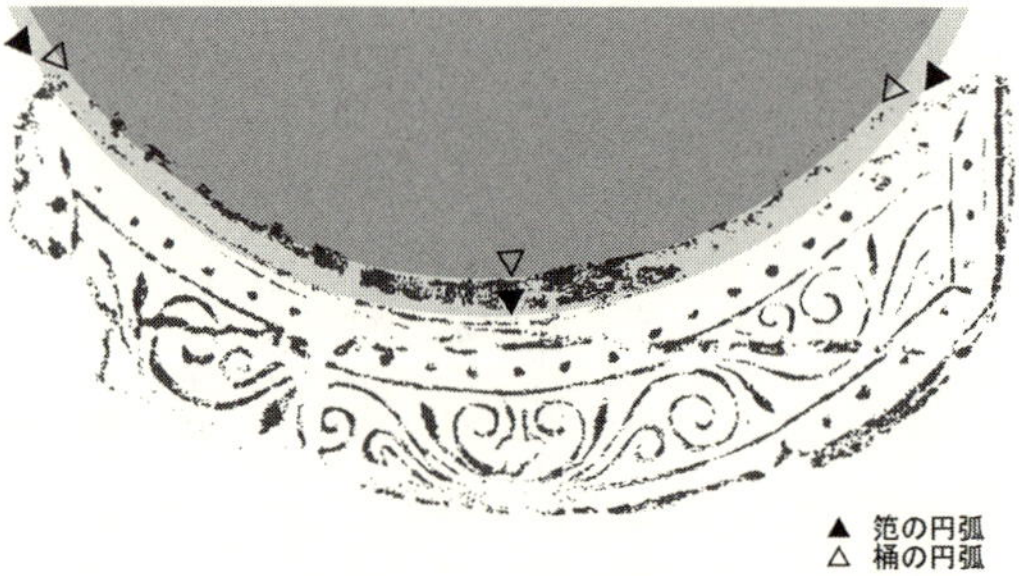

図16　6664Ⅰ型式の瓦当笵の円弧と桶の円弧

2　製作時期

このように、左京三条三坊五坪周辺で出土する瀬後谷瓦窯産の製品は、いずれも平城宮の造営に用いられた笵を、瀬後谷瓦窯に持ち込んで製作されたものであり、また製作技法は粘土紐桶巻きづくりであるなど、古い要素が認められるということになる。

このことから推察すると、瀬後谷瓦窯における生産開始は、宮の造営が一段落したころ（和銅四年〈七一一〉段階では、宮大垣が未完成であったという記事があるので、遷都後も工事が続いていたことは確実である）と言えよう。

瀬後谷瓦窯出土瓦の分析を行った奥村茂輝[14]は、六二八四Ea型式・六六六八A型式の瀬後谷瓦窯における生産時期を、平城宮瓦編年Ⅰ-2期初め～Ⅱ-2期初めの間とし、六六六四Ⅰ型式のみⅠ期末～Ⅱ期初頭の生産開始とした。このことは、宮をはじめとする同型式の消費地編年と矛盾するものではない。これを実年代に当てはめると、おおむね七一〇年代中頃から七二〇年代に生産されたと考えられる。

3　瀬後谷瓦窯産の製品の供給先

瀬後谷瓦窯産の製品は、基本的に宮や寺院からは出土せず、京内から出土することが指摘されている。これは、瀬後谷瓦窯の操業の目的が、京内への供給にあること、そしてこのような供給のあり方は、『続日本記』神亀元年（七二四）十一月八日の太政官奏上にみえる「令五位已上及庶人堪營者構立瓦舍。塗爲赤白。」を連想させる。これは、都を荘厳化するために、経済的にゆとりのある者は、邸宅を瓦葺にすることを奨励したものである。瀬後谷瓦窯における瓦生産は、この奏上と関連するものなのかも知れない。

京内における瀬後谷瓦窯産の製品の分布を見ると、右京から左京に至るまで、比較的広い範囲で分布しているが、これらの多くは一～二点程度の出土であり、一定量まとまって出土している事例は、今回、検討の対象としている左京三条三坊五坪・六坪周辺を除くと、長屋王邸[15]、左京四条三坊十坪の東堀河、左京三条二坊九坪の四地点にほぼ限定できる。このうち、左京四条三坊十坪は、今回紹介した左京四条三坊九坪の東堀河の下流部に相当することから、一連のものと考えてよかろう。また、左京三条二坊九坪からは、瀬後谷瓦窯の製品でも、六二九八A-六六七一Ia型式のセットのみの出土であり、今回、主題としている軒瓦とは異なる型式のものである。

このように、瀬後谷瓦窯産の製品の供給先は、主に、長屋王邸、左京三条二坊九坪、左京三条三坊五・六坪周辺の三ヵ所に限定できるが、このうち六二八四Ea型式-六六六八A型式・六六六四Ⅰ型式の供給先は、左京三条三坊五・六坪周辺に限定できる。なお、左京三条三坊三坪は、佐保川以西の調査でも軒瓦の出土が認められるが、瀬後谷瓦窯産の製品は、佐保川以東の調査区のみの出土であり、同じ坪内であっても、出土瓦の様相が異なる。

先述のように、六二八四Ea型式-六六六八A型式・六六六四Ⅰ型式は平城宮瓦編年のⅡ-1期までの間に収まると考えられ、この時期に、特定の瓦窯の特定の製品が、特定の場所から集中して出土する事例は、宮や寺院を除くと、長屋王邸が知られる程度である。また、発掘調査の結果、左京三条三坊六坪と、少なくとも佐保川以東の三坪は、ある時期、一体として利用されていたことが判明し、さらに六六六八A型式が集中的に出土することを重視すれば、五坪と佐保川以東の四坪も、これらと一体として利用されていた可能性が考えられる。

この範囲は、小字「衛門殿」の範囲と合致し、平城京の宅地に換算すると、少なくとも三町分を一体として利用していたことになる。

五　「衛門殿」に所在した施設について

1　遺構・遺物から考えられる施設の性格

「衛門殿」に所在した施設は何か、という問題を検討するにあたり、もう一度、この範囲に関する考古学的な成果をまとめてみたい。

①発掘調査成果及び瓦の分布状況から、左京三条三坊五・六坪と佐保川以東の三・四坪は、奈良時代前半は、一体として利用されていた可能性が高い。

②各坪内における調査は部分的であるため、建物の配置を復元することは出来ないが、複数の時期にわたる掘立柱建物跡が検出されていることから、奈良時代の中で何度か宅地内の建物の改変が行われたことがわかる。

③六坪には、瓦葺建物が存在した。

④瀬後谷瓦窯の製品のうち、六二八四Ea型式-六六六八A型式・六六六四I型式は、「衛門殿」付近を主たる供給先としており、生産年代はおおむね七一〇年代中頃から七二〇年代と考えられる。

⑤近接する条坊道路側溝から、祭祀遺物がまとまって出土している。

⑥近接する条坊道路側溝から出土した木簡には、藤原仲麻呂との関係を示すものがある。

これらの成果を従前の平城京の研究成果に当てはめて考えると、三町以上を占地しているということから、「衛門殿」に所在した施設は、

(A)三位以上の貴族の邸宅

(B)寺院

(C)京内官衙

に限定することが可能だろう。このうち、これだけの敷地を有する逸名寺院の存在は、京内では考えにくいことから、寺院の可能性は除外してよかろう。京内官衙である可能性は、完全には捨てきれないが、平城京における京内官衙の

可能性が指摘されている坪の状況と比較すると、その可能性は低いと考える。

上野邦一[16]は、平城京の宅地の検討をつうじて、京内官衙の目安として以下の点を挙げている。

①一坪利用であること。

②建物の密度が低く、建て替えがさほど認められないこと。

③コの字型の建物配置をとること。

④瓦葺建物を有すること。

⑤官衙的色彩の強い遺物を出土すること。

これを今回の事例にあてはめると、①・②は合致せず、③は不明、④⑤は合致ということになる。これだけでは、京内官衙の可能性も残るということになるが、京内官衙の具体例との比較を行うと、「衛門殿」＝京内官衙とする考えは否定的にならざるを得ない。

平城京における京内官衙の具体例として、しばしば取り上げられるものとして、左京三条一坊七坪[17]がある。この地は、後の平安京における京内官衙の位置関係も含めた検討により、大学寮の可能性が高いとされている。ここで確認された、坪内の土地利用形態と、貴族の邸宅との最大の違いは、建物配置、建物の建て替えの少なさ、遺構密度の低さの三点である。「衛門殿」における建物配置は不明であるが、複数回の建て替えが認められること、ある時期に坪の分割が認められることは、京内官衙の可能性を否定する要素と言える。よって、「衛門殿」に存在した施設の候補は、必然的に、高位の貴族の邸宅に絞られることになる。

2　貴族の邸宅の可能性

平城京における宅地の班給基準は、史料が残されていないため不明であるが、藤原京や難波京の事例から、三位以上は四町、四・五位は一町、六位は二分の一町であったと考えられている[18]。事実、長屋王邸は四町、藤原仲麻呂の田村第は八町であったと推定されている。

本事例は、三・四坪中央に佐保川が流れていることから、イレギュラーな宅地割りとなる可能性も残るが、三町分以上を一体として利用している可能性が高いので、規模の点では、三位以上の宅地の規模と考えて支障あるまい。また、遺構の状況からも、複数回の建て替えが認められること、ある時期に東三坊坊間西小路が造られることによって宅地の分割が行われることなど、居住者の変更などにより、宅地の利用状況も変化するという、現在まで確認されている、平城京内で認められる貴族の邸宅の状況とも合致する。

表6　平城遷都前後の三位以上の人物と薨年

人名	生前の最終位階	薨年
石上朝臣麻呂	左大臣	717
藤原朝臣不比等	右大臣	720
大伴宿祢安麻呂	大納言・大将軍	714
粟田朝臣真人	正三位	719
阿倍朝臣宿奈麻呂	大納言	720
小野朝臣毛野	中納言従三位	714
巨勢朝臣麻呂	中納言	717
石川朝臣宮麻呂	右大弁従三位	713
多治比真人池守	大納言	–
長屋王	左大臣	729
志貴親王	二品	716
穂積親王	知太政官事	715
長親王	二品	715
舎人親王	知太政官事	735
新田部親王	大将軍　大物管	735

※網掛けは遷都直後に従三位になったもの

これらのことから、「衛門殿」付近を高位の貴族の邸宅にあてる見方は妥当と考える。また、東三坊坊間西小路が、遷都当初に造られていないことから、遷都の段階で高位の人物に、宅地として班給されていた可能性が高い。即ち、居住者は和銅三年（七一〇）時点で、三位以上の人物であったと考えられる。また、六二八四Ea型式−六六六八A型式・六六六四Ⅰ型式の供給の契機を、神亀元年の太政官奏上に求めると、その人物は、神亀元年までは健在であったか、あるいは後継者が同等の地位になっていた人物である、という限定が可能だろう。

平城遷都当初、あるいは遷都直後に三位以上になった人物は、表6のとおりである。これらのうち、居所が判明しているのは、藤原不比等、新田部親王、長屋王の三名であり、これ以外の人物が「衛門殿」の居住者としての候補となる。さらに、神亀元年の太政官奏上の時まで存命の人物で、居所が判明していない人物に限定すると、舎人親王のみが候補者となりうる。

よって、非常に単純な消去法ではあるが、従前の平城京の研究成果と、遺跡・遺物の検討結果から、「衛門殿」の居住者は、舎人親王であった可能性が浮上するのである。

3　舎人親王と「衛門殿」、そして藤原仲麻呂

舎人親王は、天武天皇と新田部皇女の子で、淳仁天皇（大炊王）の父である。養老二年（七一八）に一品に昇叙され、翌年には新田部親王とともに、皇太子首皇子の補佐を命じられる。養老四年、藤原不比等の死の直後に、知太政官事に任じられ、長屋王とともに皇親政治の中心を担う。神亀元年の太政官奏上も、舎人親王が知太政官事の頃に出されたものである。舎人親王はその後、藤原氏と急速に接近するようで、天平元年（七二九）の長屋王事件では、新田部親王とともに長屋王を糾問し、自殺に追い込む。その後は、光明子の立后を宣言するなど、親藤原氏の姿勢を貫き、天平七年に生涯を閉じる。

ここで注目すべき点は、神亀元年の太政官奏上の時、舎人親王は知太政官事であったことである。奏上の際には、当然、自らの家も瓦葺にすることを前提として考えていただろう。また、立場的にいち早く瓦を入手できただろうし、神亀元年の聖武天皇即位に伴い、封五〇〇戸を施入されているなど経済的な余裕もある。瀬後谷瓦窯は、場所や用いている笵から、官窯であることは間違いなく、特定の官窯から、特定の製品を入手できる立場の人物といえば、この

時期、長屋王と舎人親王、新田部親王以外見当たらない。

また、舎人親王邸とすると、「藤原家」「田村殿」「左京四条二坊」の木簡の出土も、評価しやすい。舎人親王の子、淳仁天皇（大炊王）は、藤原仲麻呂により擁立されており、ある時期、田村第で生活している。また、大炊王の兄弟の船親王、池田親王は、仲麻呂の乱の後に、乱に加担した罪でそれぞれ隠岐と土佐に流され、また三原王、守部王らの子孫も配流されていることも、舎人親王の子孫と、仲麻呂との密接な関係を暗示するものである[19]。

舎人親王の皇子のうちいずれかは、舎人親王旧邸を引き継ぎ、居住していたと考えられるので、そこに、舎人親王邸と推定した左京三条三坊五坪・六坪周辺から、先の木簡が出土する理由を見出すことができるのである。

なお、舎人親王邸とした場合、宮との距離が離れすぎているのではないか、という点が懸念されるが、これについては、舎人親王とともに首皇子の補佐を行なった新田部親王宅が、右京五条二坊に存在することを考えれば、さほど大きな問題にはなるまい。

藤原不比等の薨去により、舎人親王は知太政官事に、新田部親王は知五衛及授刀舎人事に任じられた。これは、舎人親王を文治の長に、新田部親王を軍事の長に任じたもので、不比等没後の皇親政治の中心を、天武天皇の皇子である二人が担ったということになる。新田部親王の邸宅が造られた右京五条二坊の地は、右京における水運の大動脈とも言える秋篠川に面している。それに対し、今回、舎人親王邸と推定した左京三条三坊の地は、左京における水運の大動脈とも言える佐保川と東堀河に面している。また、宮との距離も両者に大差はない。

両者の邸宅と宮との距離は確かに離れているが、文治・軍事の中心を担った両者の邸宅が、左右に分れ、それぞれ似かよった立地環境にあるということに、何らかの政治的意図が働いているように思えるのである。

まとめ

「衛門殿」の小字が残る宅地の性格をめぐって、出土軒瓦などの分析をつうじて検討した結果、「衛門殿」の居住者の候補として、舎人親王の名が浮かび上がってきた。ここまで述べたように、この宅地と舎人親王を結びつけた根拠は、考古学的な成果を分析することにより抽出された諸条件から、該当者を限定するという、いわば消去法によるものである。しかし、裏返せば、舎人親王という人物側からの検討を行ったとしても、舎人親王と「衛門殿」とを積極的に結び付ける、考古学的、文献史学的根拠は、現状では皆無であると言わざるを得ない。

そのため、舎人親王邸の位置の確定には、まだ多くのプロセスが必要であるが、一方で、今回の検討方法は、現在まで蓄積された、平城京に関する考古学的な成果と、遺構解釈の立場に立ち、史料に現れる人物の中から居住者を求めようとしたものであり、導き出した結論は、十分に今後の検討に値するものであると考える。

最後に、蛇足ではあるが、私がこの場所に興味を持つきっかけとなった「衛門殿」の小字の由来について、憶測を述べたい。

「衛門」という言葉から、当初、私は衛門府とのかかわりを考えたが、検討を進める中で、この小字で注目すべき点は、むしろ「殿」の方であると考えるようになった。『続日本記』における「殿」の用例を見ると、大極殿、大安殿、内安殿など、施設名として現れるが、すべての施設が「殿」と呼ばれているのではなく、天皇や太上天皇にかかわる施設、あるいは大仏殿のように寺院にかかわる施設に対し、限定的に「殿」という言葉が用いられている。逆に、天皇にかかわる施設であれば、寝殿、高殿のように、私的な空間も「殿」と表現されている。

「衛門殿」は小字名であるため、厳密な用語の使い分けがされているとは考えにくいが、先の用例が何らかのかたちで反映されているとするならば、「殿」の文字から、天皇との関係を想像することもできよう。

舎人親王は、淳仁天皇即位によって「崇道尽敬皇帝」の追号を受けている。また、生前は身辺の護衛として、新田部親王とともに、内舎人二名、大舎人四名、衛士三〇名がつけられている。おそらく、衛士は通常、舎人親王宅の門前で警護を行っていたのであろう。もしかしたら、「衛門殿」の小字名は、衛士により警護を受けていた皇親の御殿、ということに由来するのかも知れない。[20]

注

（1）岸俊男「遺存地割・地名による平城京の復元調査」『平城京朱雀大路発掘調査報告』奈良市、一九七四年

（2）奈良市教育委員会「平城京左京三条三坊五坪の調査」『奈良市埋蔵文化財調査概要報告書』平成十一年度、二〇〇一年

（3）奈良県立橿原考古学研究所「平城京左京三条三坊五坪（三条大路）」『奈良県遺跡調査概報』第一分冊、二〇〇五年

（4）奈良県立橿原考古学研究所「平城京左京三条三坊五坪」『奈良県遺跡調査概報』第一分冊、二〇〇五年

（5）奈良県立橿原考古学研究所「平城京左京三条三坊六坪」『奈良県遺跡調査概報』第二分冊、一九八六年

（6）奈良県立橿原考古学研究所『平城京左京三条三坊五・十二坪』二〇〇八年

（7）奈良市教育委員会「平城京左京三条三坊六坪の調査」『奈良市埋蔵文化財調査概要報告書』昭和六十一年度、一九八七年

（8）奈良市教育委員会「平城京左京三条三坊三坪の調査」『奈良市埋蔵文化財調査概要報告書』平成九年度、一九九九年

（9）奈良県立橿原考古学研究所『平城京左京四条四坊・四条五坊』二〇〇七年

（10）奈良県立橿原考古学研究所「平城京左京三条三坊十二坪（三条大路・東三坊坊間路）」『奈良県遺跡調査概報』第一分冊、二〇〇五年

（11）毛利光俊彦・花谷浩「屋瓦」『平城宮発掘調査報告書』XIII、一九九一年

(12)（財）京都府埋蔵文化財調査研究センター『京都府遺跡調査報告書』第二七冊、一九九九年
(13)消費地から出土する瀬後谷瓦窯産のものと考えられる六六六四I型式の中には、笵の円弧と桶の円弧が合致している事例もある。このことから、瀬後谷瓦窯においてもある時期までは、笵と円弧が合致する桶が存在したと考えられる。おそらく、生産の途中で桶が損壊したか、あるいは笵と円弧が合致しない桶を工人に与え生産させたかの、いずれかであったと考えられる。
(14)奥村茂輝「瀬後谷瓦窯の瓦」『京都府遺跡調査報告書』第二七冊、一九九九年
(15)奈良国立文化財研究所『平城京左京二条二坊・三条二坊発掘調査報告』一九九五年
(16)上野邦一「官衙か宅地か」『平城京左京四条二坊一坪』奈良国立文化財研究所、一九八七年
(17)奈良国立文化財研究所『平城京左京三条一坊七坪』一九九三年
(18)大井重二郎『平城京と条坊制度の研究』初音書房、一九六六年
(19)岸俊男『藤原仲麻呂』吉川弘文館、一九六九年
(20)舎人親王が左京に居住していたことは、以下の史料からも推定できる。

○左京職符（正倉院文書）

職符　東市司

琉璃玉四口徑二寸、着無者壺一十許口、

右、平章其價、便付遣使坊令御毋石勝、進送舎人親王葬装束所、苻到奉行、

大進大津連船人　　十一月廿日

大属四比元孫

この史料は、舎人親王の薨去に伴って設置された「葬装束所」が、葬儀に必要な物品の価格調査を左京職に依頼し、それを受けた左京職が東市司に命じたものと解される。このことは、「葬装束所」は左京に設けられたことを示しており、舎人親王の邸宅も左京にあったと考えるのが自然であろう。

第三章　平城京の宅地班給と居住者

はじめに

前章では、小字「衛門殿」における発掘調査成果の検討から、この付近に舎人親王の邸宅があったと述べた。平城京内においては、一二〇名を超える居住者名が挙げられているが、これらは、『正倉院文書』などの史料に、居住者に関する情報が記されているものが大半を占める（表7）。また、少数ではあるが、長屋王邸や藤原麻呂邸のように、発掘調査の結果、調査地付近に居住していた人物に結びつく木簡が出土したことから、居住者が判明した事例もある。(1)

このように、平城京の宅地とその居住者は、

①居住者と居住地に関する直接的な情報が文字史料に認められる場合。

②発掘調査によって出土した文字史料から、当該調査地の居住者が判明した場合。

によって確定されている。(2)

それに対し、「衛門殿」＝舎人親王邸説は、従前とは異なる検討方法により導き出したものであり、この方法が有効であるならば、今後、同様の方法で検討することにより平城京における宅地と居住者の関係がさらに明確になると考える。

表7　平城京の居住者

居住地		位階	居住者	根拠史料等
左京	法華寺寺地	正二位右大臣	藤原不比等	『続日本紀』天平神護二年十月二〇日条
	佐保宮	従三位	長屋王	『万葉集』『懐風藻』
	佐保宅	正三位大納言	大伴宿禰安麻呂	『万葉集』
	一条二坊		倭史真首名	天平二十年四月二十五日写書所解
			坂上朝臣松麻呂	宝亀四年十二月十四日藤原種継校生貢進啓
			丈部臣葛嶋	天平勝宝九歳四月七日西南角領解
	一条三坊		新田部真床	天平二十年四月二十五日写書所解
			県犬養宿禰忍人	天平十四年十一月十五日優婆塞貢進解
			奈良日佐広公	天平年中カ従人勘籍カ
		正七位下	大原真人今城	天平二十年十月二十一日中村氏文書、奴婢売買券
	二条二坊		藤原朝臣麻呂	発掘調査(出土木簡)
	二条五坊七坪	従三位	紀勝長	延暦二十三年六月二十日東南院文書
	二条七坊	従五位下	広上王	神護慶雲四年五月八日普光寺牒(薬師院文書)
	三条一坊	大初位下	阿刀宿禰田主	天平勝宝八歳八月二十二日東大寺三綱牒
			山辺少孝子	天平勝宝八歳八月二十二日東大寺三綱牒
	三条二坊	従三位	長屋王	発掘調査(出土木簡)
		従八位上	槻本連大食	天平十四年十一月二十三日優婆塞貢進解
	三条三坊		日置造男成	天平二十年四月二十五日写書所解
		二品	舎人親王	近江考証　第2章参照
	三条四坊		小治田朝臣藤麻呂	天平二十年十一月十九日伊賀国拓殖郷券
	四条二坊	正一位大師	藤原仲麻呂	岸俊男考証『日本古代政治史研究』塙書房　1966
			石上部君鷹養	天平十四年十一月十五日カ優婆塞貢進解
		正五位上	市原王	天平宝字二年十一月二十八日伊賀国拓殖郷券
	四条三坊		小治田朝臣弟麻呂	天平二十年六月二十七日伊賀国拓殖郷券
			秦人虫麻呂	天平十七年八月一日優婆塞貢進解
	四条四坊	従五位下	大朝臣安萬侶	養老七年七月六日大朝臣安萬侶墓誌
			丹波史東人	天平十七年八月一日優婆塞貢進解
		従八位上	奈良日佐牟須万呂	天平十七年正月十二日優婆塞貢進解
	五条一坊	正六位上	小治田朝臣豊人	延暦七年十二月二十二日添上郡司解(薬師院文書)
			大俣連山守	天平勝宝五年六月十五日勘籍歴名
	五条二坊	正八位下	小野朝臣近江麻呂	天平勝宝八歳八月二十二日東大寺三綱牒
	五条三坊	少初位上	村国連五百嶋	天平勝宝五年六月十五日勘籍歴名
		従五位上	阿倍朝臣嶋麻呂	天平勝宝三年七月二十七日近江国蔵部郷券(東寺文書)
	五条四坊		丹波史東人	天平十四年十一月十五日優婆夷貢進解
		大初位下	鳥取連嶋麻呂	天平五年右京計帳
	五条四坊八・九坪		播磨国調邸	奈良市教育委員会発掘調査
	五条五坊		百済連弟人	年月未詳優婆塞貢進解
	六条一坊	大初位下	酒田朝臣三□	天平十四年十一月十五日優婆塞貢進解
			犬上朝臣真人	天平感宝元年六月十日左京職移
	六条二坊		安拝常麻呂	天平七年閏十一月五日安拝常麻呂解
			海犬甘連万呂	天平二十年四月二十五日写書所解
		従七位上	間人宿禰鵜甘	天平宝字八年二月九日越前国司公験
		正六位上	後部高笠麻	天平勝宝九歳四月カ西南角領解
	六条三坊	従八位下	葛井連恵文	天平勝宝五年六月十五日勘籍歴名
			大春日朝臣難波麻呂	延暦七年十二月二十三日添上郡司解(薬師院文書)
	六条四坊		草首広田	天平年中カ従人勘籍カ
	七条一坊		池田朝臣夫子	天平十七年八月一日優婆塞貢進解
			息長丹生真人常人	天平宝字六年八月二十七日造石山院所労劇文案
			丹比勇万呂	天平勝宝三年三月五日経疏本出入帳案
	七条二坊		息長丹生真人広長	天平宝字五年十一月二十七日十市郡司解
	七条四坊		市君船守	天平勝宝八歳八月二十三日東大寺三綱牒
	八条一坊	正六位下	山部宿禰安万呂	天平二十年四月二十五日写書所解
			民伊美吉若麻呂	天平勝宝四年灌頂梵天神策経(続古経題跋)
			財首三気女	天平勝宝四年灌頂梵天神策経(続古経題跋)

居住地		位階	居住者	根拠史料等
左京	八条二坊		三尾浄麻呂	天平勝宝七歳七月二十三日田中氏蔵大唐内典六人部東人一切経
			高史千嶋	天平十三年三月八日大般若波羅密多経(文珠院文書)
	八条三坊	従八位上	大宅首童子	宝亀五年二月十日大宅首童子月借銭解
			相模国調邸	天平勝宝八歳二月六日相模国朝集使解
	八条四坊		道守朝臣三虎	宝亀四年九月二十八日某貢進文
			桑内連真公(家)	宝亀三年十二月二十九日他田建足等月借銭解
			他田舎人建足(家)	宝亀三年十二月二十九日他田建足等月借銭解
			山部針間麻呂(家)	宝亀四年四月五日山部針間麻呂月借銭解
			直代東人	天平勝宝七歳七月二十三日田中氏蔵大唐内典六人部東人一切経
	九条一坊		陽胡史乙益	年月未詳経師貢進解
			布師首知麻呂	年月未詳優婆塞貢進解
	九条二坊		海使養女	日本霊異記
	九条三坊		志斐連公万呂	天平宝字六年八月二十七日造石山院所労劇文案
			田部国守(家)	宝亀三年十二月二十八日田部国守等月借銭解
			占部忍男(家)	宝亀三年十二月二十八日田部国守等月借銭解
	九条四坊	従八位下	漆部連禹麻呂	天平十六年十二月十日優婆塞貢進解
右京	一条三坊	正五位上	曾禰連伊甘志	天平十四年十二月十二日優婆塞貢進解
	一条四坊		覓忌寸薩比登	木簡
	二条二坊	正二位右大臣	大中臣清麻呂	岩本次郎考証『日本歴史』319　1974
	済恩院寺地	従三位	藤原朝臣清河	『日本後期』延暦十一年十一月十四日条
	三条二坊	従四位下	小治田朝臣安万侶	天平元年二月九日小治田安万侶墓誌銘
	三条三坊	従六位上	於伊美吉子首	天平五年右京計帳
			出庭徳麻呂	天平五年右京計帳
			次田連福徳	天平五年右京計帳
			三上部麻呂	天平五年右京計帳
			細川椋人五十君	天平五年右京計帳
			三国真人磯乗	天平神護二年十月二十一日越前国司解
			秦小宅牧床	天平五年右京計帳
			八多朝臣虫麻呂	天平五年右京計帳
			寺史足	天平十七年八月一日優婆塞貢進解
			丈部浜足	宝亀三年二月二十五日丈部浜足月借銭解
	三条四坊		箭集宿禰石依	天平五年右京計帳
			大宅岡田臣虫麻呂	天平勝宝五年六月十五日勘籍歴名
	四条一坊	従七位上	上毛野公奥麻呂	天平神護二年十月二十一日越前国司解
	興福院寺地	従二位内大臣	藤原朝臣良継	公卿補任　岸俊男考証
	四条四坊		即足入	天平勝宝元年十一月三日東大寺奴婢籍帳
		従六位下	秦大蔵連彌智	天平十四年十一月十五日優婆塞貢進解
			鞠智足人	天平勝宝元年十一月三日大宅可是麻呂貢賤解
	五条一坊		小治田朝臣比売比	天平十四年十一月十四日優婆塞貢進解
	唐招提寺寺地	二品	新田部親王	『続日本紀』(天平宝字三年)『唐大和上東征伝』
	五条二坊	正八位上	車持朝臣若足	天平宝字五年十一月二十七日十市郡司解
		正六位上	岡連泉麻呂	天平勝宝五年六月十五日勘籍歴名
	五条三坊		岡屋君大津万呂	天平二十年四月二十五日写書所解
	六条三坊	大初位下	赤染大岡	天平勝宝五年六月十五日勘籍歴名
		従七位上	尋来津首月足	延暦七年十二月二十三日添上郡司解(薬師院文書)
			国百島	天平二十年四月二十五日写書所解
			茨田連豊主	天平勝宝九歳四月七日西南角領解
			□野麻呂	京北班田図
	七条一坊		桜井田部宿禰足国	天平勝宝五年六月十五日勘籍歴名
			□□忌寸加比麻呂	京北班田図
		外従五位下	ム甲	唐招提寺文書「家屋資財請返解案」
	七条二坊		笠新羅木臣吉麻呂	天平勝宝九歳四月カ西南角領解
			黄君満侶	天平二年三月檀越解信
	七条三坊	正八位上	次田連東万呂	天平二十年四月二十五日写書所解

居住地		位階	居住者	根拠史料等
右京	七条四坊		高麗人祁宇利黒麻呂	天平十七年九月二十一日優婆塞貢進解
	八条一坊	少初位上	秦常忌寸秋庭	天平五年右京計帳
			国覔忌寸弟麻呂	天平五年右京計帳
		大初位上	韓人田忌寸大国	天平五年右京計帳
	八条二坊		田上史嶋成	年月未詳経師貢進解
	八条三坊	少初位上	幡文広足	天平十七年九月二十一日優婆塞貢進解
	八条四坊		辛国連広山	天平勝宝九歳四月七日西南角領解
			大原史足人	天平十四年十二月九日優婆塞貢進解
	九条一坊		息長丹生真人川守	天平勝宝九歳四月七日西南角領解
	九条二坊	少初位上	山下造老	天平二十年四月二十五日写書所解
			敢国定	京北班田図
	九条三坊		文伊美吉広川	天平勝宝元年十月十一日貢賤解
			葛井連恵文(註)	天平六年七月二十七日優婆塞貢進解
	九条四坊		高向主寸人成	天平五年右京計帳
			息長丹生真人人主	天平勝宝九歳四月七日西南角領解
		従七位下	上主村牛甘	天平勝宝九歳四月七日西南角領解
		少初位下	井守伊美吉広国	天平勝宝九歳四月七日西南角領解

特に遷都当初の一町を超える規模の大規模宅地については、小路を造っていないことから、京の都市計画の段階でその配置が決定されていたことは確実であり、新田部親王邸と推定舎人親王邸とが、左右対称に配置されていることを考えれば、都市計画の時点で、誰にどの場所を班給するかまで決定されていた可能性もある。

しかし、前章でも述べたように、平城京の宅地と居住者の検討をさらに進めるためには、いくつか整理しておかなければならない課題がある。よって本章では、まず前章における立論のプロセスを再確認することをつうじて、宅地の居住者の復元を行うための諸課題を示し、以下、それらについて検討を行うこととする。

なお、以下、「宅地」という用語は、ひとつの邸宅や官衙の範囲を示す用語として用い、それを施設の性格によって官衙（等公的施設）[3]と邸宅（坪を細分する小規模なものは「住居」）とに区分する。

一　「衛門殿」＝舎人親王邸説について

1　居住者比定に至るプロセス

まず「衛門殿」の居住者＝舎人親王邸説を導き出した際の論証のプロセスを整理する。前章では、左京三条三坊とその周辺の発掘調査成果から、居住者の推定のヒントとなる情報を抽出・整理し、導き出された条件を満たす居住者を史料から探すという方法をとった。その結果、導き出された舎人親王が果たして居住者として本当にふさわしいのか否かということを、史料や遺跡の立地条件・遺物などから検証した。

そのプロセスはおおむね以下のとおりである。

①左京三条三坊三坪と六坪を限る東三坊坊間西小路は、平城遷都当初は設置されておらず、遷都後、一定の期間をおいて付け加えられたもので、遷都当初は、坪を跨いだ宅地割りがなされていた。また、六坪と南接する五坪は、瓦の出土傾向が合致することから、少なくとも佐保川以東の三・四坪と五・六坪はひとつの宅地として利用されていた可能性が高い。

※平城遷都時の宅地の班給基準は、伝わっていないものの、三町以上の占地がなされているということは、この付近には高位の貴族の邸宅（三位以上）か、京内官衙あるいは寺院が存在していた可能性が高いことを示す。

②これまで行われている発掘調査は、いずれも小規模であるが、検出された掘立柱建物は、数回の建て替えが認められること、ある時期に三坪と六坪を分割していることから、奈良時代の中で宅地の利用形態が大きく改変され

ている。

※京内官衙は、建て替えが少ないという従前の理解に則り、数回の建て替えが認められ、さらに宅地の分割がなされているこの場所は、京内官衙や寺院ではなく、高位の貴族の邸宅と考えられる。

③この付近からは、平城Ⅰ-2期からⅡ-1期の間に京都府木津川市瀬後谷瓦窯で生産された瓦が多量に出土していることから、瓦葺き建物が存在したことが分かる。奈良時代前半に瓦葺き建物を有する邸宅の居住者は高位の貴族の中でもさらに限定されると考えられる。

※京内の邸宅に瓦を供給する契機は、神亀元年（七二四）の太政官奏上に求めるのが妥当と考えられるので、邸宅の居住者は、平城遷都当初に三位以上の地位にあり、かつ神亀元年（七二四）時点でも存命の人物、あるいはその子孫が同等の地位にいた人物と考えられる。

以上のことから、この地に居を構えた人物を史料から抽出すると、長屋王、新田部親王、舎人親王の三人が候補となるが、前二者は、既に居住地が判明しているので、舎人親王のみが候補者となりうる。

2　舎人親王邸説の補強・検証

また、舎人親王邸とする考え方は、以下の状況証拠・解釈により補強できるとした。

①舎人親王邸をこの地に求めた場合、奈良時代前半の政界において、舎人親王と行動を共にした新田部親王の邸宅（右京五条二坊）と位置関係が合理的である。すなわち、両者の邸宅と宮との距離は、大差なく、また、新田部親王邸は、右京の水運の大動脈である秋篠川（西堀河）に、舎人親王邸は、左京の水運の大動脈である佐保川・東堀河に近接している。

②推定舎人親王邸付近からは、「藤原家」「左京四条二坊」「田村」といった藤原氏、さらに限定すれば、藤原仲麻呂に関係する木簡が数点出土している。藤原仲麻呂に擁立された淳仁天皇は舎人親王の皇子であり、また他の皇子たちの多くは仲麻呂の乱に連座するなど、舎人親王の子孫と仲麻呂との密接なつながりが史料上からうかがわれるが、先の木簡の出土はこのことと関連すると考えられる。

3　検討すべき課題

「衛門殿」＝舎人親王説は、宅地の規模が大きいこと、多量の瓦が出土したこと、など平城京の宅地の中でも個性的な要素が多く認められたために、本来ならば検討すべき点をいくつか割愛している。ひとつは平城京の宅地班給基準についてである。平城京における宅地班給については、史料に残されていないため不明であり、前稿では大井重二郎らの推定による班給基準をもとに論を進めた。(4)

これは、今まで知られている平城京内の宅地の在り方から見て、二町以上の規模の宅地はごく限られていること、遷都時、従三位であった長屋王が四町の班給を受けていることから、大井の言う三位以上は四町という基準は、実態に合っていると考えたからである。

そしてなによりも、少なくとも三町以上の占地をしている推定舎人親王邸に対し、遷都時に最低でも一〇〇名を数える四位以下五位以上の官人（『続日本記』の記載の中で遷都時四・五位の地位にあり、存命であることが確認できる男性は一一二名、遷都前に五位以上に昇授されたが以後の動向が不明なものも、複数存在していることから、実際は一三〇名前後が予想される）（表8）を検討対象にする必要はないと考えたからである。

つまり、大井が推定した班給基準は、検討の対象とする人物を絞り込むために用いたのであり、詳細な班給基準まで検討する必要がなかったのである。

しかし、今後、他の宅地の居住者まで検討の対象としようとするならば、班給基準の推定は、発掘された宅地の実態から改めて検討する必要がある。また、最終的な目的が居住者の復元にあるため、単なる宅地規模の分類ではなく、大規模宅地の分布傾向や立地条件、宅地利用の変遷まで視野に含めて検討することとする。

よって、第一の課題は、「**平城京の宅地班給と土地利用の復元**」とする。

次の課題は、邸宅か官衙かという長く議論が行われてきた問題である。前章では、建て替えが認められること、宅地の分割がなされていることから、官衙とは考えがたいと判断した。これらの要件は官衙と宅地とを区分する目安として有効であると考えているが、平城京の宅地の中でも、推定舎人親王邸のような大規模宅地からの分割といった変遷をたどる例は希であり、この要件のみをもって官衙と宅地の区分を行うことはできない。

今まで多くの先学が取り組んできたように、本来的には坪内の建物配置や建物規模、出土遺物の検討など、総合的な視点での分析が必要である。

よって、第二の課題は、「**官衙と邸宅の区分**」とする。

三点目の課題は、前章の立論の中で、

阿倍朝臣宿奈麻呂	小野朝臣毛野
大伴宿祢安麻呂	粟田朝臣眞人
大伴宿祢手拍	佐伯宿祢大麻呂
大神朝臣安麻呂	多治比眞人水守
息長眞人老	土師宿祢馬手
小野朝臣馬養	調連淡海
笠朝臣長目	刀利康嗣
笠朝臣吉麻呂	藤原朝臣房前
上毛野朝臣廣人	藤原朝臣武智麻呂
紀朝臣男人	船連秦勝
黄文連益	穗積朝臣老
日下部宿祢老	三國眞人人足
車持朝臣益	路眞人麻呂
巨勢朝臣子祖父	山田史御方
坂上忌寸忍熊	吉野連久治良
坂本朝臣阿曾麻呂	神社忌寸河内
佐味朝臣笠麻呂	賀茂朝臣吉備麻呂
下毛野朝臣信並	臺忌寸宿奈麻呂
多治比眞人縣守	
多治比眞人廣成	
田邊史比良夫	

大きなウェイトを占める瓦の問題についてである。平城京から出土する軒瓦は、宮を中心に出土する宮系の瓦と、京内を中心に出土する京系の瓦の二者があることが指摘されている(5)。さらにそこから論を進めて、藤原氏にかかわりの深い場所から出土が目立つ瓦や、長屋王との関係が指摘される瓦など、出土瓦の分析は、居住者や施設の性格を考える上で重要な意味を持つ。

平城京の造瓦工房は、平城山一帯で集中的に生産されていたことが知られるが、近年の発掘調査により、生産窯の実態が判明したことにより、生産地と供給先とが強い結びつきを有していることが明らかになってきている。つまり、同一の生産地から瓦の供給を受けている施設どうしは何らかの関係を有していたと考えら

表8　遷都時の五位以上の人物一覧(女性を除く)

三位以上(12)			
新田部親王	舎人親王	志貴親王	石上朝臣麻呂
長親王	穂積親王	長屋王	藤原朝臣不比等
四位(16)			
息長王	安八萬王	六人部王	巨勢朝臣麻呂
廣湍王	鈴鹿王	山前王	當麻眞人智得
竹田王			百濟王南典
五位(84)			
大石王	巨勢朝臣邑治(祖父)	坂合部宿祢大分	上毛野朝臣堅身
熊凝王	大伴宿祢旅人	多治比眞人吉提	巨勢朝臣久須比
長田王	黄文連大伴	多治比眞人吉備	佐太忌寸老
益氣王	佐伯宿祢麻呂	中臣朝臣人足	曾祢連足人
阿刀王	中臣朝臣意美麻呂	阿倍朝臣船守	多治比眞人三宅麻呂
門部王	百濟王遠寶	阿倍朝臣秋麻呂	平群朝臣安麻呂
葛城王(橘諸兄)	百濟王良虞	阿倍朝臣首名	穂積朝臣山守
	阿倍朝臣廣庭	石上朝臣豊庭	大伴宿祢男人
	石川朝臣石足	石川朝臣難波麻呂	上毛野朝臣安麻呂
	石川朝臣宮麻呂	猪名眞人石前	佐伯宿祢百足
	忌部宿祢子首	采女朝臣比良夫	縣犬養宿祢筑紫
	大宅朝臣金弓	大伴宿祢道足	阿倍朝臣安麻呂
	當麻眞人櫻井	太朝臣安麻呂	大伴宿祢牛養
	路眞人大人	大神朝臣狛麻呂	大伴宿祢宿奈麻呂
	田口朝臣益人	小治田朝臣安麻呂	大倭忌寸五百足
	阿倍朝臣爾閇	笠朝臣麻呂	忍海連人成

れる。それが、宅地と寺、双方への供給であるならば、寺院の建立氏族から宅地の居住者を比定することが可能となると考えられる。

よって、第三の課題は、「**瓦と供給施設との関係**」とする。

最後の課題は、宅地の伝領についてである。前章で、状況証拠とした藤原仲麻呂にかかわる木簡の出土も、宅地が舎人親王から子孫に伝領されたということを前提とすることによって補強材料としたものである。

それは、新田部親王邸が道祖王・塩焼王へ伝領されたことが史料から確認されているため、舎人親王邸も同じ扱いを受けたと考えたためである。『続日本紀』によると、鑑真は新田部親王の旧宅を賜り、唐招提寺としたとあり（『唐大和上東征伝』によると天平宝字元年　七五七）、また、橘奈良麻呂の乱に加担した道祖王は、右京の宅に囲まれている（天平宝字元年）。『唐大和上東征伝』によると、鑑真は氷上塩焼の家に招かれ、寺を建てる福地であると述べ、後にこの地を賜ることになったという。

これらのことから、少なくとも新田部親王の邸宅は、道祖王・塩焼王に伝領されたが、後に両者が橘奈良麻呂の乱に加担したために没官、直後に鑑真に与えるという経緯がうかがわれる。

先述のように、舎人親王と新田部親王は奈良時代前半の政界において行動を共にしており、与えられた地位も同等であるので、新田部親王邸が伝領を認められているということは、舎人親王邸も子孫への伝領が認められたと考えるのが自然だろう。すなわち、舎人親王邸も、子孫に伝領されたが、後に藤原仲麻呂の乱（天平宝字八年　七六四）あるいは、舎人親王の孫である和気王の謀反（天平神護元年　七六五）により没官されたと考えられる。

しかし、このような伝領の在り方が、すべての宅地に関して言えるのか否かの検証は必要である。よって、第四の課題は、「**宅地の伝領と没官の問題**」とする。

そして、これらの検討をつうじて平城京の宅地班給の実態の復元と、今後の居住者復元の方法について検討することとしたい。

二　平城京の宅地班給と土地利用の復元

1　平城京における宅地班給基準に関する研究

平城京の宅地班給記事は『続日本紀』に記されていないため、その実態は不明である。しかし、大方の見方として、京の規模や班給時期からして、藤原京における宅地班給と同様、位階に応じた班給が行われたと考えられている。この問題について、最初に本格的に取り組んだのは大井重二郎である。(6)大井は平城京の総面積を一一五二町とし、そこから宮域、寺院などの諸施設が置かれた土地と陵地、池沼河川、右京域の居住に適さない丘陵地を差し引き、九〇〇町足らずが宅地としての班給対象とみた。また、班給の対象となる有位者数を、大宝元年（七〇一）三月から和銅三年（七一〇）十二月までの有位者数と『公卿補任』を参考に割り出し、三位以上一四名、五位以上一六四名と考えた。

班給基準については、次に掲げる藤原京と難波京を参考とし復元している。

賜右大臣宅地四町、直広弐以上二町、大参以下一町勤以下至無位随其戸其上戸一町中戸半町下戸四分之一、王等亦准此

（『日本書紀』持統五年〈六九一〉十二月八日条）

班給難波京宅地三位以上一町以下、五位以上半町以下、六位以下四分之一町之一以下

（『続日本紀』天平六年〈七三四〉九月十三日条）

この二つの記事から、大井は平城京でも基本的には位階に応じた区分と、京の面積に基づく班給面積が規定されていたと推定し、遷都当初の平城京における班給可能な宅地面積と班給の対象となる有位者数から、平城京でも藤原京と同様、三位以上四町、五位以上一町、六位以下四分の一町という基準で宅地の班給がなされたとした。そうした場合、五位以上の官人への班給だけでも二二〇町、それ以下の官人も含めれば、官人の宅地だけで五〇〇町以上を占有することになるので、大井は一般市民の居住を加えると、平城京の都市計画は当初から破綻していたとし、平城京の宅地班給記事が残らないのは、このような事情から公にできなかったのではないかとしている。

田辺征夫は発掘調査で確認されている宅地の規模から、平城京でも藤原京と同様の基準で宅地の班給が行われたという大井の推定を認めたうえで、遷都当初に官人に班給された土地の面積の検討を行うとともに、宅地班給という観点から平城京の京域設定がどのような考えに則ってなされたのかについても見解を述べている(7)。

田辺によると遷都時に官人へ班給された土地の面積は以下のとおりとされている。

三位以上	一三名×四町	五二町
四位	一五名×二町	三〇町
五位	七七名×一町	七七町
六位	一四三名×一町	一四三町
七位	一七五名×二分の一町	八八町
八位以下少初位	二九七名×四分の一町	七四町
	総数七三三名	計四六四町

田辺自らが認めるように、この試算には無官の有位者が含まれていないため、実際の官人への宅地班給面積は、大井の試算とほぼ同数になると考えられる。また、田辺は平城京における班給可能な宅地の面積についても大井と同様

の見解を示しながらも、大井がそれを当初からの都市計画の破綻としたのに対し、はじめから一般市民の居住を前提としないことこそが古代の都市計画の特色であるとする。

律令制に基づく都である平城京の面積が、官人の定数を基準として行われたとする田辺の指摘には説得力がある。しかし、この問題は第四の課題として取り上げる宅地の伝領の問題とも深くかかわる点である。

すなわち、官人の定数を基準とするならば、宅地の性格は位階や職掌と密接なかかわりを有すべき性格のものであって、職掌に応じて貸与する方が合理的であると考えられる。言い換えれば、遷都当初の位階あるいは職掌により班給し、そのすべてを家産として認めるならば、遷都後に職掌の異動や位階の上昇があった者に対し、それに応じた宅地を与えることができないということになる。

話が横道にそれたが、平城京における宅地班給基準は、基本的には藤原京における班給基準を踏襲しているというのが、現在までの大方の了解事項であるということを確認した上で、次に発掘調査で明らかになった宅地の実態について見ていくこととする。

2 発掘された宅地の規模

平城京で最大の規模を有する宅地は、左京四条二坊に所在した藤原仲麻呂の田村第であり推定八町の規模を占める(8)。ただし、この事例は奈良時代前半の遺構が少ないことから、遷都当初からこの規模で利用されていたのではなく、奈良時代中頃になって大規模宅地となるようである(9)。また田村第には「内相の宅」と「皇子の宮（大殿）」といった二つがあり、両施設が合体した複合施設であった可能性もあり、一般的な事例とは言えない。

遷都当初（宅地の最初の班給時）に確実に存在した大規模宅地には、左京三条二坊一・二・七・八坪の四町を占める長屋王邸[10]があり、詳細は不明であるが法華寺下層に相当する藤原不比等邸[11]、唐招提寺下層の新田部親王邸[12]も同等程度の規模を有していたとされる。また、推定舎人親王邸は、三〜四町規模の可能性が高く、居住者は不明であるが左京二条四坊一・二・七・八坪[13]もこの事例に加えることができる[14]。

この五例は、いずれも坪を分割する小路が造られていないことから、平城京の建設段階（条坊施行段階）で、大規模宅地として利用することが決定していたと言える。また、居住者の遷都当初の位階は、長屋王が従三位、不比等は正二位右大臣、新田部親王・舎人親王は二品あり、いずれも三位以上で、大井らが推定している班給基準とも合致する。なお、当時の太政官の構成員である左大臣石上麻呂、大納言大伴安麻呂、知太政官事穂積親王らの高位の人物の邸宅は現時点では不明である。

四町に次ぐ宅地として、二町規模のものがある。長屋王の佐保宮（作宝宮）の可能性が指摘されている左京一条三坊十五・十六坪[15]、左京一条三坊十三・十四坪[16]、左京二条五坊五・十二坪[17]、京内官衙の可能性が示されている左京三条一坊十五・十六坪[18]、右京三条一坊三・四坪[19]があり、建物の配置から左京三条一坊十三・十四坪[20]も二町利用の可能性が示されている。

なお、この他、播磨国府系の瓦が出土したことから、播磨国調邸の可能性が指摘されている左京五条四坊八・九坪[21]も二町利用であると考えられるが、遷都当初のものか否かは不明であるため、ここでの検討から除外する。同様に、左京二条四坊北郊、右京一条北辺でも二町利用の宅地が確認されているが、この二つのうち前者は京外、後者は北辺坊そのものの成立が遅れる可能性が指摘されているので、検討対象からは除外する。

以上のように遷都当初に存在した二町以上の宅地は六例あり、うち二例は建物配置や出土遺物などから、邸宅ではなく京内官衙の可能性が指摘されている。いずれも四町利用宅地と同様、小路が造られていないことから、当初から計画された大規模宅地であると言える。
一方、遷都時には、一町以下の利用であったものが、後に二町以上の利用になる、あるいはその可能性が高いとされているものには、左京三条二坊九・十坪、[22] 左京三条三坊八・九坪、[23] 左京五条一坊一・八坪、[24] 左京五条一坊十三・十四坪[25]がある。このように、二町利用宅地は、遷都時四例、遷都後四例を確認することができることから、宅地班給基準のひとつのランクとして認定することができよう（表9）。
一町利用宅地は、比較的多く認められる。列記すると、
左京二条二坊　五坪[26]・十一坪[27]・十二坪[28]
左京三条一坊　七坪[29]・十二坪[30]
左京三条二坊　三坪[31]・四坪[32]・六坪[33]・九坪[34]・十五坪[35]・十六坪[36]
左京三条三坊　十三坪[37]
左京三条四坊　四坪[38]・五坪[39]・七坪[40]・十二坪[41]
左京四条二坊　一坪[42]
左京五条一坊　一坪・十三坪・十四坪・十六坪[43]
左京五条二坊　十四坪[44]
左京五条四坊　十坪[45]・十五坪[46]
左京九条三坊三坪[47]
右京三条二坊十五坪[48]
右京三条三坊一坪[49]・八坪[50]

表９　平城京における大規模宅地

		Ⅰ期 ～721	Ⅱ-1期 ～729	Ⅱ-2期 ～745	Ⅲ期 ～757	Ⅳ期 ～770	備考
1	左1.3.13・14	時期不明　２町利用					小路付近に建物。奈良時代つうじて一体利用か。
2	左1.3.15・16	２町利用		以後、末まで空閑地			緑釉塼・Ⅰ．Ⅱ期瓦多数。720年代廃絶。長屋王の作宝宮か。
3	左2.2.5	１町利用？					ある時期、麻呂邸。その後、梨原宮か。
4	左2.2.11	空閑地					瓦多数・多量の施釉瓦。
5	左2.2.12	空閑地					瓦多数・多量の施釉瓦。11坪と建物中軸合致。
6	左2.4.1・2・7・8	４町利用			１町利用？	２町利用？	Ⅱ－２期の瓦多数・「粥所」の墨書土器
7	左2.5.5・12	時期不明　ある時期２町以上利用					小路推定ライン上に柱穴
8	左3.1.7	先行建物なし。空閑地か				１町利用？	小規模建物多。建て替え少ない。建物密度低い。大学寮か。
9	左3.1.12	１町利用？					大きく３時期の変化
10	左3.1.13・14	２町利用？	門の位置坪心にないため、2町利用の可能性あり。				北半は居住地・南半園池。
11	左3.1.15・16	２町利用？					Ⅲ－１瓦・塼多数。中心区画の配置、奈良時代つうじて変化せず。
12	左3.2.1・2・7・8	４町利用		宅地か		宅地か	長屋王邸→皇后宮→邸宅→太政官厨か
13	左3.2.3		１町利用		1/2		造宮省の墨書土器出土。
14	左3.2.4	時期不明　奈良時代をつうじて１町利用					４時期以上の変遷
15	左3.2.6	１町利用					邸宅→庭園
16	左3.2.9・10	当初不明、ある時期に一町利用			２町利用？		当初から瓦の量多い。Ⅱ期は独自の瓦を葺く
17	左3.2.15	１町利用				1/2	
18	左3.2.16	当初分割、ある時期に一町利用					坪中央に南門。
19	左3.3.3・4・5・6		３町以上利用？		以後不明		Ⅱ期瓦多数出土。
20	左3.3.8・9		不明			２町利用？	緑釉瓦多数出土。
21	左3.3.13	時期不明、ある時期に一町利用？					脇殿ふうの建物あり。
22	左3.4.4		１町利用		1/2	1/2	４時期以上の変遷
23	左3.4.5	当初分割、ある時期に一町利用？					
24	左3.4.7	1/2.1/4	1/2.1/4	1/2.1/4	1/2.1/4	１町利用	三分割から１坪。和同開珎の鋳造遺構。
25	左3.4.12	１町利用		1/2	1/2	1/2	多量の製塩土器出土。
26	左4.2.1			１町利用			市原王邸か。
27	左4.2.10・15	1.1/2	1.1/2	２町以上利用？			田村第の一部。
28	左4.4.16				１町利用	1/2	宅地成立時期遅れる。
29	左5.1.1・8		１町利用	２町利用			
30	左5.1.13・14	当初不明。ある時期に２町以上の利用。					
31	左5.1.16		１町利用				
32	左5.2.14				１町利用		官衙ふうの建物配置。
33	左9.3.3	１町利用					
34	右3.3.1	1/2	１町利用				埋甕を伴う建物あり。
35	右3.2.15			１町利用			
36	右3.3.8			1/4.1/2	１町利用		埋甕を伴う建物あり。
37	右3.1.3.・4	当初２町利用。後に分割か？					
38	右4.2.8	時期不明、ある時期に一町利用？					
39	右5.2.9・10・15・16		４町利用？		唐招提寺		新田部親王邸

右京四条二坊八坪(51)
右京八条一坊十三坪(52)

となる。このように、一町利用宅地は左京に集中する傾向を示し、特に左京三条二坊・四坊、五条一坊に多く認められる傾向にある。もちろん、これは発掘調査面積の違いにより差違が生じているとも言えるが、大規模開発に伴う発掘調査が数多く行われ、坪内の土地利用の実態がほぼ判明している左京四条四坊や四条五坊、五条五坊、右京二条三坊などでは一町利用の宅地が確認されていないことを考えれば、大規模宅地の分布傾向をある程度示していると言えよう（図17）。

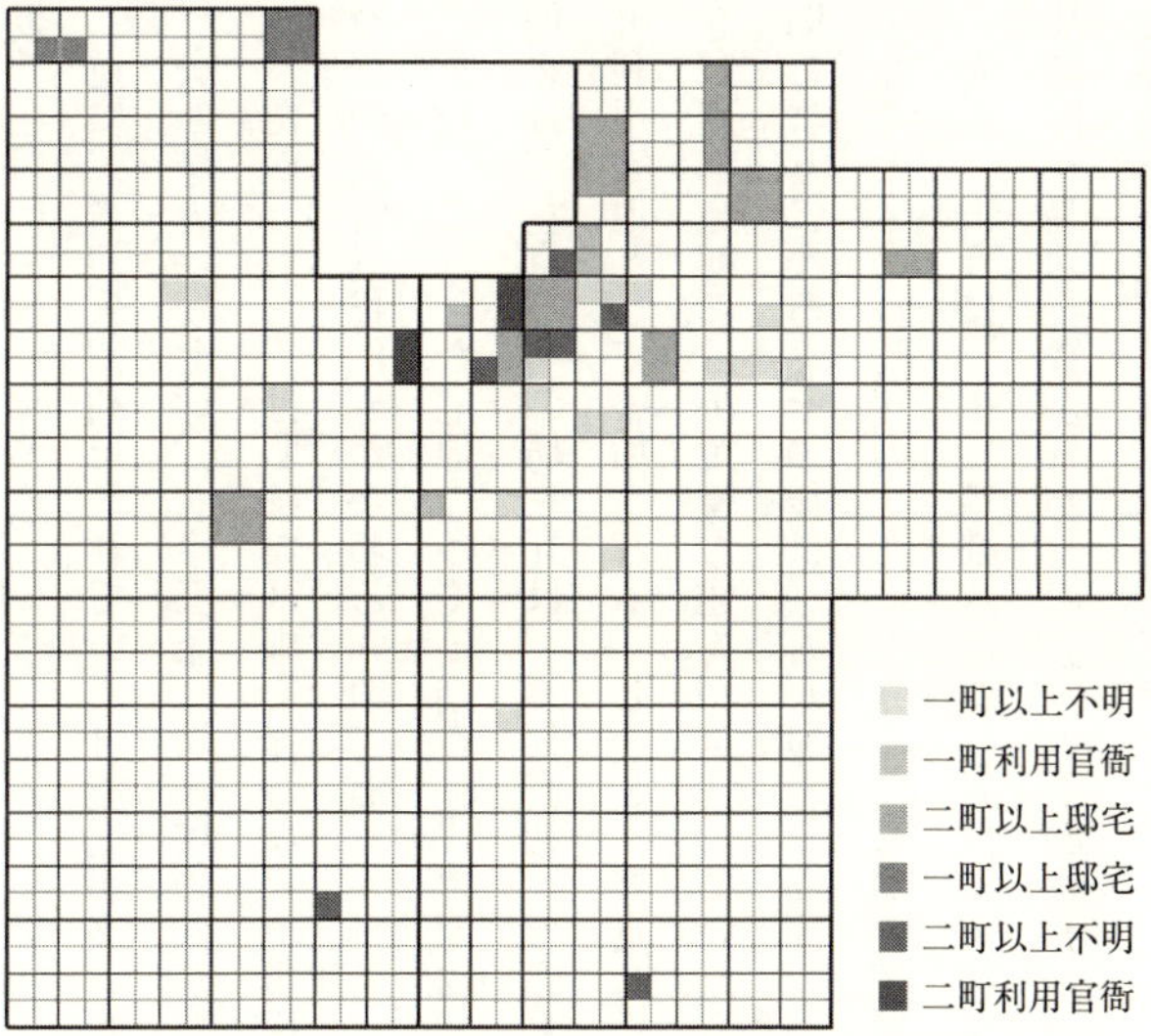

図17　一町規模以上の宅地の分布

　また、このうち、左京二条二坊五坪は藤原麻呂邸、左京二条二坊十一坪・十二坪は官衙か離宮の可能性が指摘されるもの(53)、左京三条一坊七坪は大学寮の可能性が高いとされるもの、左京三条二坊六坪は宮跡庭園、左京四条二坊一坪は推定市原王邸、左京五条一坊一坪、十六坪、左京五条四坊十坪、十五坪は官衙の可能性が指摘されているものである。

　しかし、これらのうち確実に奈良時代前半に遡ると考えられるものは少なく、左京二条二坊五坪、左京三条一坊十二坪、左京三条二坊六坪・十五坪、左京五条四坊十坪、右京八条一坊十三坪の六例にすぎない。

逆に、当初分割利用されていた可能性が高いものが、一町利用になったものには左京三条二坊九坪・十六坪、左京三条四坊五坪・七坪、右京三条三坊一坪の例があるが、最も多く認められるのが、遷都後、しばらくの間は空閑地であったか、もしくは明確な区画を伴わない小規模建物が点在する状況であったものである。これは、宅地班給の時期や京の造営過程にもかかわる問題である。

また、こうした宅地の多くは奈良時代の間に、何度か大きな改変が行われているものとそうでないものとがある。例えば、左京三条二坊三坪は、遷都当初には顕著な建物が認められないが、奈良時代前半のうちに建物が整えられ一町利用宅地として整備される。しかし、奈良時代後半には建物が小規模化し、数も減少している。右京三条三坊一坪も、遷都当初には小規模な建物が点在していたものが、ある時期に坪の中央に大規模な建物が建てられ、それを塀で囲むようになる。その後は、塀が廃絶し周囲の建物が南北棟に建て替えられる。遺物が少なく時期が把握できないが、少なくとも奈良時代のうちに大きく三時期の変遷が認められる。

先述のように、平城遷都時に四・五位の人物は男性に限っても、最低で一一二名に及ぶ。また、遷都から仲麻呂の乱に伴う論功行賞が行われ、五位以上の官人数が急増する天平神護元年（七六五）までの間に、従五位下以上の位階を与えられたものは、八〇〇名を超える。

このように、発掘調査で確認されている一町利用宅地の数と、その班給の対象と考えられている四・五位の人数は、大きく乖離しているのが実態である。詳細な検討は、後に行うこととして、ここではひとまず一町利用の宅地が存在し、その中には邸宅と官衙が存在することを確認するにとどめておく。

二分の一町宅地は、大きく二つのパターンがある。ひとつは坪を坪内道路などの区画施設によって東西あるいは南北に二等分するもの、もうひとつは、二等分後のどちらか一方をさらに二等分し、坪を二分の一、四分の一、四分の一の三つに分割するパターンである。後者の代表的なものとして左京三条四坊七坪がある。二分の一町宅地は、基本的に一町利用宅地の外側を取り巻くように展開するが、左京二条二坊十三坪(54)のように、宮に近接する場所で確認される例もある。この坪の建物は何度か改変されているが、奈良時代をつうじて南北に二分の一分割して利用されている。

この他にも、坪を東西・南北それぞれの中軸線で四分の一に分割する事例、八分の一町宅地、十六分の一町宅地が確認されており、奈良時代後半には三二分の一町宅地も現れる。また、特異なケースとして東西、南北のいずれかで二分の一分割し、さらに三分の一分割することにより六分の一町宅地とする事例や、左京八条三坊九坪(55)のように十六分の三町宅地なども確認されている。

3　一町利用以上宅地の分布

平城京の宅地班給の在り方として、高位の者ほど宮に近い広い宅地を供給されたと言われている。この傾向は、おおむね了解できるところであるが、詳細を検討すると単純に位置関係のみでは説明できない点もあるので、ここではそれを指摘しておくことにする。

まず、一町利用宅地を見ると、遷都当初の段階では、左京二・三条一・二坊に集中する傾向を示し、それ以外のものも朱雀大路に面していたり、東市・西市に近接する場所で確認されていたりしている。それが、次第に三条大路などの大路に沿う形で東と南へ拡散していく様子がうかがわれる。

一方、右京では一町利用宅地はさほど確認されておらず、遷都時に限定すると、今のところ皆無である。後に一町利用となるものに右京三条三坊一坪・八坪の例があるが、これらの坪より宮に近い二条二坊西南半では、奈良時代を

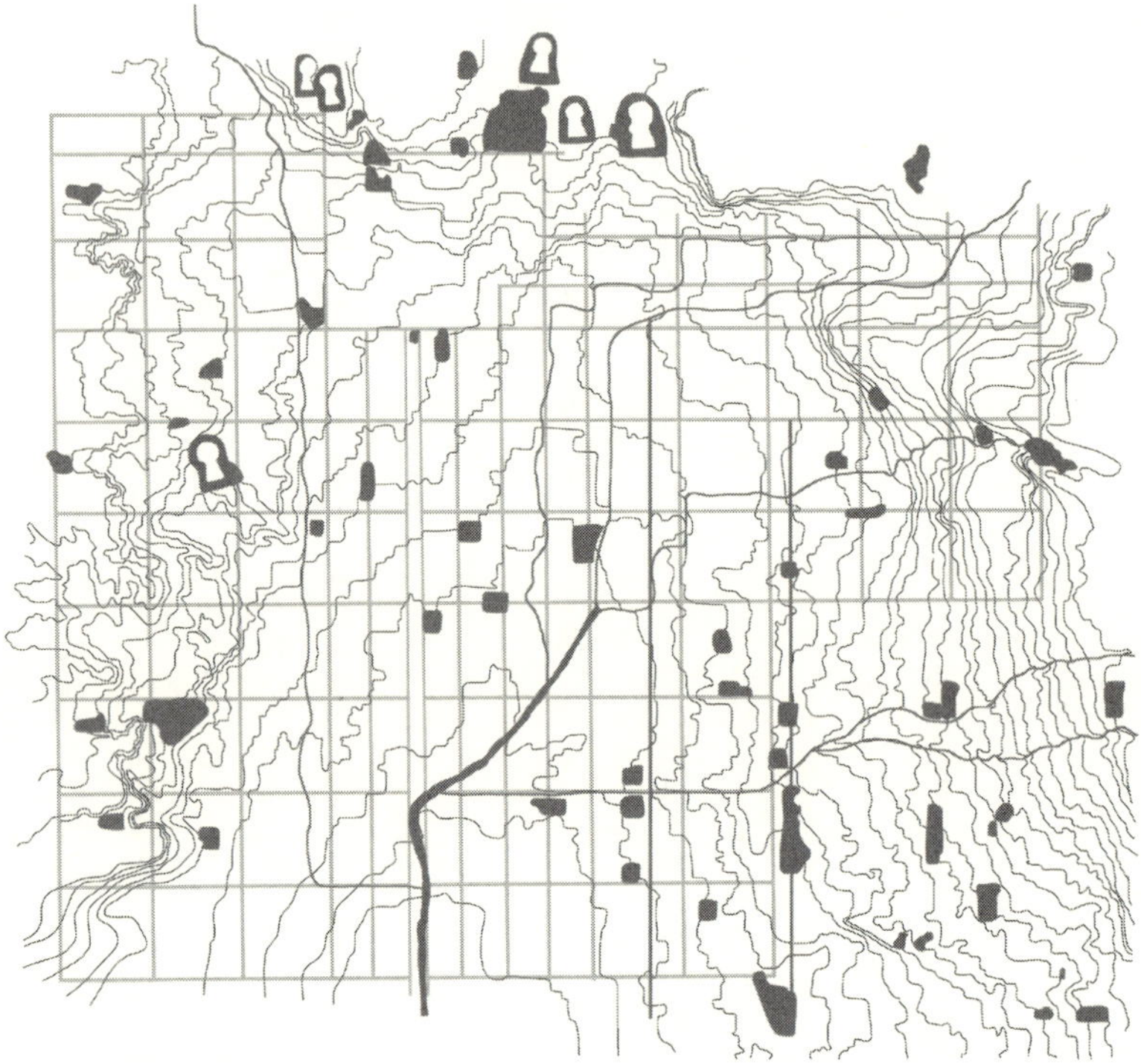

図18　平城京の地形

つうじて二分の一〜六分の一町宅地が展開している。この要因は、この付近の地形にあると考えられる（図18）。

　右京二条二坊西南半から三条三坊にかけての一帯は、西ノ京丘陵の縁辺にあたり、丘陵裾部の傾斜地と谷からなる起伏にとんだ場所である。この中で、一町利用宅地が認められた先の二つの坪は、比較的地形が安定しているのに対し、坪を分割利用している部分は、起伏が激しく坪内の比高差も最大で一メートルにも及ぶ。このことから、大規模宅地の立地条件として、単に宮に近いというだけではなく、地形が平坦であるという点を加えることができよう。

　遷都時の一町利用宅地の分布を、地形と条坊との関係でみると左京の三条大路以北に集中する傾向が見られる。この付近は、土地の起伏が少ない利用しやすい土地が広がっており、遷都当初から大規模な宅地として利用されていたことがうかがわれる。しかし、同じく土地の起伏が少なく利用しやすい場所であり、かつ後に市原王邸となると考えられている四条二坊一坪や後に田村第となる四条二坊でも、遷都当初は分割利用されているか、積極的に利用された形跡が認められていない。このことは遷都時の大規模宅地の班給は三条大路以北で行われた可能性を示唆するものである。

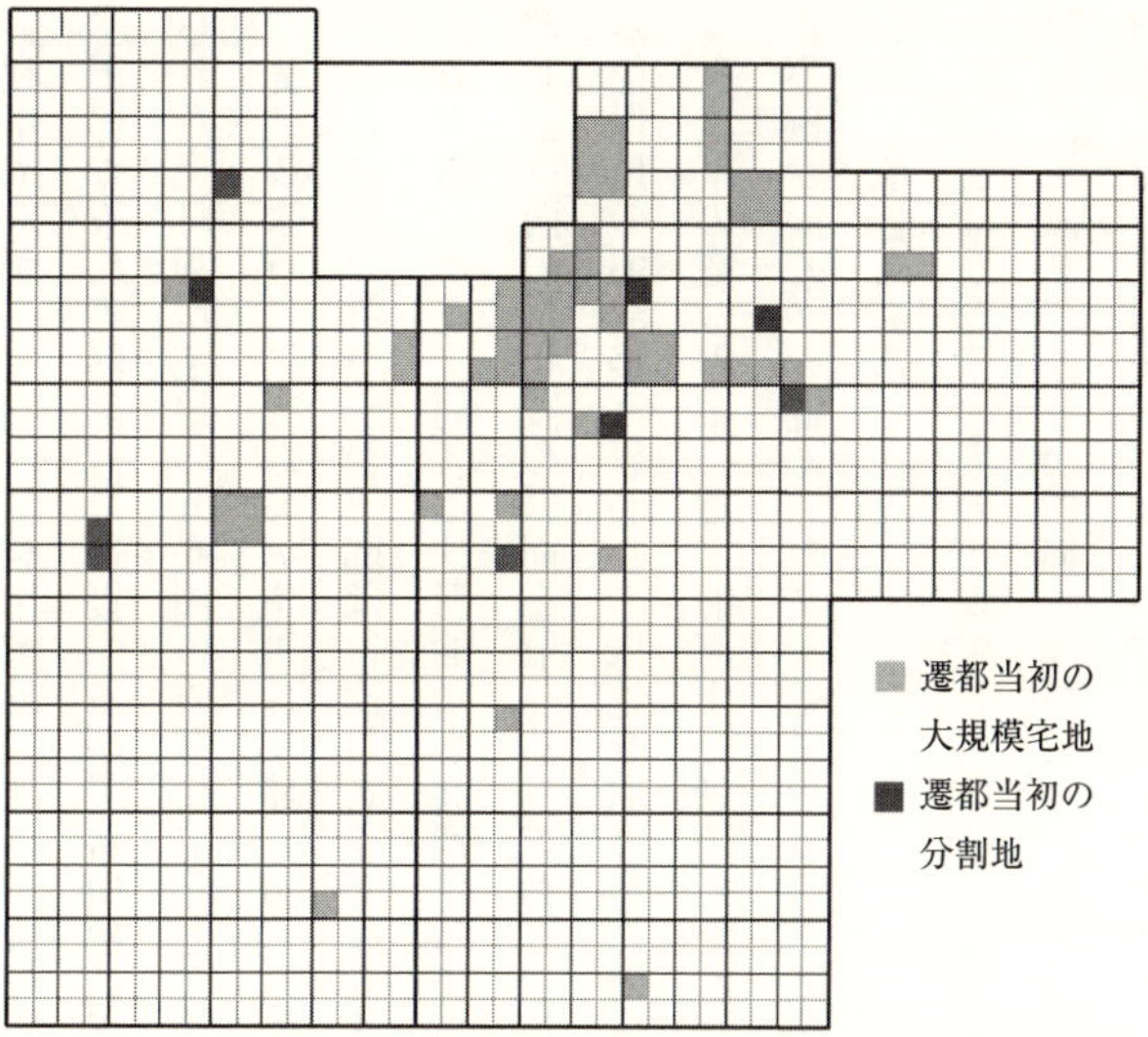

図19　大規模宅地と遷都当初の五条以北の分割宅地の分布

また三条大路以北でも四坊になると、当初は坪内を分割している例が目立つようになる。このことから、遷都時の一町利用宅地の分布範囲は、東三坊大路以西、三条大路以北の左京域という極めて限られた範囲になる。なお、先述のようにこの範囲の中にも、二分の一町宅地が存在している（図19）。

遷都後しばらくすると、一町利用宅地は三条大路以南にも広がる。特に、左京五条一坊、四坊はその傾向が顕著であり、第一章で示した東堀河や佐保川、東一坊大路西側溝に代表される基幹水路に沿うようなかたちで、南へ広がっていくという傾向が見られる。いずれの宅地も地形は平坦であり、居住に適した環境にあると言えるが、一方でこれらの宅地は遷都当初に利用された形跡がないものが多い。この点については後述する。

次いで、二町以上の宅地の分布を見ることにする。二町以上利用宅地が、先の一町利用宅地に比べ、より宮に近い場所に立地しているかといえば、そうではない。確かに、長屋王邸や不比等邸は宮に近接するが、新田部親王邸、推定舎人親王邸は、宮から距離を置いており、遷都当初に認められた一町利用宅地の分布圏の外側に立地している。

先述のように、これらの宅地は小路が造られていないことから平城京の都市計画段階で、配置が決定されていることが分かる。新田部親王邸は秋篠川右岸で最も北側にある平坦地に位置し、推定舎人親王邸は佐保川と東堀河の間に位置する。また、両者は地形的にも共通する条件を備えている。すなわち宅地の大部分は平坦であるが、新田部親王邸北部は西の京丘陵の斜面を取り込んでおり、推定舎人親王邸でも宅地の北端付近に遷都以前に埋没したと考えられる佐保川の旧流路と思われる低地を取り込んでいる。

平城京の宅地の中には、旧河川を利用した庭園を持つ事例や、京周辺部では古墳や自然地形を取り込んで庭園とした事例がいくつか認められていることから、このふたつの邸宅に関してもこのような自然地形を利用した庭園が存在した可能性もある。

宮周辺は地形そのものが安定している。長屋王邸の場所は、藤原京における藤原宮と高市皇子の香具山宮との位置関係に類似することが指摘されており、(56)藤原京における藤原不比等邸についても同様の指摘がなされている。(57)これらの宅地は、宮周辺の宅地の中でも最も立地条件に恵まれている。また、左京三条一坊十三・十四坪は、長屋王邸にも近く、京内官衙と考えられる左京三条一坊十五・十六坪と接する。基幹水路である東一坊大路西側溝に面しており、水運の便にも恵まれた場所であるといえる。

左京一条三坊十五・十六坪と十三・十四坪、左京二条四坊一・二・七・八坪は、宮と若干の距離を置きながらも互いに近接する。また、この宅地も基幹水路である東三坊大路側溝との関係も想定される。

これらの事例からも、二町以上を利用する宅地が、単に宮との距離関係や地形との関係だけで配されたのではなく、その配置には何らかの意図が働いてしているように思える。このことは、遷都当初の宅地の居住者を考える上で重要である。

なお、藤原京における宅地班給記事には右大臣四町の文字が見える。これは、当時の右大臣多治比真人嶋への班給面積を示したものである。なぜ、特定個人に対する班給が触れられているのか、一方で太政大臣高市皇子に対する班給記事を欠くのかなど、不審な点もあるが、平城京でも一定規模を超える大規模宅地については、寺院や京内官衙と同様、都市計画の段階で設置場所と居住者が決定されていたと考えられる。

なお、この点については第四の課題に対する検討の最後に改めて触れることとする。

4　宅地の成立と変遷

平城京の宅地の中には、複雑な変遷をたどるものが珍しくない。というよりも、むしろ遷都から廃都まで、一貫した利用が認められるものの方が希である。宅地内における変化とは、単に建て替えの有無ではなく、宅地規模の拡大や縮小、また、宅地内の空間利用の在り方の大幅な改変などというかたちで現れる。ここでは、まずいくつかの具体的な事例を紹介することにする。

大規模宅地を分割する事例

長屋王邸、左京二条四坊一・二・七・八坪などがこれである。

長屋王邸は、長屋王事件の後に皇后宮になったことが、発掘調査成果によって判明している。平城還都後は、一・

二坪は一体利用するものの、七・八坪はそれぞれ一町単位で利用しており、その後、再び四町利用となるが、奈良時代の終わりには一・二坪はそれぞれ一町、七・八坪は一町をさらに細分する。この時期の一坪は、太政官厨家であった可能性が指摘されている（図20）。

左京二条四坊一・二・七・八坪は、二坪北半から一坪の一部を部分的に調査しているのみなので、宅地内の建物の状況は不明な点が多いが、奈良時代初期は二条条間北小路が造られていないことから一体的に利用されていたことが分かる。また検出された建物も東四坊坊間西小路に向けて伸びているので、四町利用である可能性が高く（A期）、中頃には二条条間北小路により一・二坪が分割され（B期）、後半には再び一・二坪が一体利用される（C〜E期）。A期に伴う瓦の量が多く（六二〇一B‐六六七一B、六三〇八D‐六六八二A）、建物の規模も大きい。

B期には建物規模が小型化するが、「粥所」の墨書土器が出土している。それぞれの時期の施設が、官衙であるのか邸宅であるのかは判然としない（図21）。

この他にも、一町利用からそれ以下へと変化が確認されたものは、左京三条二坊三坪[58]、左京三条二坊十五坪などがある。また、推定舎人親王邸もこれに加えることができる。概して、宮周辺の宅地の中には縮小化の傾向をたどるものが多い。小規模宅地では、右京八条一坊十四坪[59]などで、四分の一町から十六分の一あるいは三二分の一町へという変化が認められる。

宅地を拡大した事例

二町以上利用であったものが、それ以上の規模に拡大した事例は、唯一、田村第にその可能性が認められるだけで、それ以外にはない。一町利用のものが拡大した事例や一町未満の規模のものが一町規模になった事例は、先に述べた

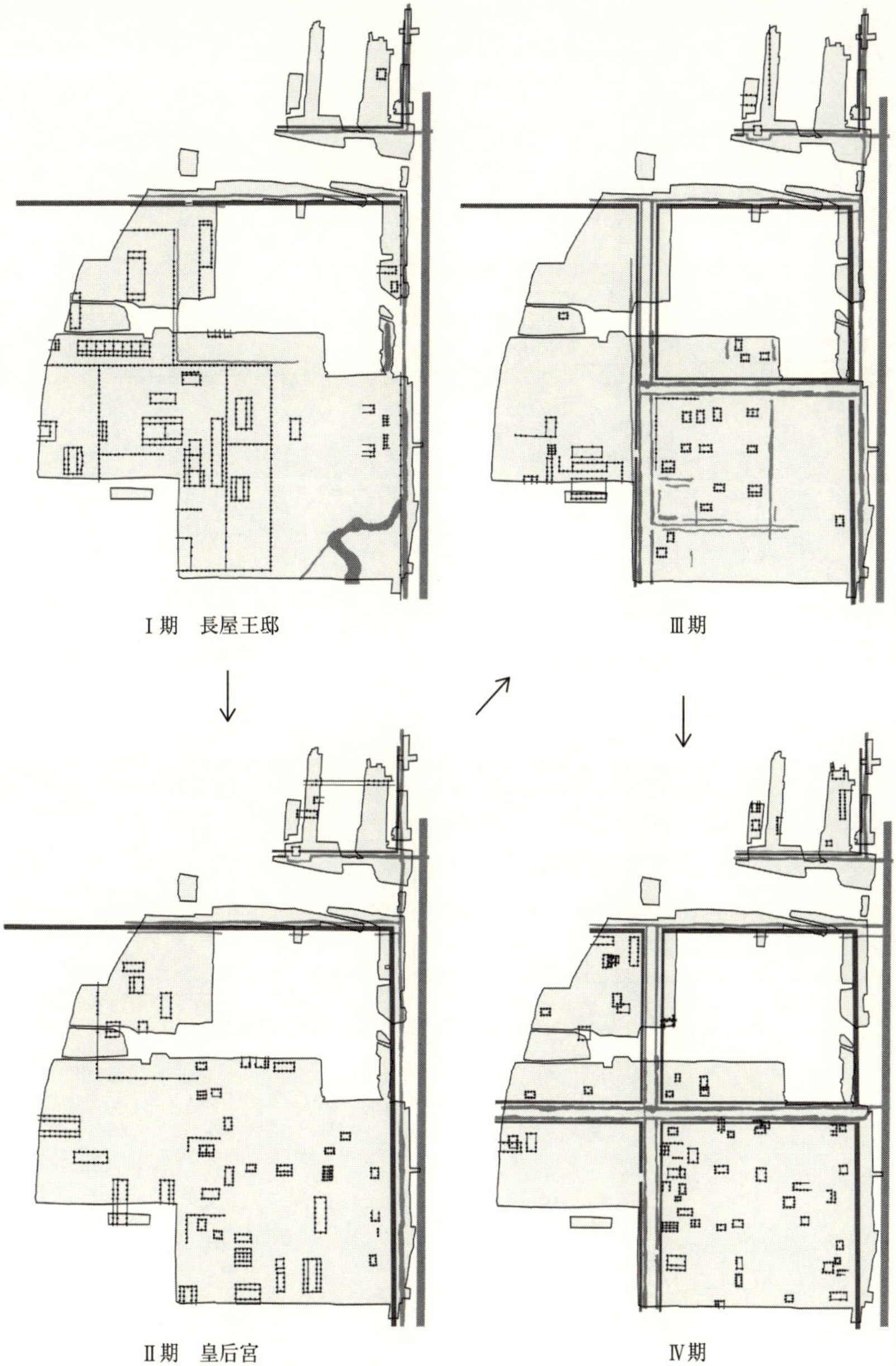

図20　左京三条一坊一・二・七・八坪の変遷

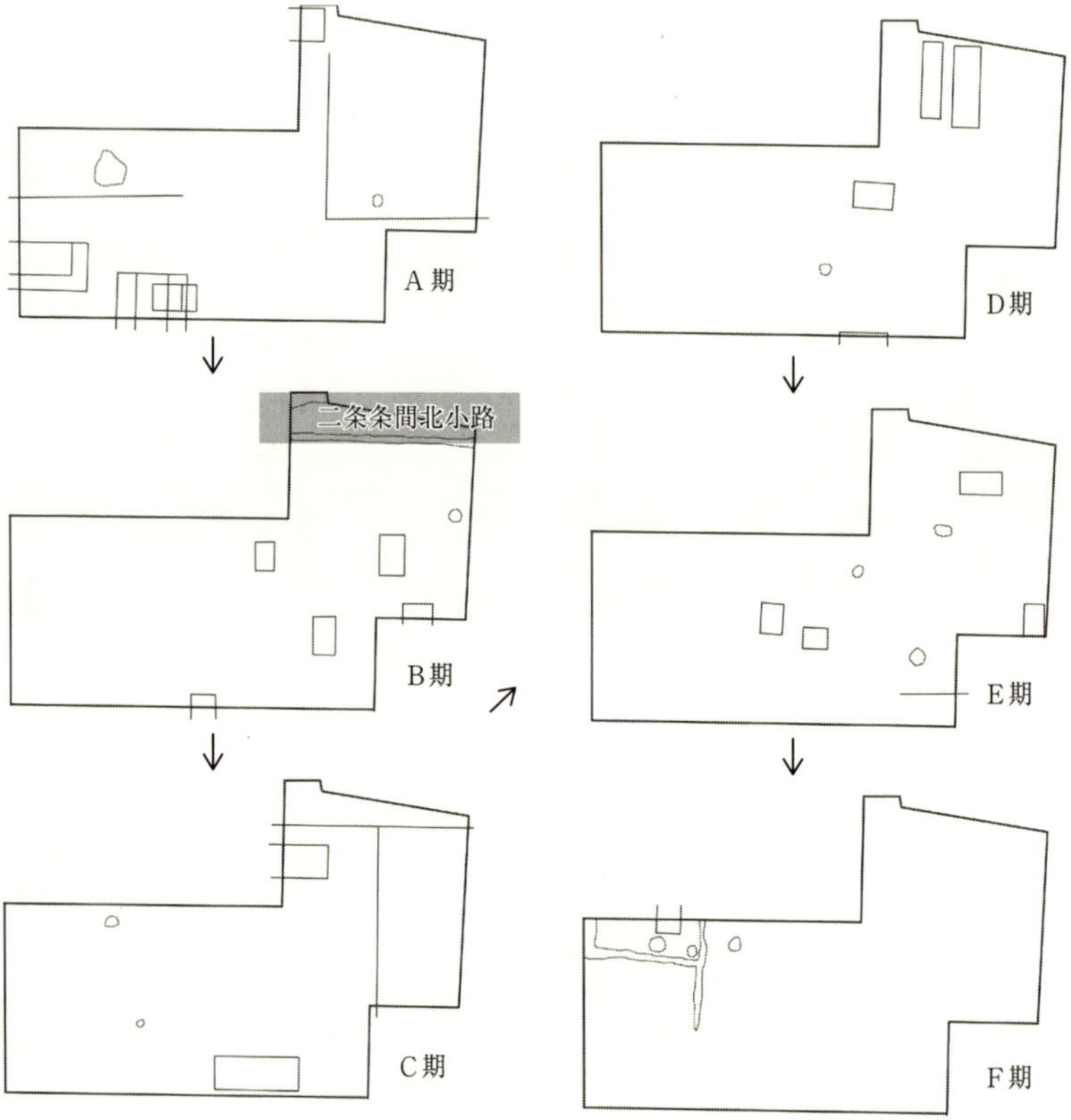

図21　左京二条四坊一・二・七・八坪の変遷

とおりである。遷都当初の二町以上宅地が分割・縮小化するのに対し、一町以下利用のものに関しては拡大するものも多く認められる。

拡大した宅地の中には、居住者の変更によるものと居住者の地位の上昇によるものとがあると考えられる。前者の具体例には、左京四条二坊一坪があげられる。この坪は、市原王邸の推定地であり、遷都当初は小規模建物がいくつかのグループに分かれ、点在していたものが、平城Ⅱ期の段階で一町利用になり、奈良時代後半には中心建物を回廊状の建物で囲むようになる（図22）。

後者の可能性が指摘できるものには、左京三条二坊九・十坪と、左京五条一坊一・八坪がある。前者は、長屋王邸に東接する宅地である。奈良時代前半の遺構は小規模な掘立柱建物跡が四棟検出されているのみであるが、後半には九・十坪にまたがって、大規模な整地がなされており、九坪中央には大型の掘立柱建物が造られている[60]。

左京五条一坊一・八坪は、奈良時代中頃に一坪の中央に二棟の中心建物が建てられるが、奈良時代中頃にこの建物を塀で囲うようになることを契機に、東接する八坪を含めた二町利用になるようである。一町利用の段階と二町利用の段階ともに、中心建物が同じであることから、邸宅とすれば、居住者の地位の上昇、資産の拡大に伴う変化と考えられる（図23）。

左京五条四坊十五坪は当初は、坪北半は空閑地、南半を二分の一に分割している。一町利用となるのは八世紀後半であり、築地塀を設け東四坊大路に面して門を設ける。「政所」の墨書土器が出土したことから官衙の可能性が指摘されている。しかし、この坪は八世紀末には再び大きく改変され、坪の西半が空閑地となり建物は東側のみに存在するようになる。その後も数回の建て替えが行われるが、九世紀中頃に廃絶するまで西半は空閑地のままである。

この他にも、推定舎人親王邸の北側にある左京三条三坊八・九坪も一町利用から二町利用へという変遷が考えられ

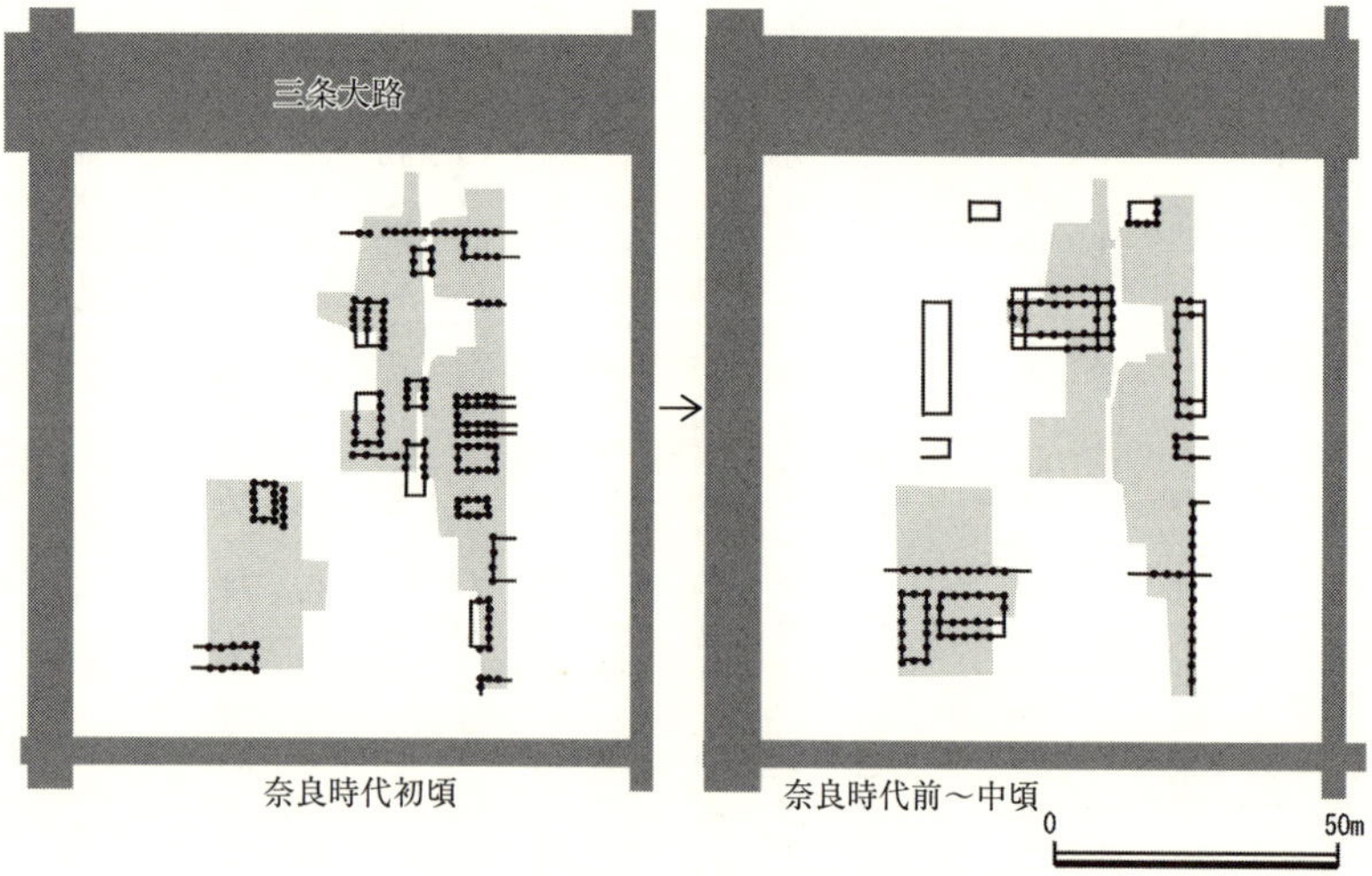

図22　左京四条二坊一坪の変遷

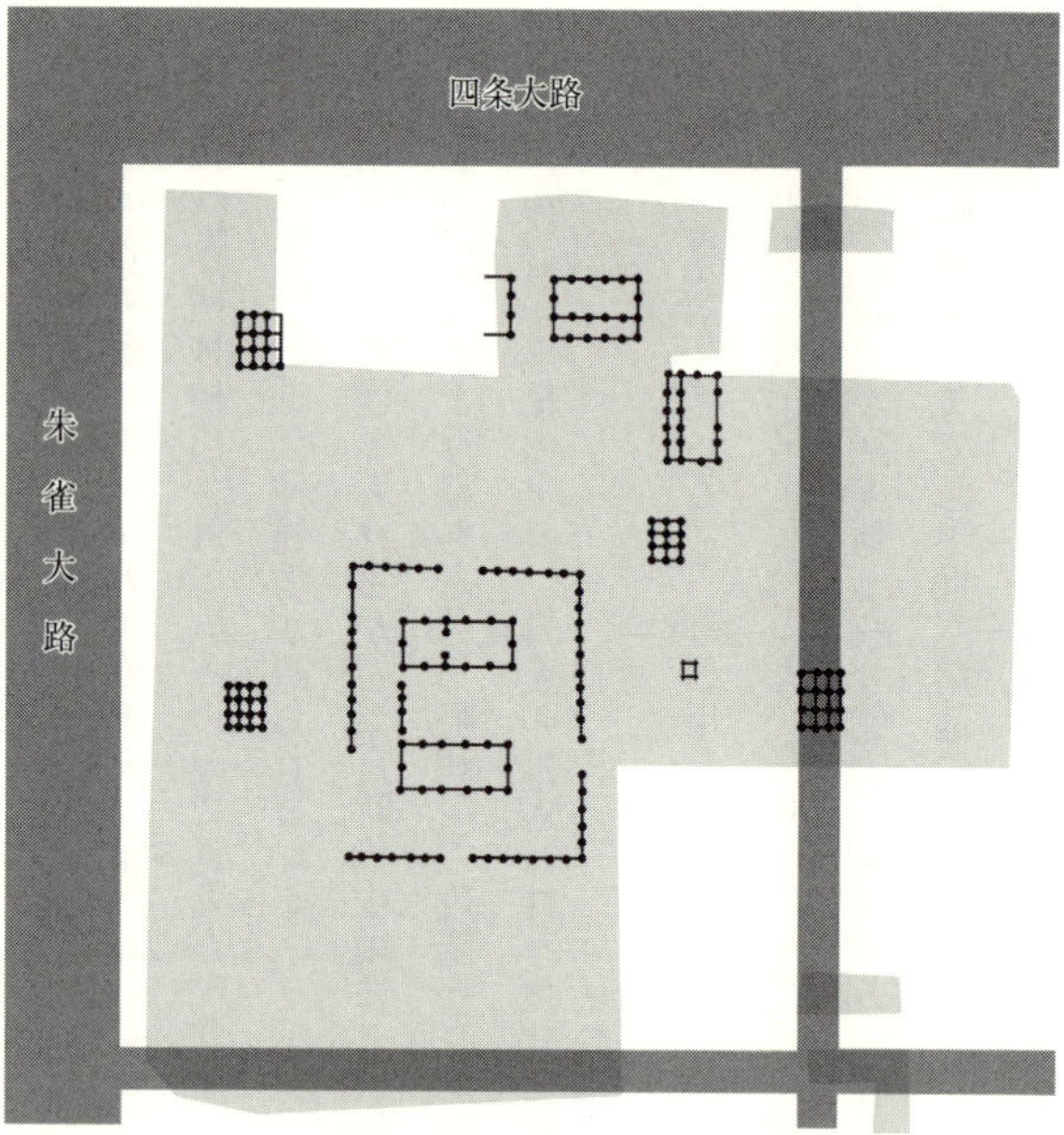

図23　左京五条一坊一・八坪

る。奈良時代後半に東三坊坊間路の西側溝を埋め、その上に掘立柱建物が建てられている。坪内の状況は発掘調査がさほど行われていないため不明であるが、側溝の下層からは隅切瓦が出土していることから、周辺に瓦葺きの寄せ棟か入母屋造りの建物が存在したと考えられ、さらに小型の三彩瓦も出土している。また「東人」「真成」という人名と考えられる墨書土器や「厨」の墨書土器が出土するなど、二町利用となる以前にも、高位の人物の邸宅があったか、京内官衙が存在した可能性がある。

基本的に変化しない宅地

左京三条一坊十三坪・十四坪がこれにあたる。中心部分の調査が行われていないが、十三坪南側に池を有すること、十四坪の南から十分の三の位置に棟門を有することから、十三坪・十四坪を一体的に利用した可能性が高いと考えられている。

奈良時代のはじめに成立しているようで、十四坪内の東西塀を境に、北半を居住域、南半を園池地区に区分している。建物には数回の建て替え、改変が認められるが、このように、塀を境に敷地を南北に分け、それぞれ異なる機能を持たせるという在り方は、池が廃絶する奈良時代末まで継続して認められる。

邸宅から空閑地となった事例

左京一条三坊十五坪・十六坪は、長屋王の佐保宮の可能性が指摘されている。和銅年間に造営され、天平初年には廃絶したと考えられており、以後、奈良時代末まで、土地利用がなされていない。佐保宮とする根拠は、佐保の範囲に確実に含まれること、二町利用であること、立地する場所や北に建物、南に池という邸宅の構造が『懐風藻』に詠まれた光景にも合うこと、長屋王事件の頃に廃絶すること、緑釉水波文磚など当時稀少な遺物が出土していること、などである。

邸宅を寺とした事例

法華寺（不比等邸）、唐招提寺（新田部親王邸）がそれに相当する。不比等邸は、法華寺下層にあたるため、調査も部分的である。しかし、この付近からは平城Ⅱ期の軒瓦（六二八五A-六六六七A）がまとまって出土していることが、注目される。この瓦は歌姫西瓦窯産の製品であり、宮よりも京からの出土が目立ついわゆる京系の軒瓦であり、不比等没後の年代が与えられているものである。

法華寺は、藤原不比等旧邸に光明皇后により建てられた寺であり、従前は不比等から光明子に伝領され、皇后宮となった後、法華寺へという変遷が考えられていたが、長屋王邸の調査の結果、長屋王邸が皇后宮になったことが確認されたので(61)、不比等没後から平城還都までの間の利用形態については検討する必要が生じた。しかし、先の瓦は不比等没後のものであり、かつ藤原氏とのかかわりが深い瓦と考えられるので、理由は後述するが藤原四子のうち房前が伝領あるいは管理し(62)、平城還都後に皇后宮となり、直後に法華寺へという変遷をたどった可能性が考えられる。

新田部親王邸は、新田部親王から道祖王、塩焼王へ伝領されたが、その後、没官され、鑑真へ与えられて唐招提寺となる。鑑真への施入が官によって行われていることが法華寺との違いである。つまり、法華寺は宅地所有者による自発的な行為によるものであるが、後者は没官を経て再班給である。

また史料によると、藤原良継の邸宅が興福院（右京四条二坊十坪付近か）へ(63)、藤原清河の邸宅が済恩院（右京三条一坊十三坪・三条二坊四坪か）へ(64)、石上宅嗣の邸宅の一部が阿閦寺（左京二条三坊か）になったことが知られ(65)、称徳天皇の発願による西隆寺も下層からは、邸宅のものと考えられる掘立柱建物跡が検出されている。

空閑地から宅地（官衙）となった事例

これは、特に宮周辺の京内官衙と考えられているものに多い。左京三条一坊七坪における大学寮のものと考えられる掘立柱建物群の成立は、奈良時代後半であり、それに先行する遺構もさほど認められないことから、この地は遷都後、長期間にわたり空閑地に近い状況であったと考えられる（図24）。

左京二条二坊十一坪・十二坪は京内官衙か、離宮と考えられているが、これも建物が建てられるのは平城Ⅱ期以降

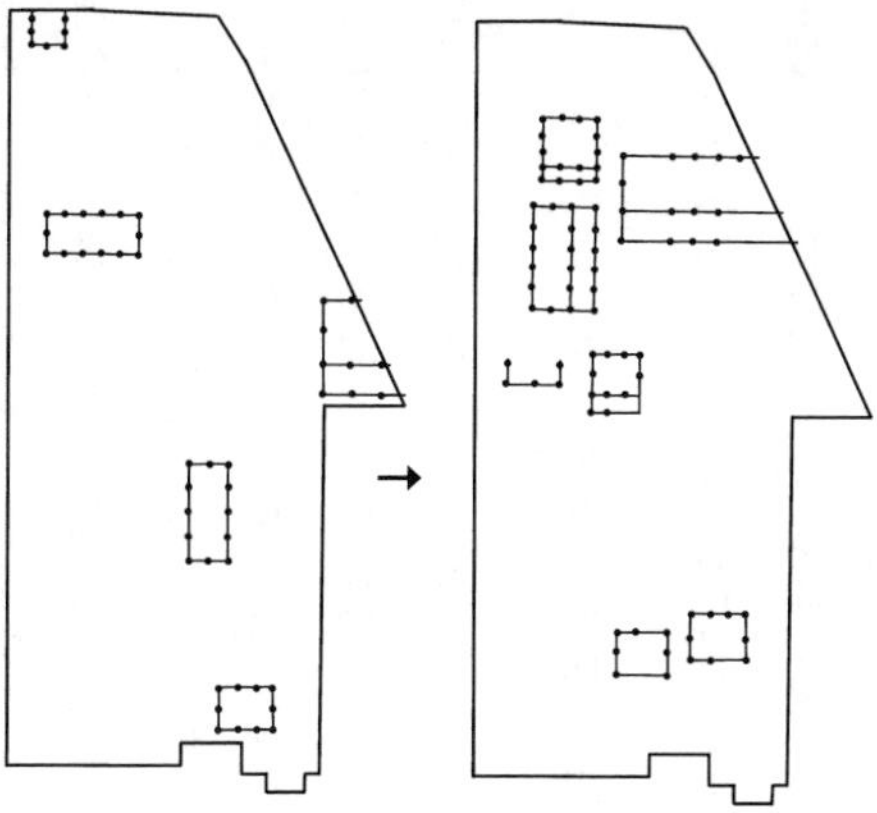
図24　左京三条一坊七坪の変遷

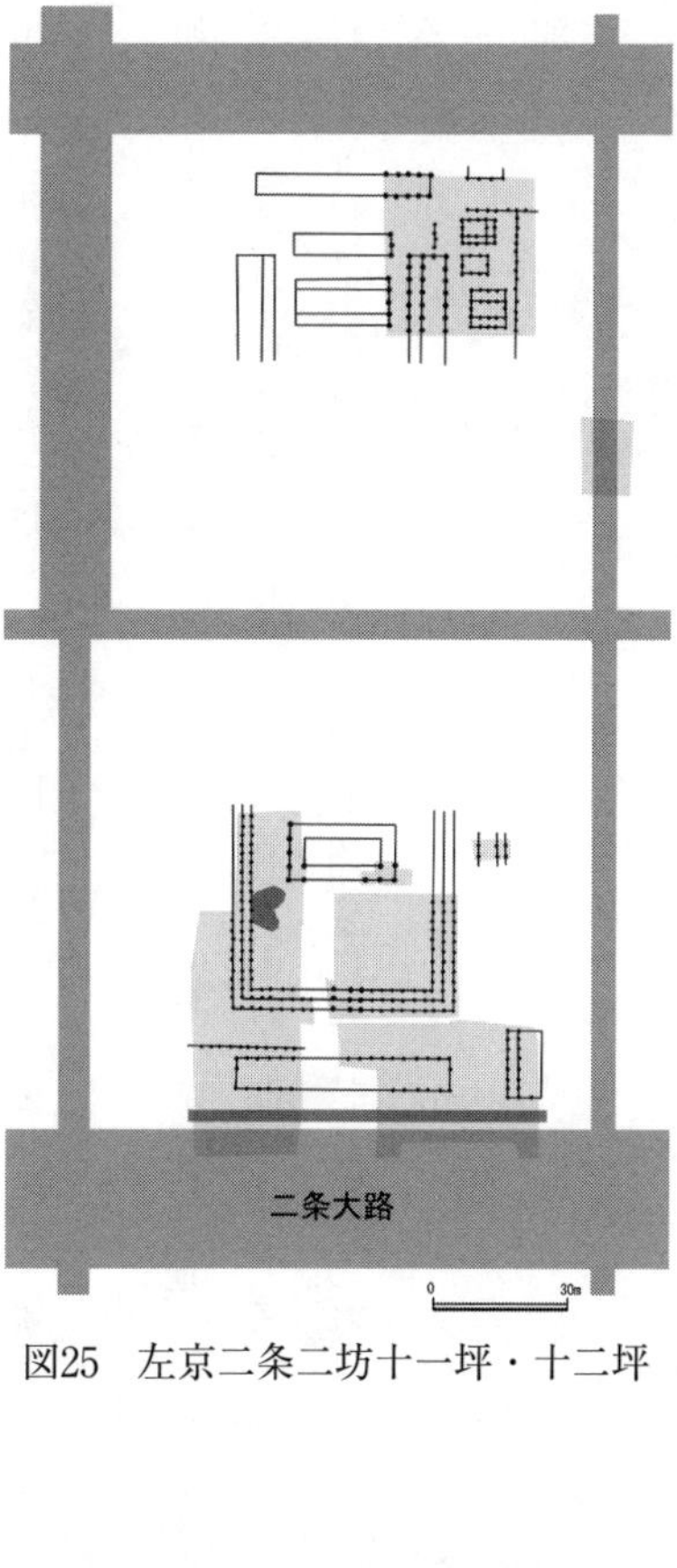

図25　左京二条二坊十一坪・十二坪

であり、遷都当初は空閑地であった。これらの事例は、建物が造られた以降は、基本的な建物配置は変化せず、廃都前後まで一貫した利用が認められる（図25）。

また左京五条四坊十坪は、奈良時代後半に一町利用されるが、それに先行する遺構は極めて散漫であり空閑地に近い状況であったと考えられる。一町利用後の施設は、築地塀を伴うこと、「政所」と書かれた墨書土器が出土していることから官衙である可能性が指摘されているが、八世紀後半から九世紀前半までの間に頻繁に建て替えが行われているなど、通常の官衙の在り方とは様相が異なる。

5　平城京の居住可能域の問題

大井や田辺は平城京の居住可能域を九〇〇町に満たないとしたが、ここでは、この点について若干触れておきたい。平城京の面積は、北辺坊を除くと一三四四町、そこから宮域七六町、市・寺院地と苑地、陵地などに用いられた約一〇〇町を除くと、一一六八町となる。そこから、発掘調査の結果、宅地として利用されていないことが確認された東五坊坊間西小路付近の坪、東堀河、西堀河により占有された宅地、佐保川や埋め戻されなかった秋篠川旧流路想定分（以上は第一章で詳述した）を約四〇町と推定すると、少なく見積もっても一一〇〇町程度の宅地は確保できる。

大井はさらに右京の丘陵域のうち五〇町程度を居住不能な場所としたが、最も地形的な条件が厳しい右京九条四坊においても、「天平勝宝九歳四月七日　西南角領解」から有位者の居住が知られることから、それほどまで居住不能地を想定しなくてもよいだろう。

これらのことから、ここでは平城京の居住可能域は一一〇〇町程度と推定しておきたい。

6　宅地の班給基準と宅地の実態

ここまで述べてきたように、平城京では遷都当初から四町、二町、一町利用宅地が存在しており、これは藤原京における班給基準にも合致する。もちろん、現在まで確認されているこれらの大規模宅地の数は、遷都時の五位以上の官人の数をはるかに下回っているが、藤原京と同様の基準で班給が行われていたと考えるのは許されよう。

しかし、坪を分割している事例では遷都当初から二分の一町、四分の一町に加え、八分の一町や一六分の三町といった変則的なものも認められることから、単純に藤原京の例を適用できるか否かは断定できない。さらに、遷都後はバリエーションを増し、六分の一町、一六分の一町、三二分の一町なども加わっている。

大井と田辺は平城京の宅地のうち約五〇〇町を官人のためにあてたと考え、居住域の半数以上を占めたとした。田辺の試算ではそのうち六位以下の官人に班給された土地を、三〇五町としているが、この基礎となる彼らへの班給基準が明確でない状況においては、平城京の都市計画についても、まだ検討の余地があるということになる。

またここまでの検討で特に注意しなければならないのは、発掘された宅地の中で確実に遷都時まで遡ると考えられるものが極めて少ないという点である。この点について田辺は、

①遷都当初の実務が藤原京に残されていた可能性

②遷都当初は律令官制の定数が充足されていなかった可能性

のふたつを挙げたが結論は保留している。この点については、筆者も明確な回答を示すことはできないが、少なくとも遷都当初の大規模宅地の分布が宮周辺の限られた範囲に限定されていること、それが次第に拡大していくことを考えれば、平城京への官人の移住は段階的に行われた可能性も視野に入れる必要があると考える。

また、これまで確認されている一町以上利用宅地の中には、官衙の可能性が示されているものが相当数含まれていることである。そして、その在り方も多様であり、従前示されてきたように、単に建物配置や建て替えが少ないなどの条件で、官衙と邸宅を区分できない場合もあることも明らかになってきた。次にこの問題について検討することとしたい。

三　宅地の性格　官衙か邸宅か

1　平城京の京内官衙

平城京の京内官衙については史料の検討から以下の施設があることが示されている(66)。

左京職・右京職　藤原京では右京七条一坊西北坪（平城京にあてはめると右京三条一坊八坪）にあったことが出土木簡から想定されている。平安京では、左京職は左京三条一坊三町、右京職は対称の位置にあたる右京三条一坊三町にあったことが知られる。左京と右京のそれぞれの行政を司る重要な役所であったため藤原京、平安京ともに宮近くに置かれている。

平城京ではその位置を示す情報は未だ得られていないが、かつて岸俊男は左京六条一坊六坪と右京六条一坊六坪という朱雀大路を挟んで相対するふたつの坪の地割りが同じようにやや特殊であることを指摘し、それぞれ同じ機能を持った役所が存在した可能性を示唆している。その際に考えうる役所として、左右京職と鴻臚館を挙げている(67)。また、山本忠尚は左京五条二坊十四坪（図26）の一町利用の宅地を左京職とする見方を示している(68)。

東西市司　東西それぞれの市の中にあったと想定される。東市は左京八条三坊五・六・十一・十二坪、西市は右京八条二坊三・四・五・六坪である。

皇后宮職　『続日本紀』天平二年（七三〇）正月十八日条の記事から宮外にあったことが知られており、同天平十七年（七四六）五月十一日条の記事に、皇后宮を宮寺としたとあることから法華寺の位置がそれにあたると考えられていた。つまり、藤原不比等の没後にその旧邸が光明子立后により皇后宮とされたという見方である。

しかし、長屋王邸の発掘調査の結果、長屋王事件以後、長屋王旧邸が皇后宮になったことが判明したことから、皇后宮は左京三条二坊一・二・七・八坪に置かれ、その後、法華寺の位置に移動、宮寺への建て替え後はおそらく宮内に置かれたと考えられる。

大学寮　『続日本紀』神護景雲元年（七六七）二月七日条の記事から宮外にあったことが知られる。平安京では左京一坊西北にあったことが知られており、この位置は唐長安城における国子監（大学寮に相当する施設）とも合致する。平城京では左京三条一坊七・八坪にあてる見方が有力である。

発掘調査では、この場所は奈良時代後半に施設が設けられ、宮に近い一等地であるにもかかわらず、建物の規模はさして大きくなく、建物の建て替えが少なく、その配置は

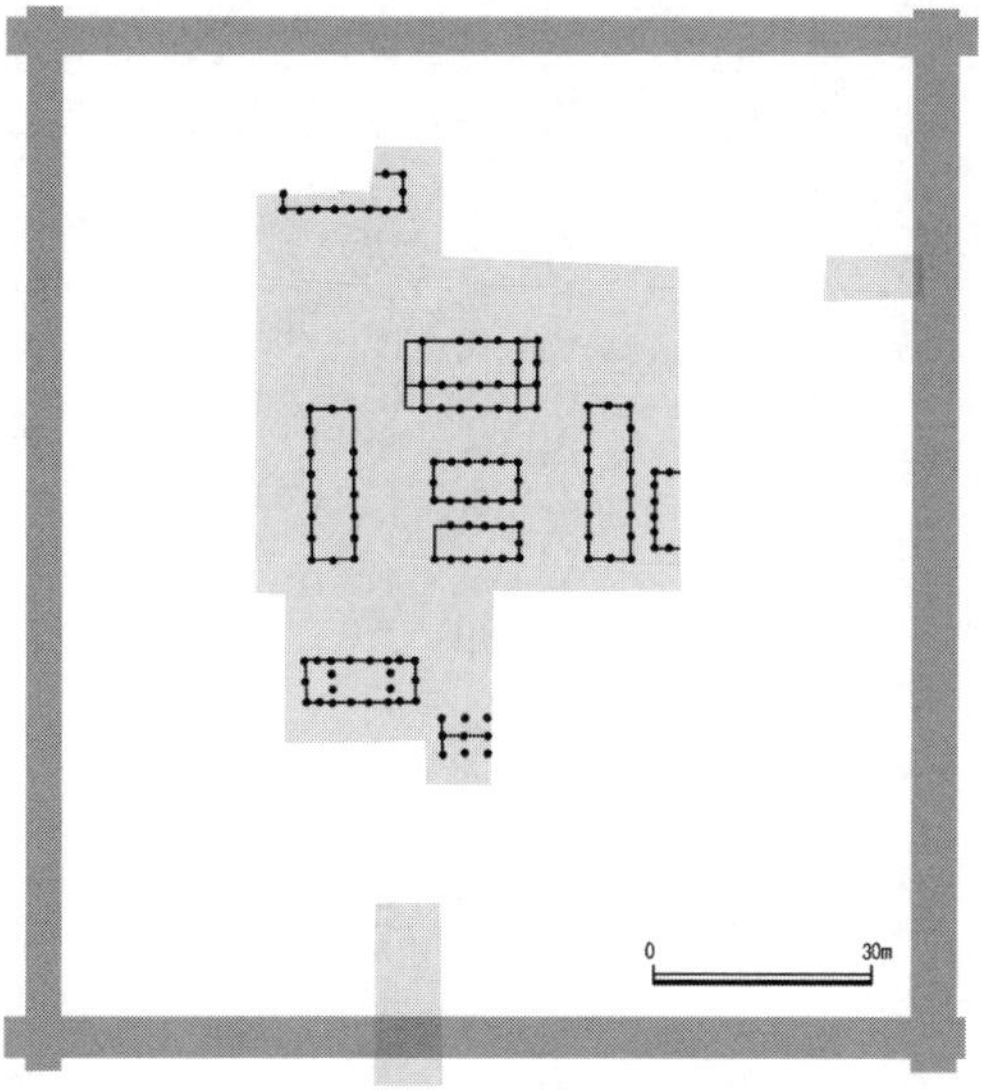

図26　左京五条二坊十四坪

平安京の大学寮に類似すること、また、官衙からしばしば出土する「厨」の墨書土器が出土したこと、倉庫群を伴わないことから保管官司の可能性が低いことが指摘されている。

大蔵省　平城宮の北方、松林苑との間にあったことが判明している。

喪儀司　『西大寺資材流記帳』の記載から右京一条三坊一坪にあったことが知られる。

太政官厨家　長屋王邸の発掘調査の結果、奈良時代後半には左京三条二坊一坪に所在したことが判明している。

式部省外曹司　平城宮南面大垣雨落溝から出土して墨書土器に見えることから、式部省の出先機関が宮外にあったことが想定される。この事例に限らず、官司によっては京内に出先機関を有していたものがいくつかあったと想定される。

京内離宮　ここまで取り上げてきたものとは質を異にするが、京内には天皇が行幸する離宮が存在したことが知られる。天平勝宝四年（七五二）四月六日の写経請経文と二条大路北側溝出土の木簡には「松本宮」が見える。また、『続日本紀』天平勝宝元年十二月十八日条には「梨原宮」が、他にも大原宮、楊梅宮、田村宮などの存在が知られる。これらのうち、楊梅宮は東院庭園、田村宮は藤原仲麻呂の田村第、梨原宮は左京二条二坊五坪の藤原麻呂旧邸に存在したことが知られる。

諸国の調邸　この他にも、平城京内には諸国の出先機関である調邸が置かれていたことが知られる。史料として確認される調邸は相模国のものである。

相模國朝集使解　申売買地事
調邸壹町　在左京八條三坊者得價銭陸拾貫文
右得件銭價、売與造東大寺司　畢、但捺印文者、追将申送、仍録事状、以解天平勝宝八歳三月六日雑掌足上郡主帳代丈部「人上」
鎌倉郡司代外従八位上勲十等君子「伊勢万呂」
御浦郡司代大田部直「圀成」
国司史生正八位下茨田連「薩毛知」

「司検
長官佐伯宿禰「今毛人」　　主典葛井連「根道」」

これによると相模国は東市付近に一町規模の調邸を有していたことが分かる。また、先述のように播磨国も左京五条四坊八・九坪に調邸を有していた可能性があるなど、京内官衙を考える上では、これら地方の調邸の存在を視野に入れる必要があろう。

以上のように、京内には史料から知られる施設以外にも、諸官司の出先機関や諸国の出先機関など、複数の邸宅・住居以外の施設が存在していたと想定される。

2　検出遺構からの分析

発掘された遺構が邸宅か官衙か、という問題は早くから論じられてきた問題であり、これまで建物配置などにより両者を区分することが試みられてきた。以下、これまで示されてきた方法について述べる。

中心建物の配置による区分(69)

雁行型：二棟の掘立柱建物が、柱筋をやや違えながらも、棟方向をほぼ揃えるもの。

L字型：二棟の掘立柱建物が、棟方向を直行させて、近接するもの。

並列型：二棟の掘立柱建物が、中軸線を一致させながら前後に並行するもの。
コ字型：主屋の中軸線を挟んで、その全面に二棟の建物を対称に配置するもの（内裏正殿部分や官衙正庁の配置に合致することから、邸宅ではなく官衙）。
回廊で主屋を囲む：但し、邸宅内の公的施設である可能性も残る。
瓦葺建物を有する：宅地は、内裏と同じように板葺きとする概念があった。

建物配置による官衙の抽出(70)
内郭構造による区分(71)
非対称建物群：内郭内部の建物が左右対称にならないもの（邸宅）。
対称建物群：内郭内部の建物が左右対称になるもの（京内離宮）。
これらの指摘を整理すると、以下のような構造のものが官衙の可能性があるということになる。
①主屋の中軸線を挟んで、その前面に二棟の建物を対称に配置するもの。
②瓦葺き建物を有するもの。
③内郭内部の建物が左右対称になるもの。
このうち、②についてはすでに長屋王邸や推定舎人親王邸の例でも見たように、瓦葺きの邸宅は存在しており、単純に瓦の出土の有無のみを問うのではなく、出土した瓦が宮系なのか京系なのかといった内容にまで踏み込んで検討する必要がある。

そうすると、建物の配置が左右対称であるということが、官衙を抽出する場合のひとつの目安になりそうである。

山中章は平城京、長岡京、平安京の大規模宅地を建物配置から左右対称のものと非対称のものとに区分し、後者は有力者の邸宅、前者のうち厳重な内郭構造を有するものについて天皇が利用した京内離宮である可能性を示した。[72]山中の示すとおり、内郭構造を有する左右対称建物は、相応の格式を有するとともに、大規模邸宅の代表例とも言える長屋王邸とは構造的に大きく異なる。よって、従前からの指摘どおり、京内官衙の抽出の目安として、左右対称の建物配置を挙げることは妥当であると言えよう。

しかし、先にも見たように京内官衙は、そういった格式の高い建物よりも、むしろ官司の出先機関といった格式としてはやや落ちる施設の方が多いのが実態であろう。そういった点では、建物配置のみで官衙と宅地を区分するのは危険であり、最終的にはそれぞれの宅地の構造に立ち返って個々に検討し、実例を積み重ねる必要があると考える。

よって、ここでは建物配置などから、官衙と邸宅を区分するという方法ではなく、現時点で官衙の可能性が高いとされている施設の内容を検討することにより、立地や遺構の変遷も含めた検討から、官衙の特徴を抽出することによって、官衙に共通して見られる特徴とは何かということを明らかにしたい。

3　官衙の可能性が指摘される宅地

現状で京内官衙の可能性が高いとされるものには、左京三条一坊七坪がある。先述のように、ここは大学寮の推定地であり、遺構密度の低さや建て替えの少なさ、小規模建物が多いなどが特徴として挙げられているが、最も注目すべき点は、これらの建物の成立が奈良時代後半であり先行する遺構が極端に少ない点にある。つまり、宮に近い一等地でありながら、この地は長い間利用されることなく空閑地に近い状態であったことにある。

これと同様の傾向は、左京二条二坊十一坪、同十二坪にも認められる（官衙説・離宮説・邸宅説などがある）。中心建物を囲み回廊状の施設あるいは脇殿ふうの建物を規則的に配すること、総瓦葺建物を有することに特徴があり、

「相撲所」の墨書土器が多量に出土していることが注目される。

これらの点は、先の三条一坊七坪の事例とは大きな違いを見せるが、建物が造られるのは平城Ⅱ期であり、それ以前は空閑地であったという点、建て替えが少なく、基本的建物配置は不変であること、廃都まで継続利用されていることが共通する。これは、先に見た宮周辺における邸宅が繰り返し改変されていることと対照的であり、両者の違いは明確である。

これら官衙と考えられる施設は、平城遷都当初からこの地に建設される予定であったものが、宮造営の遅れなどの理由から工事着手が遅れたため、このような事態を招いたと考えられ、官衙の建設予定地であったからこそ、宅地として班給されることなく、空閑地として残されていたと考えられる。

このことから、宮周辺において、一定期間空閑地であったところに突如として造られた施設は、官衙である可能性が高いということになる。

一方、遷都当初に成立したものの中にも、官衙と考えられるものもある。左京三条一坊十五坪・十六坪がそれで、中心建物を取り囲む四つの掘立柱建物からなる中枢部を有し、その周辺には小規模建物が展開している。中枢部の建物配置は、奈良時代をつうじて不変であり、中心建物は、ある時期に掘立柱建物から礎石建物に変わる。

瓦塼類の出土が目立ち、総瓦葺きの建物が存在したと考えられる。官衙とする見方は、大方の了解を得られていると考えるが、具体的な施設名は示されていない。左右対称の建物配置を有する大規模な建物であり、厳重な内郭施設を有する点は、山中が言う京内離宮の特徴を有している（図27）。

ここでは、成立時期が先の三例よりも早いという点が相違点として挙げられるが、建物配置が変わらないこと、奈良時代をつうじて継続的に利用されていることなどが共通する。なお、この施設がいち早く造られているということは、それだけ重要な施設であり、かつ宮内に設置することができなかった施設であると考えられる。

京内離宮の可能性も視野に入れる必要はあるが、それ以外にも、平城京内に置かれた公的施設で、その性格からして宮内に設置できない施設で、重要度が高い施設には、左京職がある。また、この他にも和銅四年（七一一）に設置された都亭驛[73]も候補として挙げておきたい。

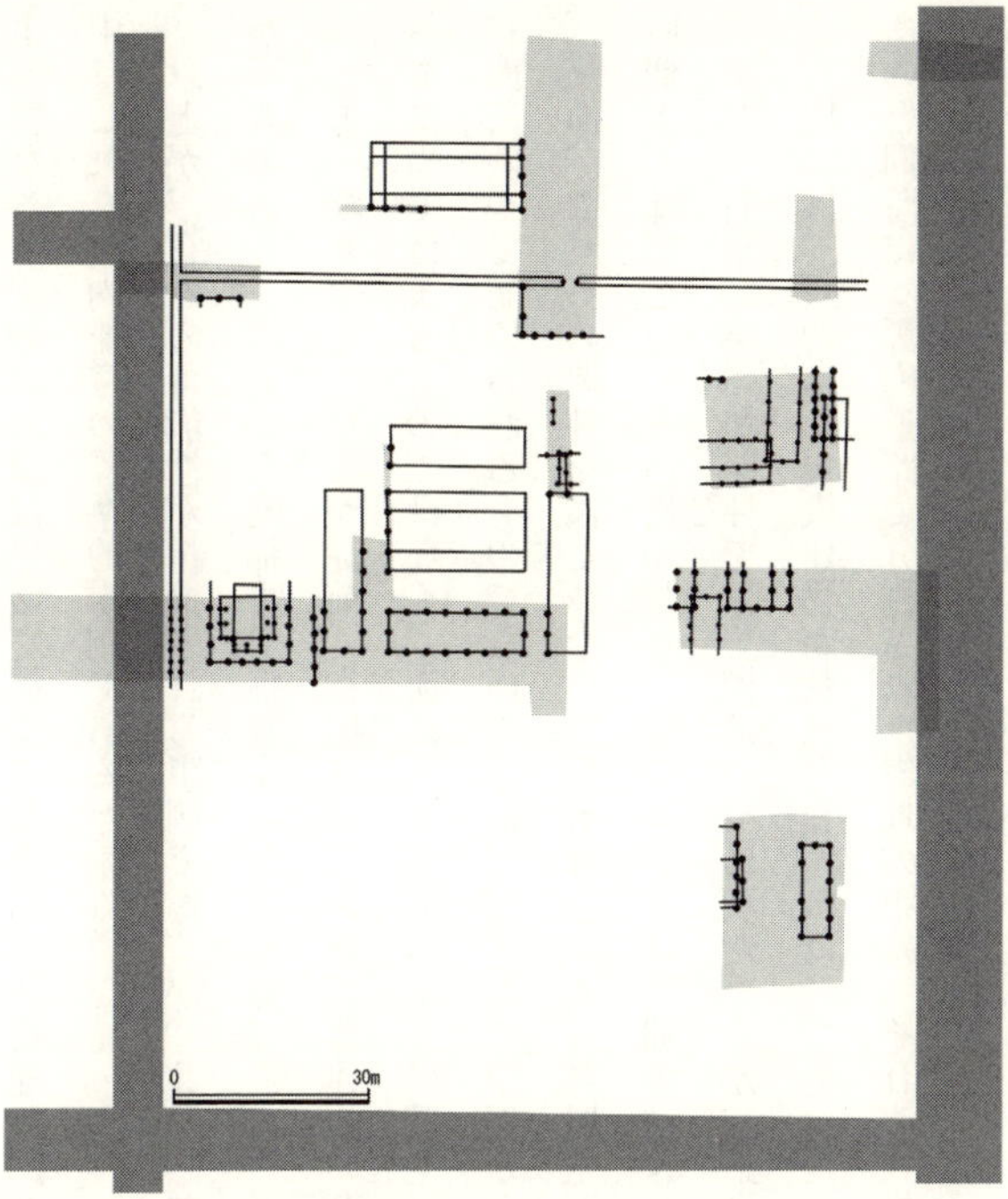

図27　左京三条一坊十五・十六坪

これらに対し、建物配置から官衙である可能性が高いとされているものに、左京五条二坊十四坪がある。これは、先の四例とは異なり、遷都当初は宅地として班給されていたものを、後に官衙に改めたと考えられている。当初は、左京三条四坊七坪の事例と同様、坪を南北に二分割し、北半をさらに東西に分割するものであり、内部にはそれぞれ小規模な建物が存在した。それが奈良時代後半になって、三面庇を有する中心建物が造られ、後にこの建物を中心として整然とした建物配置が見られるようになる。

この形態は廃都時まで踏襲されている。また、平城宮同笵の軒瓦が多数出土している。成立時期の違いはあるものの、官衙の可能性が指摘されるようになると、それ以降は平城廃都まで基本的な建物配置に変わりはないという点で先の事例と共通する。なお、山中はこれを京内離宮の標準的事例であるとする。

以上が、官衙の可能性が指摘される事例であるが、共通して言えることは、一町以上の規模で、基本的な建物配置が不変であり、成立から廃都まで継続するという点である。

一方、繰り返しになるが従前、指摘されていた瓦葺建物の存在という点は、左京三条一坊七坪の事例のように、すべてに当てはまるものではなく、逆に長屋王邸のように邸宅であっても、瓦葺建物を有する場合もある。礎石建物も、官衙に限って認められるものでないことは、田村第の事例から指摘することができる。

反面、これらの要件を満たさない官衙も存在する。長屋王旧邸に造られた皇后宮がそれであるが、これらは光明皇后個人の邸宅といった性格が強く、他の官衙とは区別すべきであろう。

また、右京二条三坊四坪(74)では規模は一町に満たないが、造酒に関わる公的施設と考えられる施設が検出されている。この坪には、当初は小規模建物が数棟存在するだけであったが、奈良時代中頃以降に西二坊大路に面して門が造られるのと同時に、坪内道路で分割された宅地の中に、それぞれ複数の埋甕を有する掘立柱建物が整然と建てられるようになる（図28）。

宅地を分割しているにもかかわらず、大路に門を開くこと、建物配置が整然としていることから、玉田芳英は造酒司の現業部門であった可能性を示唆している(75)。そうだとすると、坪内道路により分割された南北の宅地は、別々に利用されていたのではなく製造部門と管理部門であった可能性も考えられ、製品や材料の運搬に用いるための通路であった可能性も考えられる。その場合、この坪も住宅から一町利用の官衙へという流れが復元でき、先に挙げた官衙の例と合致することになる。

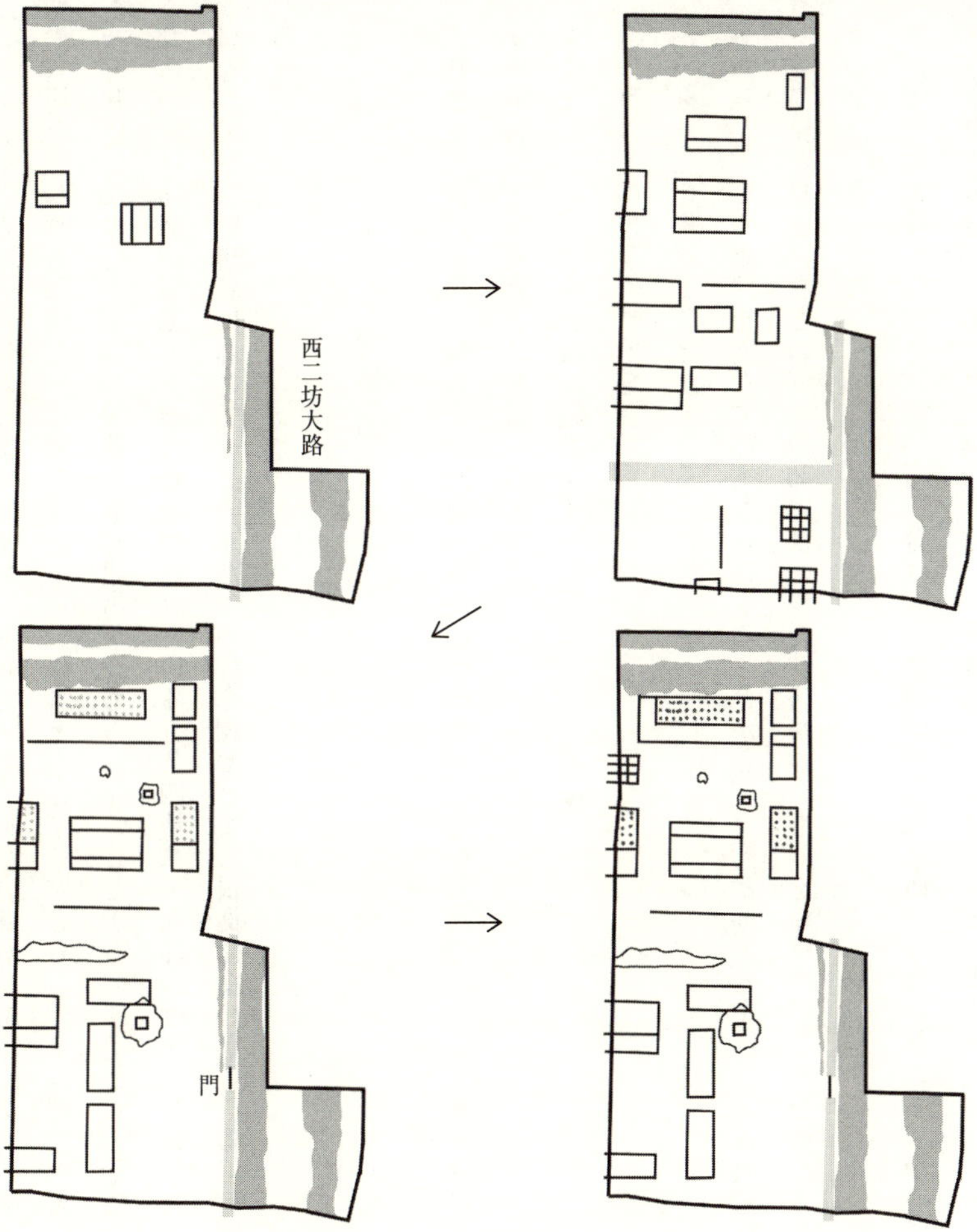

図28　右京二条三坊四坪の変遷

これらに対し左京五条四坊十坪、十五坪の事例は、奈良時代後半に成立しその後、頻繁に建て替えが行われるなど、他の官衙と思われる事例とは様相を異にする。両者ともに築地塀を有し、十五坪では大路に門を開いている。いずれも一町利用になった当初は、明確な中心建物が認められないことから、邸宅とも考えにくい。ここで注目されるのが、これらの坪は播磨国調邸の可能性が指摘されている五条四坊八・九坪に近接していることである。調邸の構造が明らかになっていない現状において、このふたつの坪を調邸とする根拠はないが、その可能性を考慮しておく必要はあるだろう。

4　京内官衙の共通点

これまでの検討から、現在まで官衙の可能性が指摘されている施設について基本的に共通して言えることは、

①成立後、平城廃都まで施設が継続する。

②少なくとも、中心となる施設の建物配置は不変である。

③一町以上の規模の敷地を有する。

という三点を挙げることができる。

もちろん、この条件を満たす邸宅も存在することから、官衙と邸宅とを区分する決定打とはならないが、少なくとも、先に見た皇后宮などの個人の邸宅といった性格が強いものを除けば、これを満たさないものは、官衙ではないという限定はできるだろう。

また、宅地が後に分割されている場合は、分割前の施設は官衙ではないといえ、中心建物の配置の変更を伴うような大がかりな改変が認められた場合なども、改変前の宅地は官衙とは考えがたいということになる。

このような限定をすれば、先に取り上げた大規模宅地の中で、官衙でないものは、以下のとおりとなる。
左京一条三坊十三・十四坪
左京二条四坊一・二・七・八坪の当初の形態
左京三条一坊十二坪、同十三・十四坪
左京三条二坊三坪、同六坪、同十五坪
左京三条三坊三・四・五・六坪、同八・九坪
左京三条四坊四坪、同十二坪
左京四条二坊十・十五坪
左京五条一坊一・八坪、同十三・十四坪

四　瓦と宅地

1　瓦葺建物の存在が想定される坪と出土傾向

平城京内において、瓦がまとまって出土する坪は、寺院と一部の官衙、大規模な邸宅と施設造営に伴い一時的に設置された作業場にほぼ限定される。そして、こうした施設の性格の違いによって、出土瓦の形式や組成も異なると考えられる。

平城京から出土する瓦は供給先の違いよって現われる形式の違いから、主たる供給先が宮である宮系の瓦と、京内

寺院や邸宅を供給先とする京系の瓦に大別されている。ここでは、奈良時代前半までの京系の瓦を中心に検討し、邸宅における瓦の使用状況について考えてみたい。

平城京における瓦編年は、Ⅰ～Ⅴ期に大別されているが、(76)このうちⅠ・Ⅱ期つまり和銅年間から平城還都の間にあたるものが、京内の宅地からまとまって出土することは極めて希であるとともに、これらの瓦は宮出土のものとは文様の特徴が異なる。

Ⅰ期の京系の軒瓦には、

①六二七二A―六六四四A

②六三〇一A―六六七一A

③六三四八A―六六五四A

がある。①は、長屋王邸、観世音寺、②は、興福寺、③は長屋王邸、追分廃寺からの出土が目立ち、いずれも文様構成・出土地点などの点で、宮の瓦とは一線を画す。

奈良時代における平城京の造瓦工房は、基本的には一貫して宮北方の平城山丘陵に置かれており、Ⅰ期の生産の中心となったのは中山瓦窯である。

中山瓦窯では、この時期六二八二A―六六六八A、六二八四C・E―六六六四Cなど宮中枢部の瓦を生産していた（図29）。それに対し、京系の瓦は、②は平城山丘陵に置かれた梅谷瓦窯で生産されているものの、①③は平城山丘陵以外で生産されたと考えられる。また、①～③の瓦は、いずれも特定の寺院への一定量の供給が認められることから、寺院造営に伴う造瓦工房による生産が考えられる。

特に、六二七二―六六四四のセットは、長屋王家木簡にも名前が見える観世音寺(77)（右京九条一坊十二坪）、香芝市片

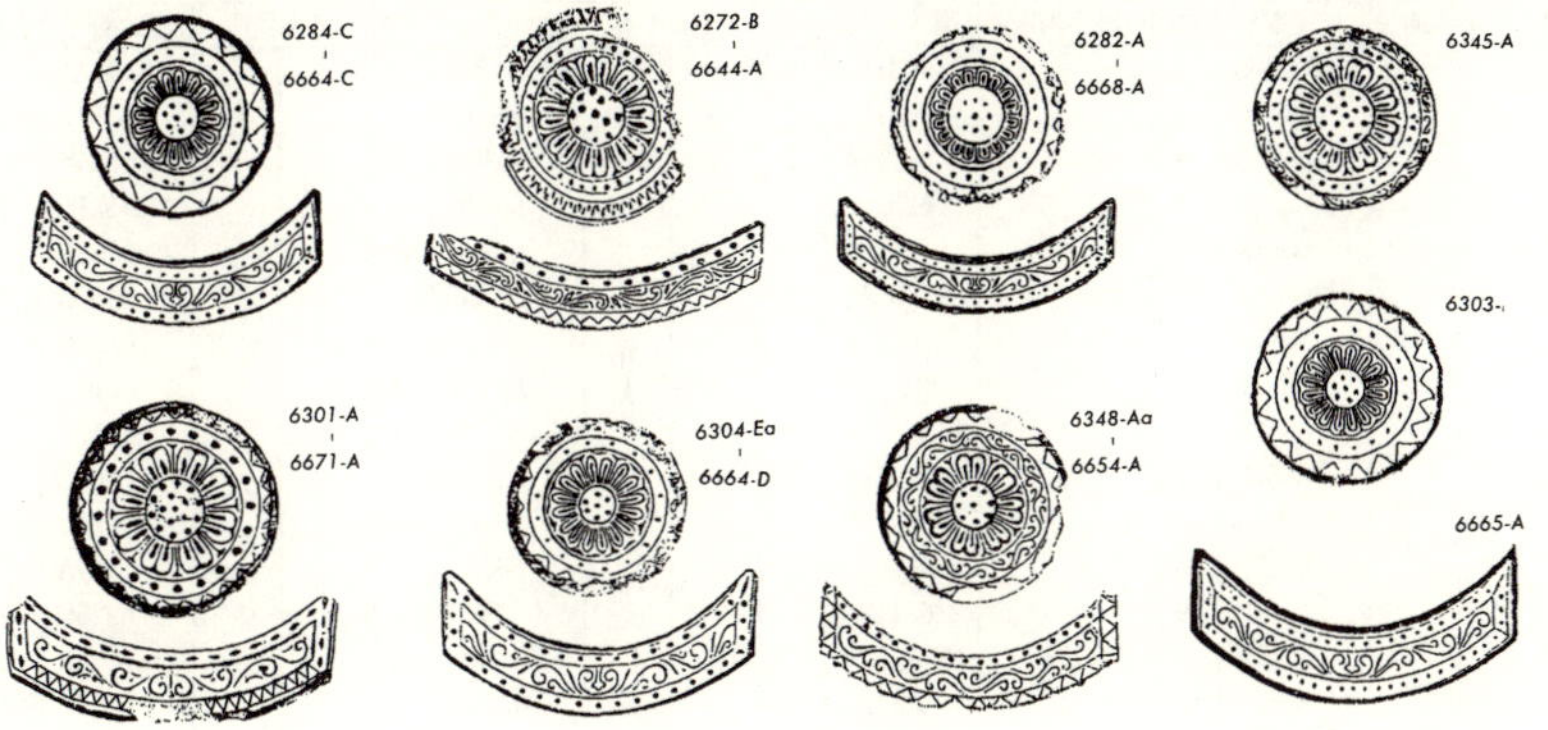

図29　I期の軒瓦

表10　関連遺跡軒瓦型式一覧

出土場所		型式番号	点数	出土場所		型式番号	点数	出土場所		型式番号	点数	出土場所		型式番号	点数
左・一・三・十五十六	軒丸瓦	6011	2	左・一・三・十五十六	軒丸瓦	6301B	17	左・一・三・十五十六	軒平瓦	6691A	17	左・二・二・十二	軒丸瓦	6282H	1
		6012A	22			6301C	5			6702D	2			6282 不明	13
		6012C	2			6303A	1			6713	2			6284A	3
		6012D	2			6308A	1			6721B	7			6284C	3
		6015	1			6308B	4			6721C	7			6284Eb	1
		6126	2			6314A	1			6721D	4			6284Ec	1
		6130A	7			6316A	4			6721F	2			6285A	2
		6133D	1			6316F	2			6721J	3			6298A	1
		6133G	2			6320	5			6725A	3			6301C	2
		6133H	5			6348	4			6726	1			6304A	10
		6133M	2			7243	1			6732I	1			6304B	3
		6134A	2			7251	1			6739	3			6307A	1
		6134B	4			7283	1			6801	2			6308A	4
		6138B	3			7297	1			6802	1			6308C	11
		6138F	1			7349	12			7734	40			6308D	1
		6225A	6		軒平瓦	6555	1			7769	1			6308I	90
		6225C	1			6572A	32	左・二・二・十二	軒丸瓦	6075A	1			6311A	18
		6226	1			6572B	5			6132B	1			6311B	16
		6227A	3			6574	1			6135A	4			6311C	1
		6227B	1			6640	1			6135E	4			6311F	6
		6228	1			6641A	1			6138I	1			6313C	2
		6235A	2			6663A	3			6225A	6			6313E	1
		6235B	1			6663C	6			6225L	1			6314C	5
		6235D	1			6663F	6			6231B	1			6314 不明	2
		6236B	2			6664H	2			6236A	1			6318Aa	1
		6282B	2			6667	2			6272A	4			6320Aa	1
		6282F	2			6668	1			6272B	6			型式不明	68
		6282G	6			6671B	25			6281A	2		軒平瓦	6644A	3
		6282H	2			6671D	2			6281B	2			6644C	1
		6284C	2			6675	4			6282Ba	20			6663A	4
		6285	5			6681A	11			6282D	7			6663B	2
		6291	4			6682	2			6282G	18			6663C	8

出土場所	種類	型式番号	点数
左・二・二・十二	軒平瓦	6663 不明	4
		6664A	1
		6664D	4
		6664F	2
		6664K	1
		6664N	6
		6666A	1
		6681B	13
		6681D	1
		6681F	1
		6682A	2
		6682B	43
		6682C	9
		6685A	1
		6685B	3
		6689Ab	4
		6691A	10
		6694A	1
		6711A	1
		6719A	8
		6721A	3
		6721C	10
		6721F	6
		6721Ga	2
		6721I	3
		6721 不明	3
		6732A	1
		6759B	4
		6760A	4
		6760B	2
		6768B	1
		6768C	1
		型式不明	38
左・二・二・十一	軒丸瓦	6272A	2
		6272B	4
		6273B	3
		6275A	3
		6284E	3
		6285A	1
		6304A	3
		6304B	3
		6311Aa	9
		6311A	2
		6311Ba	17
		6313Aa	1
		6313A	1
		6135A	1
		6282Ca	1
		6282D	1
		6308Aa	3
		6308A	2
		6308B	3
		6308I	24
		6308J	1
		6308 不明	1
左・二・二・十一	軒丸瓦	6311C	1
		6311G	1
		6225A	5
		6282Ba	1
		6131A	1
		6318Aa	1
		6146A	1
		6282 不明	2
		6311 不明	4
		6238A	1
		6273B	1
		6311Aa	3
		6311Ba	1
		型式不明	5
		6284Ea	1
		6308B	1
		6308I	3
		6311Aa	1
		6311B	2
		6313C	1
		型式不明	3
		6641C	1
		6664C	1
		6664Ga	1
		6664K	1
		6664D	6
		6664F	5
		6664N	4
		6666A	3
		6667C	3
		6671B	1
		6689A	2
		6663A	3
		6663B	2
		6681B	4
		6682A	1
		6682B	10
		6682D	1
		6682F	1
		6688Ab	1
		6691A	2
		6694A	4
		6721Gb	1
		6663C	2
		6721C	7
		6663E	1
		6682A	1
		6691B	1
		6702A	1
		6663F	2
		6663J	1
		6768A	1
		6759B	1
		6760B	1
		6663 不明	2
左・二・二・十一	軒平瓦	6721 不明	2
		6663B	1
		6663Cb	2
		6664G	1
		6682B	1
		6732C	1
		6644A	2
		6663C	1
		6663 不明	1
		6664D	1
		6667A	1
		6671C	1
		6682B	2
		6721 不明	2
		6723A	1
左・三・二・六	軒丸瓦	6133C	1
		6134B	2
		6138B	1
		6225E	1
		6235B	1
		6272A	1
		6274Ab	1
		6279A	4
		6282Bb	6
		6284C	1
		6285A	22
		6314A	1
		6316K	1
		6348Aa	1
	軒平瓦	6641C	3
		6663F	7
		6663J	1
		6664C	1
		6664D	1
		6664F	2
		6667A	39
		6671K	1
		6675A	1
		6691A	1
		6721A	7
		6721C	6
		6732A	3
左・三・二・一二七八	軒丸瓦	6009A	1
		6010A	4
		6012A	1
		6012B	1
		6012C	1
		6018B	1
		6131A	12
		6131B	2
		6133Db	1
		6133D	4
		6133Kb	2
		6133Q	1
		6134Aa	2
左・三・二・一二七八	軒丸瓦	6134Ab	1
		6134B	1
		6135A	50
		6135Ba	1
		6135Bb	1
		6135C	3
		6138H	1
		6140A	2
		6144A	3
		6151Aa	1
		6172A	1
		6225A	56
		6225C	11
		6225E	3
		6225L	8
		6227D	1
		6223B	3
		6271B	2
		6271C	1
		6272A	12
		6272B	35
		6273A	3
		6273B	8
		6273D	1
		6274Ab	5
		6275A	21
		6275D	1
		6278B	1
		6279Ab	1
		6281Aa	1
		6281Ba	1
		6282Ba	15
		6282Bb	8
		6282B	14
		6282C	9
		6282D	17
		6282E	15
		6282Ga	6
		6282Gb	2
		6282G	31
		6282Ha	3
		6282Hb	2
		6282H	4
		6282Ia	7
		6282 不明	35
		6284A	1
		6284C	3
		6284D	1
		6284Ea	7
		6284Eb	9
		6284Ec	17
		6284E	10
		6285A	6
		6288A	4
		6291Aa	5

出土場所		型式番号	点数
左・三・二・一二七八	軒丸瓦	6296A	1
		6298A	2
		6301B	2
		6303B	4
		6304A	3
		6304C	4
		6304L	5
		6305A	1
		6307A	2
		6307E	1
		6307G	1
		6308Aa	18
		6308Ab	2
		6308B	15
		6308C	5
		6308D	1
		6308I	6
		6311Aa	24
		6311Ba	18
		6311F	1
		6311G	1
		6313Aa	19
		6313C	6
		6313D	2
		6313F	2
		6313H	1
		6313ロ	1
		6314A	3
		6314B	4
		6314C	2
		6316C	1
		6316Da	1
		6316D	4
		6316Ea	2
		6316Eb	1
		6316G	2
		6316H	1
		6316Q	1
		6320Aa	1
		6320A	3
		6348Aa	8
		6348Ab	1
	軒平瓦	6555	1
		6572A	2
		6572C	1
		6641Ab	1
		6641C	6
		6641E	6
		6641F	1
		6641H	1
		6643C	4
		6643D	2
		6644A	49
		6644B	1
		6644C	8
左・三・二・一二七八	軒平瓦	6646C	1
		6654A	2
		6663A	34
		6663B	11
		6663Ca	1
		6663Cb	2
		6663C	21
		6663D	3
		6663E	1
		6663F	7
		6663H	1
		6663J	2
		6664B	3
		6664C	10
		6664D	30
		6664F	51
		6664Ga	4
		6664H	5
		6664I	4
		6664K	1
		6664N	16
		6665B	1
		6666A	8
		6667A	21
		6667C	5
		6668A	5
		6671Ia	8
		6671Ib	1
		6671I	3
		6671K	1
		6681A	5
		6681B	6
		6681C	9
		6682A	10
		6682B	2
		6682C	2
		6682F	2
		6685A	34
		6685B	3
		6685C	4
		6688Aa	1
		6688Ab	23
		6688A	1
		6688B	2
		6689A	3
		6691A	55
		6691B	4
		6691F	7
		6694A	10
		6700A	4
		6702A	2
		6704A	2
		6710A	1
		6710C	2
		6714A	1
左・三・二・一二七八	軒平瓦	6716A	1
		6719A	8
		6721A	8
		6721C	34
		6721D	8
		6721E	4
		6721Fa	3
		6721Ga	56
		6721Gb	20
		6721G	7
		6721Ha	2
		6721Hb	3
		6721Hc	18
		6721H	14
		6721I	13
		6721 不明	61
		6723A	3
		6727B	3
		6732A	4
		6732C	4
		6732F	1
		6734A	1
		6759B	1
		6760A	4
		6760B	5
		6763A	6
		6767A	1
		6767B	1
		6768E	1
左・二・二・五	軒丸瓦	6010A	3
		6131A	3
		6133Aa	1
		6133Da	2
		6134Aa	1
		6134Ab	1
		6135A	1
		6135Ba	1
		6138B	3
		6138H	1
		6138I	2
		6144A	1
		6151Aa	2
		6225A	4
		6225C	2
		6225E	4
		6227A	2
		6228A	1
		6229B	4
		6223B	2
		6235B	13
		6272B	1
		6273D	1
		6278B	1
		6281Ba	1
		6282Ba	5
左・二・二・五	軒丸瓦	6282Bb	1
		6282B	3
		6282C	2
		6282D	1
		6282E	3
		6282Ga	4
		6282G	6
		6282Ha	1
		6282H	1
		6282 不明	3
		6284C	2
		6284Eb	2
		6284Ec	2
		6284E	1
		6291Ab	1
		6301B	2
		6301J	1
		6307A	2
		6308Aa	5
		6308B	4
		6308C	2
		6308D	3
		6308I	5
		6311Aa	5
		6311Ba	9
		6311F	1
		6313Aa	22
		6314A	1
		6314C	1
		6316C	1
		6316Da	1
		6316Db	5
		6316D	3
		6316Ea	8
		6316Eb	4
		6316G	3
		6316H	9
		6320Ac	1
		6444A	1
	軒平瓦	6561A	1
		6641P	3
		6644A	1
		6654A	1
		6663A	6
		6663B	2
		6663C	3
		6663F	16
		6663H	3
		6663J	3
		6664C	1
		6664D	3
		6664F	5
		6666A	1
		6667A	2
		6667C	1

出土場所		型式番号	点数
左・二・二・五	軒平瓦	6671E	1
		6675A	2
		6681A	4
		6681B	2
		6681D	1
		6681E	3
		6682A	6
		6682C	3
		6685A	21
		6688Ab	1
左・二・二・五	軒平瓦	6689A	1
		6691A	7
		6700A	3
		6702A	2
		6710C	7
		6711A	1
		6721C	9
		6721D	5
		6721Ga	4
		6721Gb	1
左・二・二・五	軒平瓦	6721G	9
		6721Hb	1
		6721Hc	2
		6721H	1
		6721 不明	2
		6732A	14
		6732C	1
		6732F	1
		6737A	8
		6754A	1
左・二・二・五	軒平瓦	6754B	2
		6760A	3
		6763A	5
		6802A	2
		6802B	1

主体となるⅠ・Ⅱ期の軒瓦

岡廃寺[78]（木簡に見える片岡司の所在地）、桜井市青木廃寺[79]（高市皇子の追善のために建立された可能性が強い寺院）といった長屋王ゆかりの場所から出土する傾向が明確である。このことは、これらの瓦の供給は長屋王とこれらの寺院に対する造瓦工房との私的なつながりによるものである可能性を示すものである（表10）。

これらのことから、Ⅰ期前半の瓦生産は、宮への供給を目的とした官営工房での生産、個別寺院への供給を目的とした寺院単位の造瓦工房による生産の二つが考えられ、京内への供給は後者が担ったが、邸宅への供給は、希であったと考えられる。

なお、氏寺の造営に伴い造瓦組織を保有していたと考えられる有力氏族は、奈良時代前期では小野氏をはじめ複数想定[80]できるが、邸宅跡から瓦が出土する事例が少ないことからすると、自らの邸宅に瓦を葺くという発想そのものが乏しかったと考えられる。

Ⅰ-2期も、基本的にはⅠ-1期と同様の様相が認められるが、新たに大安寺や薬師寺といった官寺に属する造瓦工房が加わる。

Ⅱ期になると京内からの瓦の出土量・出土地点ともに増加する傾向を示す。宮系の瓦生産は、Ⅰ期に引き続き中山瓦窯が主体であるが、平城山瓦窯内では、瀬後谷瓦窯、歌姫西瓦窯、佐保山瓦窯、山陵瓦窯、押熊瓦窯などで生産が開始され、宮・京に製品が供給されている（図30）。

Ⅱ-1期の瓦がまとまって出土する地点には、推定舎人親王邸、法華寺下層、左京三条二坊六坪がある。推定舎人親王邸とした左京三条三坊周辺では、瀬後谷瓦窯産の六二八四

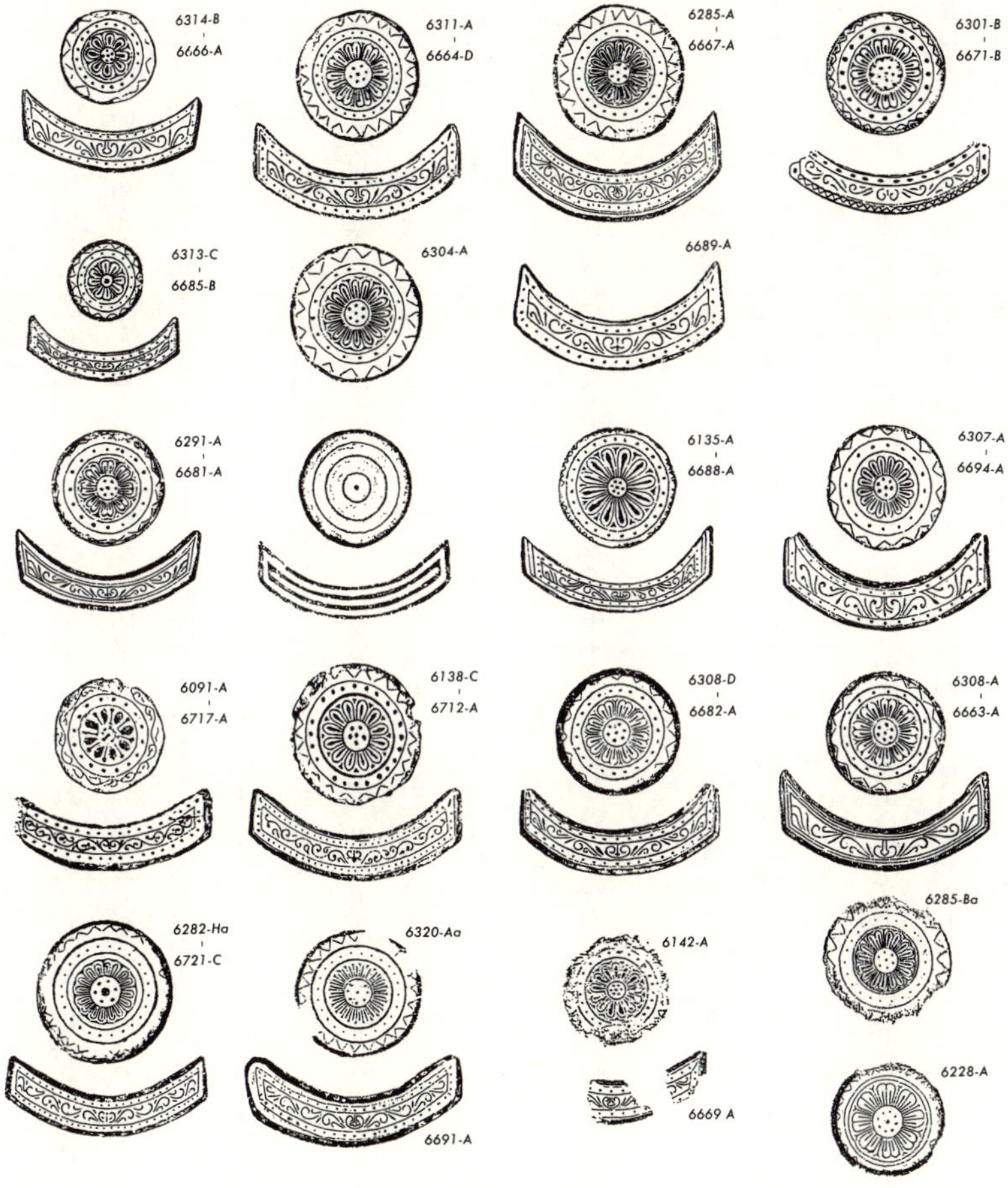
6314-B
6666-A
6311-A
6664-D
6285-A
6667-A
6301-B
6671-B
6313-C
6685-B
6304-A
6689-A
6291-A
6681-A
6135-A
6688-A
6307-A
6694-A
6091-A
6717-A
6138-C
6712-A
6308-D
6682-A
6308-A
6663-A
6282-Ha
6721-C
6320-Aa
6691-A
6142-A
6669 A
6285-Ba
6228-A

図30　Ⅱ期の軒瓦

Ea-六六六八A・六六六四Iが集中的に出土している(81)。

この瓦は本来、宮中心部への供給を目的としていたと考えられるが、宮への供給終了後に笵を瀬後谷瓦窯へ移しており、それに伴い供給先が宮から京へと変わる。法華寺下層や左京三条二坊六坪からまとまって出土する六二八五A-六六六七Aは、歌姫西瓦窯の製品である。宮内からも出土するが、量が少なく藤原氏に関係する瓦であると評価されている。生産時期は、六二八四Ea-六六六八A・六六六四IがI-2期末からII-1期初頭（七一〇年代中頃から七二〇年代）、六二八五A-六六六七Aは不比等没後（七二〇年頃）に想定されている。

II-2期では、左京二条四坊一・二坪で、六三〇一B-六六七一B（II-1期であるが、使用時期はII-2期まで下る可能性がある　京系）と六三〇八D-六六八二A（宮系）のセットが確認されている。前者は、内裏東外郭官衙でまとまりを見せる反面、京内では左京三条一坊十五・十六坪から出土が認められ、葛城市掃守寺跡(82)などからも出土している。京内官衙と考えられている左京二条二坊十一坪と十二坪は、ともによく似た瓦の出土傾向を示す。出土量が最も多い六三〇八I-六六八二Bのセットは、宮内からは出土していないものの、文様の特徴は宮所用瓦に直結するものである。

左京三条一坊十五・十六坪と唐招提寺下層では、六〇一二A-六五七二Aが目立つ。このセットの分布は先の六三〇一B-六六七一Bとよく似た在り方を示す。すなわち、内裏東外郭官衙でまとまりを見せると同時に、掃守寺跡から出土しているのである。

掃守寺は、八世紀中頃に塔が造営されているが、この塔は『正倉院文書』(83)によると、官の造営によることが知られる（所用瓦は六三〇一-六六七一であるが平城京のものとは同笵関係は認められない）。六三〇一B・六〇一二A-六五七二Aは、八世紀前半に造られた長六角堂の葺き替えに用いられたものである。

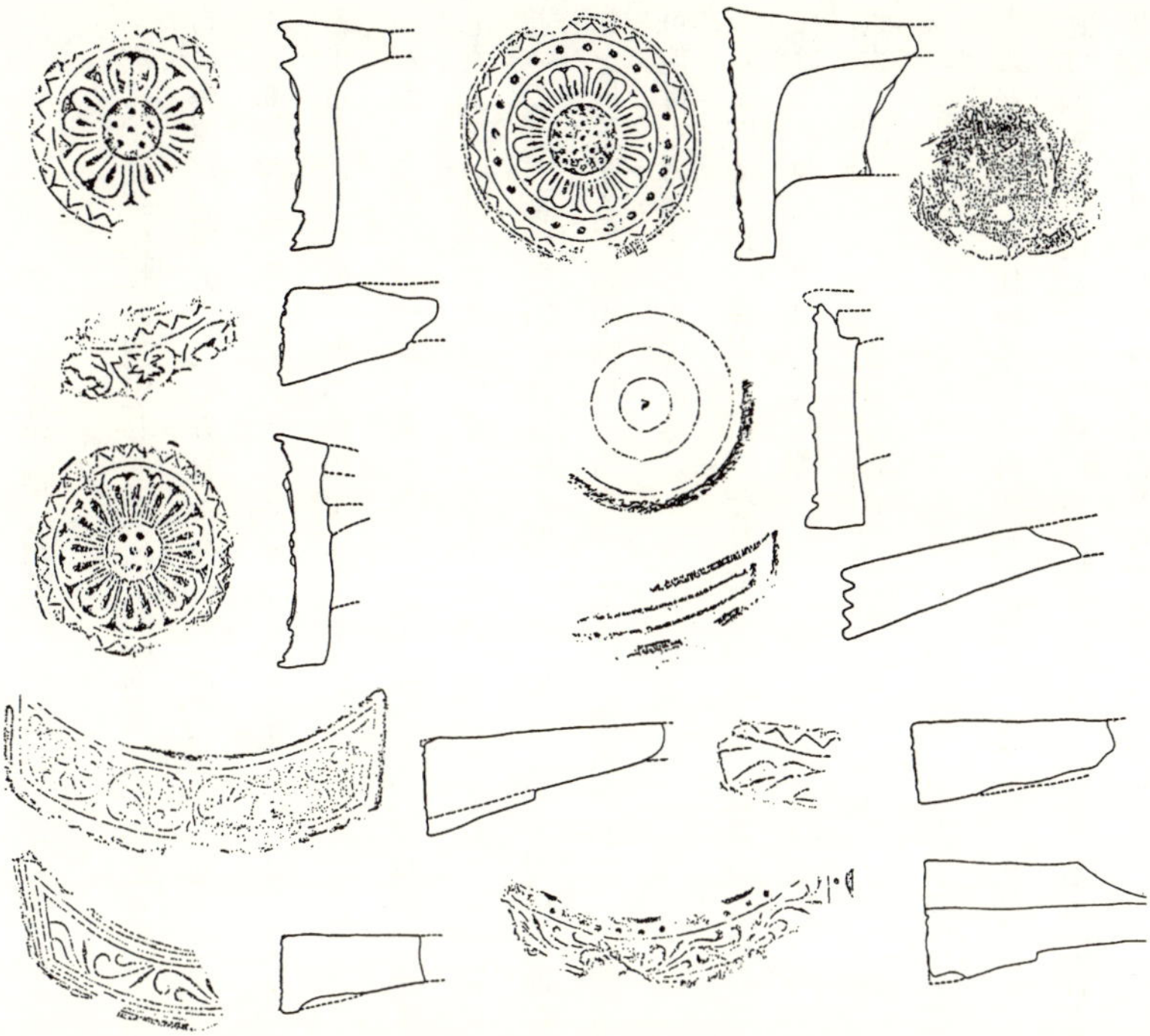

図31　掃守寺跡の軒瓦

長六角堂の創建瓦は岡寺式軒瓦であり、創建瓦から官とのつながりを指摘することは困難であるが、少なくとも六三〇一B・六〇一二A－六五七二Aが供給された頃には、官による維持・管理が想定できよう。なお、この寺院は大津皇子の供養のために建立されたと『薬師寺縁起』に記されている[84]（図31）。

唐招提寺下層は新田部親王邸であるが、左京三条一坊十五・十六坪を長屋王の佐保宮とし、掃守寺を『薬師寺縁起』の記載から大津皇子との関係で考えると、これらはいずれも天武天皇の皇子に関連する施設に分布しているということになる。出土点数、遺跡ともに少ないため断定はできないが、これらの瓦の分布の背景を考える上では注意すべき点である。

以上が、京内でⅠ・Ⅱ期の特定の型式の瓦がまとまって出土し、瓦葺建物の存在が想定できる事例である。

2　瓦葺建物は想定しがたいが瓦がまとまって出土する坪

次に、瓦葺建物は想定し難いが、同時期の瓦がまとまって出土した事例をいくつか紹介する。左京三条二坊九坪からは藤原宮同笵の六二七五D・六二七一型式と六二七一C、六六六四C、Ⅱ期の六三〇八M、六三一四C、六六七一I（瀬後谷瓦窯産）、六六六三C（二本線：京系、一本線：宮系、以下同じ）が出土している。六六七一Iが量的にはまとまるものの、他のものは出土量が少ない。

なお、この坪には「大蔵」という小字が残り、奈良時代後半に宅地の中央に大型掘立柱建物が建てられるが、出土した瓦の時期の建物はいずれも小規模であり、これらの建物に瓦が使用されていたとは考えがたい。この坪は宮にも近いこと、また周囲には長屋王邸をはじめとした大規模宅地が分布することから、これらの瓦はそうした周辺施設に瓦を供給する際の中継点、つまりこの坪が遷都時から一定期間、宮や宅地造営のための作業場として利用されていた可能性も考慮すべきである。

左京四条二坊一坪からも、それぞれの出土点数は少ないものの、Ⅰ・Ⅱ期の多種多様の瓦が出土している。軒丸瓦には六三四八A、六二八五A、六三〇八A、六三〇八B、六三一四Bがあり、軒平瓦には六六五四A、六六七五A、六六六四F、六六六五B、六六六六A、六六八五A、六六九一Aがある。

いずれも一～二点の出土である。この坪は、遷都当初は小規模建物が、いくつかのグループに分かれ点在していたものが、奈良時代前半に一町規模の邸宅になることが知られ、居住者として市原王の名が挙げられている場所である。瓦は大規模宅地としての利用の開始に伴うものである可能性と、左京三条二坊九坪と同様、遷都後しばらく間、作業場として利用されていた可能性も考慮すべきだろう。

これらと同様の出土傾向を示すものには、左京五条一坊一坪がある。この坪は奈良時代前半には一町利用され、その後八坪も加え、二町利用となった宅地である。軒丸瓦には六二七一Ａ（四点）、六三四八Ａ（五点）、六三一一Ｂ（一点）、六三〇八Ｂ（二点）があり、軒平瓦には六六四五Ａ（四点）、六六五四Ａ（七点）、六六八五Ａ（三点）、六六六四Ｄ（一点）、六六七五Ａ（六点）がある。丸・平瓦を含めても点数が少なく、瓦葺建物は想定できず、また、一町利用以前の先行建物も認められず、先の事例のように宅地利用に先行して作業場として利用されていた可能性も考えにくいなど、瓦の利用状況は不明である。

以上のように、Ⅰ・Ⅱ期の軒瓦がある程度まとまって出土する宅地の中には、様々な形式の京系と宮系が数点ずつ混在して出土する場合があるが、いずれも瓦葺建物の存在は想定しにくく、資材置き場や作業場としての利用が考えられるものがある。

3　京系瓦の供給先

これまで見てきたように、Ⅰ・Ⅱ期の京内における出土瓦は京系のものが主体となるが、宮系に分類されるものも一定量出土している。しかし、一口に京系といっても、その文様や笵の系譜は多様であり、

○もともと宮用に作られた笵を使用したもの（六二八四Ea－六六六八Ａ・六六六四Ⅰ）
○明らかに宮系の軒瓦の系譜にあるもの（六三〇八Ⅰ－六六八二Ｂ）
○平城宮でも使用が認められる文様であるが、難波宮の軒瓦と密接な関係を持つもの（六〇一二Ａ－六五七二Ａ）
○京内寺院の軒瓦の系譜にあるもの（六三〇一Ｂ－六六七一Ｂ）
○藤原宮式の系譜にあり、平城宮とは一線を画すもの（六二七二Ａ－六六四四Ａ、六三四八Ａ－六六五四Ａ）

に区分できる。また、これらの京系の瓦の供給先は、

①宮、寺院、邸宅から出土するもの（六〇一二A-六五七二A、六三〇一B-六六七一B?）
②寺院と邸宅から出土するもの（六二七二A-六六四四A、六三四八A-六六五四A）
③京内官衙から出土するもの（六三〇八I-六六八二B）
④邸宅から出土するもの（六二八四Ea-六六六八A・六六六四I、六二八五A-六六六七A）

に区分できる。これらをさらに細かく見ていくと、①は、先述のように天武天皇の皇子にかかわる施設から出土していることが注意され、②のうち六二七二A-六六四四Aは、長屋王家との関連が考えられる。六三四八A-六六五四Aは京外にある追分廃寺(85)から出土が報告されているが、京内宅地では複数地点から数点ずつ出土するなど、特定の供給先を有していたというよりも、不特定多数の宅地へ供給したような印象を受ける。③は、官の造営と考えられるもので、公的施設建設に伴い生産されたものであろう。④のうち六二八四Ea-六六六八A・六六六四Iは、推定舎人親王邸を主たる供給先としているが、他の地点からも少量出土している。

これらの瓦を生産した瀬後谷瓦窯(86)は、その立地や笵の移動などから見ても、官窯であることは疑いなく、前章でも指摘したように神亀元年（七二四）の太政官奏上に基づく、京内宅地への瓦の供給を目的に設置されたと考えられる。おそらく、その操業開始当初の供給先が、推定舎人親王邸だったのだろう。六二八五A-六六六七Aは、従前から指摘されているように、藤原氏関連の瓦と考えてよい。

これらのことから、京系の瓦は、

①長屋王や藤原氏といった特定個人・氏族への供給を目的とし、当該個人・氏族と密接なかかわりを持つ瓦窯で生産されたもの

②京内の広い範囲への供給を目的とし官窯で生産されたもの
③特定施設への供給を目的とし官窯で生産されたもの
の三者が存在した可能性が考えられる。

つまり、私的な生産・供給と公的な生産・供給があり、後者は瀬後谷瓦窯の操業時期や、藤原氏の瓦と考えられる六二八五A-六六六七Aの時期から、神亀元年（七二四）の太政官奏上が契機になった可能性が高いと考えられる。さらに言えば、神亀元年以降の京系の瓦や特定の氏寺と同笵の瓦が一定程度、まとまって出土する宅地は、有力者の邸宅である可能性が考えられるということになるが、一方でそうした事例はここに取り上げたもの以外には認められておらず、残念ながら現状では瓦から居住者を特定できる事例はごく少数である。

五　宅地の伝領と没官

1　平城京の造営と宅地　遷都当初の景観

第四の課題に入る前に、ここまで述べてきた遷都当初の平城京の景観について、簡単に整理しておく。田辺征夫がすでに指摘しているように、(87)平城京の遷都当初の居住実態は、極めて居住密度が低く、居住範囲も限られていた。このことは、先の検討でも指摘することができ、宮周辺でさえ、空閑地が目立つという実態が浮かび上がった（図32）。この要因について田辺は、遷都当初の実務が藤原京に残されていた可能性などを示唆したが、結論は今後の課題とした。田辺も述べるように、官僚機構の円滑な運営という点において、実務が二分化されていたとは考

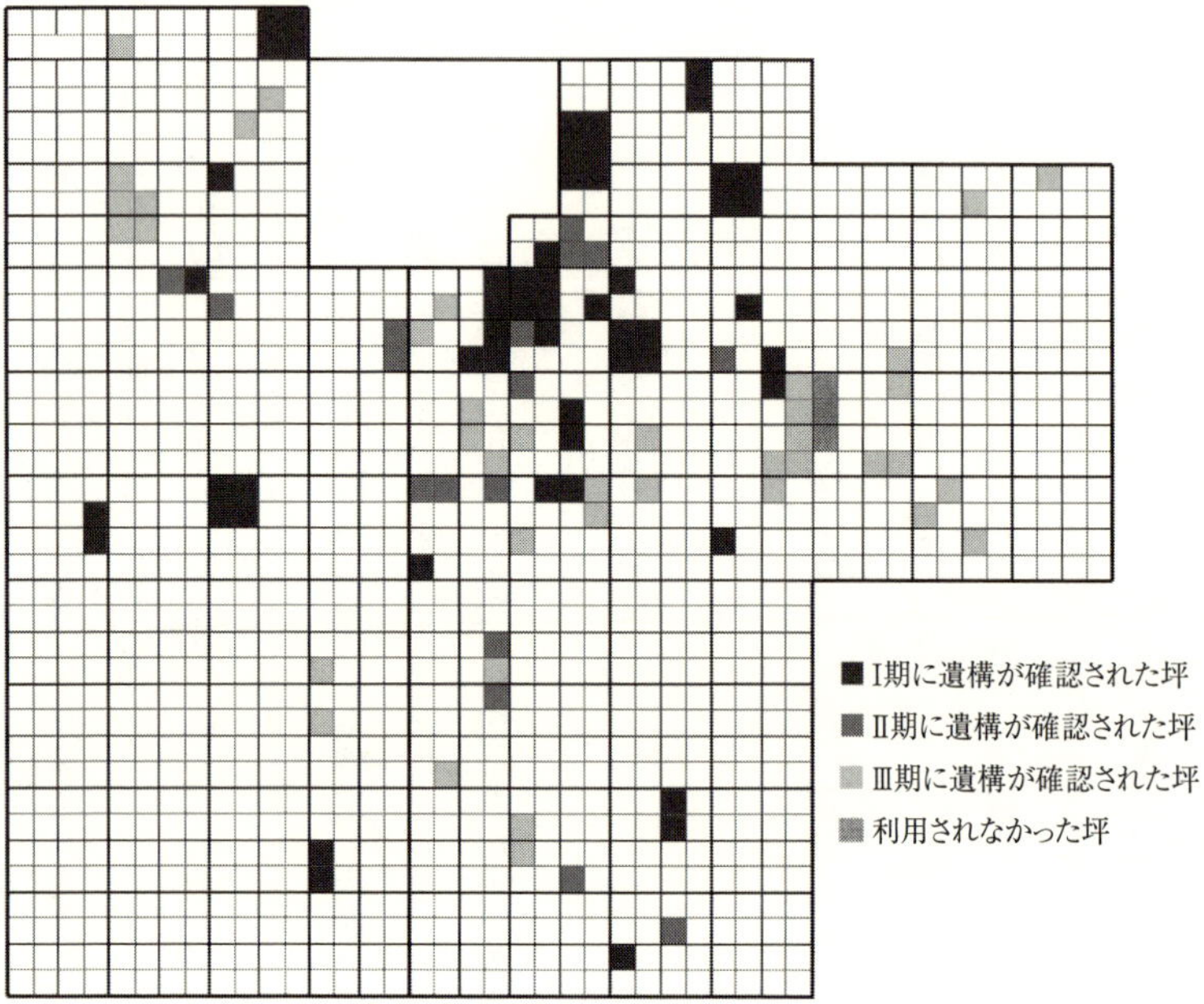

図32　各坪の利用開始時期

えがたい。また、藤原京内及びその周辺に営まれた大規模宅地の廃絶時期は、概ね平城遷都時と考えられるので、少なくとも太政官にかかわる人物の移住は、遷都間もない時期にある程度は完了していたと見なすべきであろう。

時代は下るが保良宮や長岡京造営に際して、太政官の構成員や女性王族に対し、邸宅を建設するために稲が与えられていることが知られている。平城遷都時に同様の措置がとられたかは定かでないが、官僚機構の中心となる人物の邸宅建設を優先した可能性は考えておくべきだろう。

一方で『続日本紀』には、和銅五年（七一二）に、京造営のために諸国から集められた役夫の帰郷に伴う保護施策が示されていることから、造営工事に一定の目途がついたのは、この頃であり、また、飛鳥からの寺院の移建は霊亀二年（七一六）頃から始まっていることから住宅建設も段階的に進められたと考えられる。平城京における宅地整備がいつから始まったかは不明な点が多いが、藤原京からの移転は施設の性格や邸宅の居住者の政治的な地位の違いにより段階的に行われた可能性がある。おそらく、遷都当初の邸宅建設は、京の造営の遅れと足並みをそろえるかのように、遅延していたのだろう。(88)

次に、平城京造営と大規模宅地の関係について見ていきたい。先述のように、平城京における大規模宅地は、宮に近いだけではなく、地形が平坦であるという条件を満たす場所に分布する傾向を示す。そして、右京で確認されるように、京域のほとんどの場所は、平城京造営以前の土地形状をとどめており、(89)さらに旧秋篠川の流路は二条大路付近までは埋め立てられていたものの、三条から以南は奈良時代をつうじて埋め立てられることがなかったことが分かっている。このことは条坊施工までは官の工事として行ったが、宅地造成・建築は班給を受けた個人の手に委ねられていたことを示すと考えられる。

一方、左京では第一章で述べたように、佐保川は五条大路付近まで、菰川は三条大路付近まで条坊に合致するよう付け替えられている。そして、付け替えられた旧河川は、一部は庭園として利用されているものの、基本的には埋め立てられている。また、自然河川に加え東堀河や東一坊大路西側溝のように、水を引き込み運河としても機能したと考えられる基幹水路が設けられる。このように都市機能を果たすためのインフラ整備は、左京が右京よりも進んでおり、左京の中でも五条大路以北が最も整備されていたと考えられる。

左京における一町以上利用宅地の多くは、当初は三条大路以北、東三坊大路以西に集中する傾向を見せ、その後、五条まで基幹水路や埋め立てられた河川に沿うようなかたちで広がっていることが分かる。例えば、菰川は東二坊坊間路に沿って南流し、三条大路以南からはもともとの流路のままであったと考えられるが、菰川の旧流路が検出されている左京三条二坊六・七・十・十六坪のうち、六坪は宮跡庭園、七坪は一・二・八坪とともに長屋王邸、十五坪も居住者や施設は不明であるが遷都当初からの一町以上利用宅地である（図33）。また、この周辺の坪の多くも一町以上の宅地であると考えられている。

以上のように、大規模宅地の立地は宮に近いという地理的な条件に加え、地形が平坦であること、基幹水路に面することが条件に加えられよう。これは、基幹水路の存在によって水運の便が図られることだけでなく、基幹水路の設置や河川の付け替え工事に伴い、周辺の土地造成が行われ、人工的に平坦地が造成されるといった事情もあったかも知れない。

もし、そうだとすれば、高位の人物には、京造営に伴って、あらかじめ土地造成がなされた一等地を班給し、下位の人物にはそうでない土地を班給したということになる。班給された土地の造成を誰が行ったかという点は、これから述べる宅地の没官と伝領について考える上で、考慮しておくべき点である。

2　没官と伝領

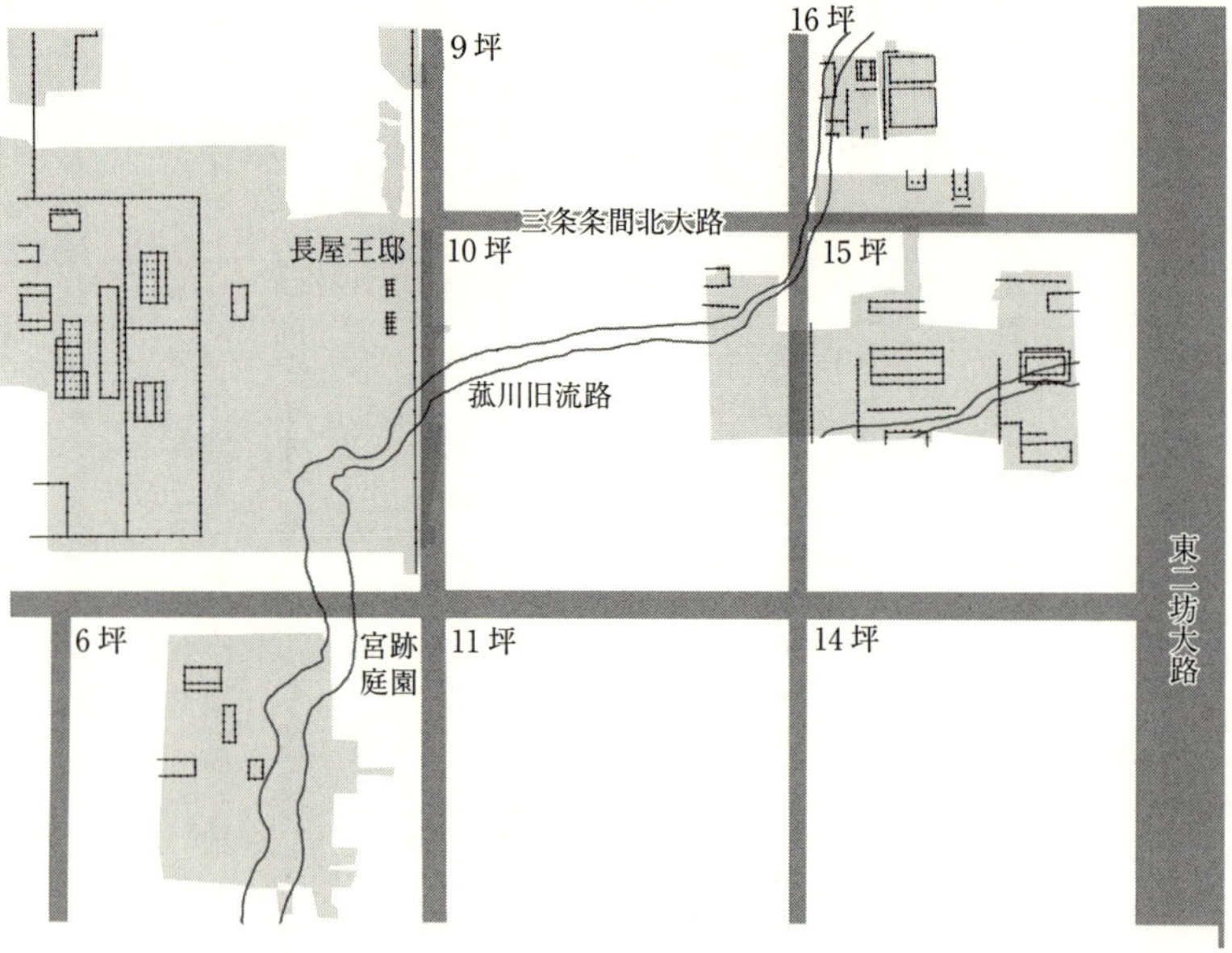

図33　菰川旧流路と宅地の関係（左京三条二坊）

宅地は伝領されるものであったのか、班給を受けた者の死後に、没官されるものであったのかについては、判然としない。史料の上では、『正倉院文書』に見える、写経生の宅地や建物を担保にした借銭、また、佐伯麻毛利・今毛人兄弟による佐伯院寺地の買い上げなど、宅地があたかも私有財産のように扱われていたことを示す事例が認められる。

一方、宅地の班給が位階によってなされたとするならば、そこに位田、職田と共通する性格を認めることができ、班給を受けた個人の国家に対する功績の軽重により、没官、代を限っての伝領、代を限らない伝領など複数のパターンを想定することができる。

ここでは、まず律令の規定を確認し、その後、史料に見える宅地の没官・伝領のそれぞれのケースについて、発掘調査成果も含めて見ていきたい。

(ア)律令の規定

律令の規定によると、職掌上与えられた封戸は、伝領されることはなく、功田に関して以下の相続パターンがあった。

凡功田。大功世世不絶。上功伝三世。中功伝二世。下功伝子。大功非謀叛以上。

つまり、封戸はおおむね個人に対して与えられるものであり、対象となる個人の没後には、没官されるが、功績によっては伝領の可能性があったということである。

一方、家産の相続についての取り決めであるとの指摘がある『養老令』戸令応分条には、(90)

凡応分者。家人。奴婢。〈氏賤。不在此限〉田宅。資財。〈其功田功封。唯入男女〉摠計作法。嫡母。継母。及嫡子。各二分。〈妾同女子之分〉庶子一分。妻家所得。不在分限兄弟亡者。子承父分〈養子亦同。〉兄弟俱亡。則諸子均分。其姑姉妹在室者。各減男子之半〈雖已出嫁未経分財者。亦同。〉寡妻妾無男者。承夫分〈女分同上。若夫兄弟皆亡。各同一子之分有男無男等。謂。在夫家守志者。〉若欲同財共居及亡人存日処分。証拠灼然者。不用此令。

とある。しかし、この規定は、『大宝令』では大きく異なっていたと推定されており、

凡応分者。宅及家人。並入嫡子。〈其奴婢等、嫡子随状分者聴〉財物半分、一分庶子均分。妻家所得奴婢不在分限。〈還於本宗〉兄弟亡者、子承父分。兄弟俱亡、即諸子均分。寡妻無男承夫分。〈若夫兄弟皆亡、各同一子之分〉有子無子等。謂在夫家守志者。

と復元されている。大宝令では宅・家人奴婢の全部と財物の半分を嫡子が相続することを規定しており、遺産を一族の共有財産とする唐の応分条の影響を強く受けていると指摘されている。また、大宝令から養老令への主要な改正点は、

①分配する財産に田地を加える反面、氏賤と功田功封を別途の相続法に依るとしたこと。
②相続人の範囲を拡大したこと。
③相続分を改訂したこと。

が挙げられる。これらの規定から「宅」は遺産相続の対象であったこと、ただし、相続の方法は大宝令と養老令とでは違うことが分かる。

しかし、これはあくまでも家産であることが前提であり、そもそも平城京内の宅地を家産と見てよいのか、あるいは職田、位田、養戸のように位階官職に基づき個人に貸与されたものなのか、によってその後の扱いは異なってくる。平城京における宅地班給は、先に見たように位階を基準として行われたと考えられる。その場合、土地の性格として

は多分に、職田・位田と共通する性格を有していたと言え、そうだとすると班給された個人の死に伴い没官される可能性も否定できない。

次に、個別具体的な事例をいくつか紹介し、この問題について考えてみたい。

(イ)伝領の実例

宅地が伝領されたことを示す事例として、新田部親王邸の事例がある。『続日本紀』天平宝字元年(七五七)七月二日条に、「又遣兵圍道祖王於右京宅。」と見えること、同天平宝字七年(七六三)五月六日条に、「又施新田部親王之舊宅以爲戒院。今招提寺是也。」と見えること、また、先述の『唐大和上東征伝』の記載から、新田部親王から道祖王・塩焼王へ伝領された後に、両王の謀反により没官され鑑真へ与えられたという流れが分かる。

前章では、この新田部親王邸の伝領の在り方からして、新田部親王と同等の立場にあった舎人親王邸についても伝領されたと考えた。

『続日本紀』養老三年(七一九)十月十七日条には、

(前略)猶資輔佐之才。乃致太平。必由翼賛之功。始有安運。况及舍人。新田部親王。百世松桂本枝合於昭穆。万雉城石。維盤。重乎國家。理須吐納濂直。能輔洪胤。資扶仁義。信翼幼齢。然則太平之治可期。隆泰之運應致。可不愼者哉。今二親王。宗室年長。在朕既重。實加褒賞。深須旌異。然崇徳之道。既有舊貫。貴親之理。豈無於今。其賜一品舍人親王。内舍人二人。大舍人四人。衛士卅人。益封八百戸。通前二千戸。二品新田部親王。内舍人二人。大舍人四人。衛士廿人。益封五百戸。通前一千五百戸。其舍人以供左右雑使。衛士以充行路防禦。於戯欽哉。以副朕意焉。凡在卿等。並宜聞知。

の記事が見え、新田部親王は舎人親王とともに、皇親の重鎮として特別な扱いを受けており、両親王の子は、後に皇位継承者として名が挙げられている。

また、次に掲げる『続日本紀』の記事も伝領が一般的であったことを示すものと言える。

天平三年（七三一）九月二日条

左右京職言。三位已上宅門。建於大路先已聴許。未審身薨。宅門若為処分。勅。亡者宅門不在建例。

これは、三位以上の者が大路に面して建てた門を、当人が薨去した場合、どのように取り扱うべきかを京職が天皇に言上したものである。このような言上をなされること自体が、高位の者の邸宅は子孫に伝領がされていたことを示すと言える。

さらに唐招提寺文書「家屋資財請返解案」も伝領が一般的であったことを知ることができる史料である。(91)

解　　中依父母家并資財奪取請□事

某姓ム甲　左京七条一坊□外従五位下ム甲

合家肆區　一區无物　□在左京七一坊

壹區　倉参宇 二宇稲積滿 檜皮葺板敷屋一 一宇雑物積 □ 板屋一物在　並父所□□

草葺厨屋一宇 板屋三宇　並在雑物□□

在右京七條三坊　壹區 板□□ 板屋二宇　□□□家 草葺□〔板カ〕敷東屋一宇

在右京七條三坊壹區 草葺板倉□ 板屋一□〔宇カ〕　□□所□□

草葺屋一宇　板屋三宇　並空　釜一□甗三□　馬船二隻　□□□〔在大和〕国□□

上件貳家父母共相成家者

以前ム甲可親父ム国守補任弖退下支然間以去寶字□

死去然尓父可妹三人同心弖處々尓□

奪取此乎ム甲哭患良久□□〔父カ〕我□□〔禮喪カ〕□

間不久在利然毛ム甲可苐□□ム甲□〔尹カ〕父尓從弖□□

彼可参上來奈牟時尓ム甲可不□□牟□〔止カ〕□

即職乃符波久汝可申事□〔諸カ〕□□

遣弖所々家屋倉幷雜物等乎□

期限波不待弖更職乃使條令□

倉稻下幷屋物等乎毛□□

これによると、

①外従五位下「ム甲」の父は、四ヵ所の宅地を有しており、そのうちの三ヵ所は京内にあったこと。

②これらの宅地と資財がム甲の父の死後、父の三人の妹に奪取されたこと。

③妹たちはム甲の父の生前から、これらの家に居住していたと考えられること。

④四ヵ所の宅地のうち二ヵ所は、ム甲の両親が婚姻後に入手した土地であると考えられること。

が分かる。つまり、平城京では個人が何らかの方法で複数の土地を入手することが可能であり、自らの所有地に誰を住まわせるのかということも所有者の自由であったと考えられる。またム甲の訴えは相続権者としての立場からなされていることから、これらの宅地は本来ならば、父からム甲兄弟が伝領できる、つまり「戸令応分条」が適用される家産として扱われていることがわかる。

これと同様に父から子への伝領が行われていたことを示す記事が『日本霊異記』にみられる。中巻第三四「孤の嬢女の、観音の銅像を憑り敬ひしときに、奇しき表を示して、現報を得し縁」には、京内の富裕な家に生まれた娘が、父母の死により困窮し、財産の多くを失ったが、父母の家にそのまま居住していたとある。(92) これは、宅地の伝領は、相続人の位階など社会的な地位は問われることなく行われていたことを示す。

以上、これらの事例からすると、京内の宅地は家産として扱われており、売買も自由で戸主の死後は子孫に伝領されたと考えられる。

(ウ)没官の事例

宅地の没官を示す史料は極めて少ないが、発掘調査成果も併せて見ていくと、いくつかの事例を認めることができる。まず、史料からも確実に没官が行われたことが判明するのは、先に紹介した新田部親王から伝領された道祖・塩焼王邸であり、道祖・塩焼王の謀反により宅地は没官され、鑑真に寺を建てる用地として施入されている。

発掘調査成果も含めた没官の代表的な事例には、長屋王邸が挙げられる。長屋王邸は、没官後皇后宮にあてられたが、平城還都後は分割され官衙か貴族の邸宅へ、そして再び統合され官衙へという流れをたどる。

このふたつの事例は政治的な事件に伴う居住者の失脚による没官の可能性があるが、一方で、謀反をおこしたにもかかわらず、没官されたのか、伝領されたのか不明な例もある。藤原仲麻呂の田村第がそれである。乱直後の処分は、

仍解免位階。并除藤原姓字已畢。其職分功封等雑物。宜悉收之。

であり、位階剥奪、藤原姓剥奪と職分、功封などから徴収された雑物すべての没収という処分で、邸宅の処分に関する記載はない。その後は、宝亀六年（七七五）には「田村旧宮」延暦元年（七八二）には「田村後宮」の文字が見え、延暦三年（七八四）には、「右大臣の田村第」とある。

つまり、田村第は仲麻呂乱以後も、少なくとも一部は維持されており、延暦三年（七八四）時点では、仲麻呂の甥にあたる藤原是公が居住している。ここで注意されるのは、史料に見える田村第が、「内相の宅」と「皇子の宮（大殿）」の複合施設であるということである。是公の居住が、同じ藤原南家（正確には南卿の子孫）の血筋であるということから伝領が認められたのか、あるいは乱後に没官され、その後に改めて是公へ班給、という流れをたどったのかは不明ではあるが、是公が「内相の宅」を伝領、あるいは再班給された理由は、南家の出身者としての資格によると考える方が妥当だろう。

また、護国寺本『諸寺縁起集』には、藤原広嗣の妻が興福院（右京四条二坊十坪付近）を建立したと見え、『公卿補任』には広嗣の弟、良継が弘福院大臣と呼ばれたとある。これらが、ある程度史実を伝えているとするならば、広嗣の妻が寺としたのは、広嗣邸と考えられ、それは広嗣が父宇合から伝領した邸宅であった可能性がある。また広嗣の弟、良継が弘福院大臣の名で呼ばれるのは、弘福院（興福院）の創建にかかわったためと考えられる。このことから、宇合―広嗣―良継という宅地の伝領がなされた可能性が考えられる。これが事実だとすれば、広嗣邸は広嗣の乱にもかかわらず、いわゆる式家の中で伝領されたということになる。

これらの事例とは異なり、謀反にかかわっていないのに居住者の変更が認められる事例には左京二条二坊五坪の藤原麻呂邸があげられる。

長屋王邸が皇后宮となった後、その北側にあたるこの地は、藤原麻呂邸となったと考えられている。『公卿補任』

によると、麻呂は養老五年（七二一）正月に従五下から従四位上に、同年六月には左京大夫、天平元年（七二九）三月二日に従三位となり（中略）、天平九年（七三七）七月十三日に四十三歳で薨去とある。

注目すべき点は、この地が後に梨原宮になった可能性が指摘されている点にある(93)。麻呂の子、浜成は桓武朝になってから政治的に失脚するが、梨原宮は『続日本紀』によると天平勝宝元年（七四九）の宇佐の八幡大神入京時に存在したことが知られるので、浜成が健在であるにもかかわらず没官されていたことは確かである。伝領されなかった理由としては、浜成が従五位下に叙せられるのは、天平勝宝三年であり、父である麻呂の薨去時は、政治的な地位を有していなかったことに求めることも可能である。

しかし、先に見た『日本霊異記』の記載では、伝領は相続人の身分にかかわらず行われているようであるので、単純に浜成の地位や年齢により没官されたとは考えにくい。そうした場合、この宅地の立地する場所や宅地そのものが担った機能を含めて『日本霊異記』の事例との違いについて検討する必要がある。

没官の、理由として考えられるのは、次の二点である。

①出土木簡から推定される麻呂の家政機関が天皇や皇后を支える施設（皇后宮か）と深くかかわっていたと考えられることから(94)、麻呂個人の職務に係る公的な性格を有する邸宅であったとする見方。

②宮に近い一等地であったため、平城還都時に宅地が再編されたとする見方。

いずれにせよこのことは、宅地の伝領が認められない場合もあったことを示す。そういった視点で宮周辺の大規模宅地の推移を見ると、藤原不比等邸についても、単純に伝領というだけで片付けられない問題があることに気付く。

先述のように藤原不比等邸の推移は、不比等から房前への伝領（?）を経て光明皇后宮、そして宮寺（法華寺）の建立という流れと考えられる。不比等死後も藤原氏が居住していたことは、ここから出土した瓦が藤原氏にかかわりがあるとされる六二八五A‐六六六七Aであることから推察されるが、居住者の有力候補者である房前は、皇太子首皇子の後見であり、かつ内臣であることから職掌上、この地に居住した可能性も考えられる。

これは、麻呂の左京二条二坊五坪への居住を近接する皇后宮の運営との関係で理解した場合、房前の居住も皇太子である首皇子の居所との関係で理解する考え方、つまり宅地を単なる居住者の私邸というだけでなく、政治的な役割を持った公邸とする見方である。

また、それ以後に旧不比等邸は皇后宮となる。二条大路木簡の検討から旧長屋王邸が皇后宮として利用されていたのは、長屋王事件から天平十二年（七四〇）の恭仁京遷都までの間であることから、旧不比等邸が皇后宮となるのは天平十七年の平城還都後と考えられ、その直後に宮寺とされたということになる。

こうした一連の経緯は、先の麻呂邸とよく似通っており藤原氏内部における宅地の伝領と考えるよりも、居住そのものが、職掌を果たすために行われた、すなわち、麻呂邸は皇后宮の運営を行うためにその北側に置かれ、房前は皇太子の後見のため東宮に東接する宅地が与えられたと考えられるのではないかと思う。

そのため、麻呂邸は麻呂の薨去後あるいは皇后宮の移転に伴い役割を終えたため没官され、房前邸は内臣房前の薨去により没官されたと考えられる。つまり、このふたつの宅地に関しては他の事例とは異なり、居住者個人がその職掌を果たすために官から貸与された公邸とも言うべき宅地である可能性が考えられる。

なお、『今昔物語』には、平安時代に藤原氏の長者が、春日へ参詣する際に宿泊した佐保殿という邸宅があり、これは房前、冬嗣の邸宅のあった場所に構えられたと伝えており、これが事実だとすれば、房前は旧不比等邸以外にもうひとつの邸宅を有していたことになる。遷都時に房前は兄武智麻呂とともに、従五位下の地位にあり、宅地班給の対象者であったことを考えれば、父である不比等とは別に宅地を班給されたことは十分に考えられる。また、佐保は平城京でも北方の地域にあたることから、房前が北卿と呼ばれた由来も理解しやすい。

続いて、政治的事件以外で宅地の伝領がなされなかったと考えられる事例をもうひとつ挙げよう。長屋王邸の南にあたる二坪・六坪からは、長屋王旧邸が皇后宮となってから用いられたと考えられる軒瓦六二八二―六七二一のセットが認められる。同様のセットは宮内では兵部省、造酒司、大膳職、他には法華寺や恭仁宮からも確認されている典型的な宮系の瓦である。このように、長屋王事件以後、宅地が皇后宮になると二・六坪は皇后宮と同様の瓦を葺くことから、一体の施設として利用された可能性が考えられる(95)。

しかし、長屋王邸が居住していた時期の六坪の瓦は、藤原氏とかかわりが深いとされる六二八五A―六六六七Aであり、藤原氏の誰かの邸宅であった可能性が考えられるのである。

もちろん、藤原氏出身の光明皇后の宮造営のために皇后宮の建設に伴って、藤原氏が宅地を自発的に宅地を差し出した可能性も考えられるが、没官以外の理由で宅地が伝領されなかった事例に加えることはできよう。

なお、これまで見てきた政治的事件以外の理由で宅地が伝領されていない事例はいずれも藤原氏の邸宅であったあったことが注目される。藤原氏は文武二年（六九八）に、不比等の子孫のみが藤原姓を名乗ることを認められた実質的には不比等を始祖とする新興の氏族と言え、他の氏族とは性格を異にする部分も多い。そのため、公邸という伝領されない宅地が、藤原氏にのみ認められたものなのか、当時の制度として存在していたのか不明な点もある。しかし、長屋王も発掘された左京三条二坊の邸宅の他に、『万葉集』や『懐風藻』に見える佐保宮を有していたことから考えれば、当時の有力者の中には、宮の周辺に職掌に係る公邸と、そこから離れた場所に私邸を有していた者もいたと考えられよう。また皇后宮となった以後の旧長屋王邸は官衙あるいは邸宅として、めまぐるしく変化している。こうした変化も、伝領を前提とした場合、その理由を考えにくいものであることから、官の意志により、宅地の利用形態をいつでも変更することができる宅地であった可能性がある。

ここまで見てきたように平城京の宅地は、そのすべてが家産として伝領されるという性格のものとは限らない可能性が高い。取り扱った事例が宮周辺の大規模宅地に限られてはいるものの、これらの宅地の中には個人の邸宅であっても、その位階や職掌に応じて班給される職田、位田に近い性格を有するいわば公邸とも言える宅地も存在した可能性があるとともに、官の都合により、個人に貸与したり、官衙を置いたりすることができる宅地も存在したと考えられる。

(エ)売買、抵当の事例

続いて土地が売買された事例や借銭の抵当として扱われた事例を挙げる。平城京内の土地の多くが売買の対象となっており、富裕な者は複数の宅地を私有できたことはこれまで見てきたとおりである。しかし、単純にそうとはいえない土地も存在したこと、また、発掘調査成果によると一つの宅地だけでなく複数の宅地が同時期に改変されている事例も認められるなど、奈良時代における土地売買そのものが、今の土地売買とは違った論理に基づいてなされていた可能性もある。

ここでは、史料に見える土地売買・土地を担保とした借銭の記事と、発掘調査成果をあわせて検討することにより、当時の土地売買の実態について検討する。

宅地や家を抵当に借銭している事例は、「正倉院文書」に複数残されており、借り主である写経生の名と担保とした家の場所が記されている。家のみを抵当としている事例が多いが、土地も含めている事例もある。

史料の性格上、抵当とされた家の多くは、宮から離れた小規模宅地であり大半は一六分の一町宅地であったことが

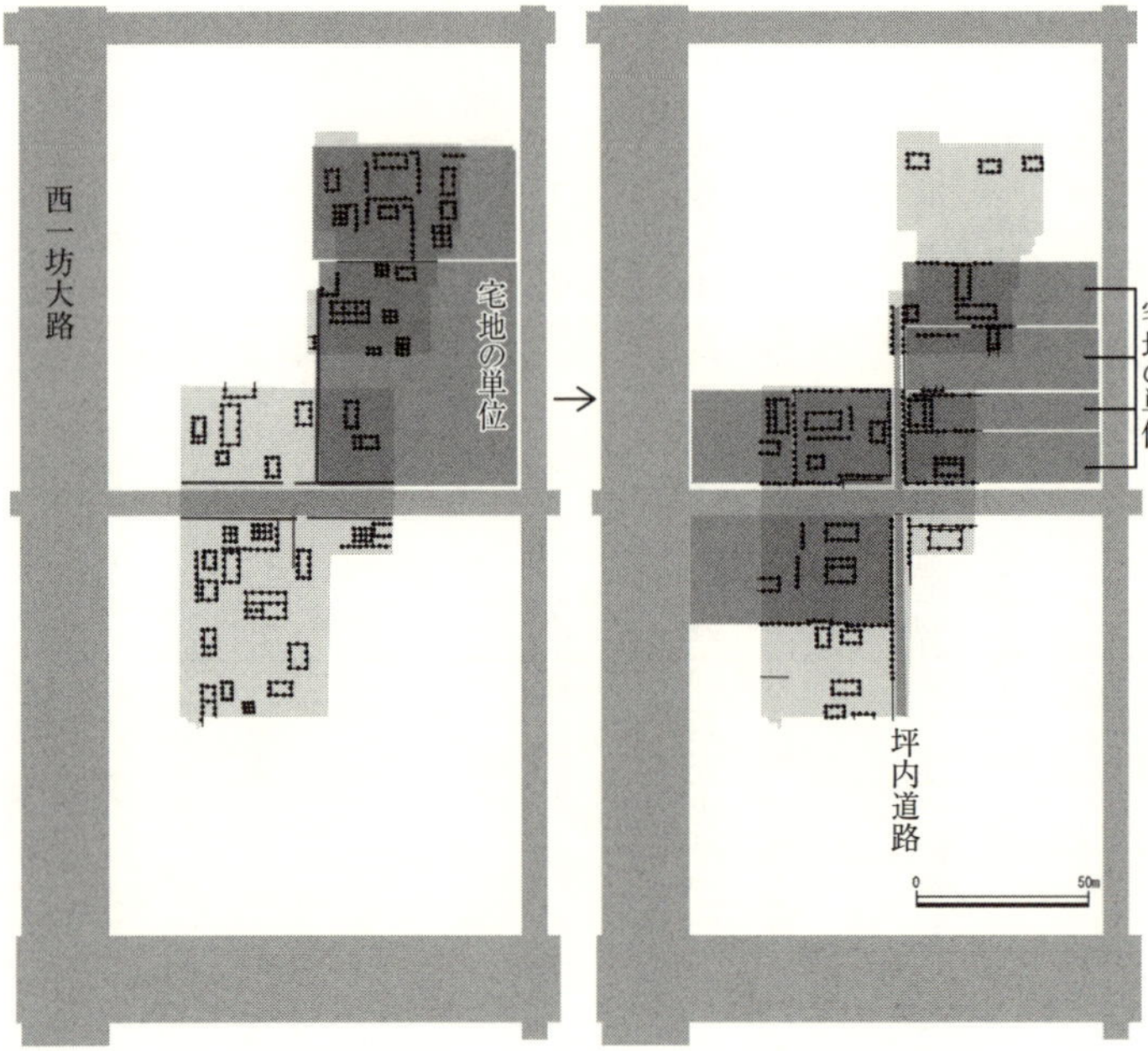

図34　右京八条一坊十三・十四坪の変遷

分かる。これらの事例から、こうした宮から離れた場所の土地は、半ば自由に取引されていたように思えるが、発掘調査ではひとつの坪内にある複数の住宅が同時に改変されている事例がある。右京八条一坊十四坪(96)が代表的な事例であり、奈良時代前半は、坪を築地塀で東西に二分割し、東半を溝で二分割、さらにその北半には目隠し塀で囲まれた三つ以上の住居に区分されるようである（図34）。

それが奈良時代後半になると、坪を南北に分割していた築地塀を撤去して、その場所に道路が造られ、道路の両側の宅地を、一六分の一か三二分の一町に細分している。このような道路の設置や複数の宅地が一斉に規模を変えるということは、個々の宅地の居住者の意志によってではなく、公的な力が働くことによって達成できたと考えるのが自然であろう。宅地の縮小によりこれまでの居住者に対し、何らかの補償が行われたかは不明であるが、これらの宅地は単に居住者の意志だけで自由になるものではなく、その利用において居住者以外の意志すなわち官の意志が介在することがあったと考えられる。

これに対し、金銭による土地の売買や交換がなされていた事例も複数認められる。先に挙げた相模国調邸の売買はその代表的な事例である。

この他にも東大寺と普光寺の間で行われた土地交換の記事（「薬師寺文書」神護慶雲四年普光寺牒）、東大寺と紀勝長との土地の交換記事（「東南院文書」延暦二三年）がある。

中でも注目すべき記事は、佐伯麻毛利・今毛人による佐伯院の建立と、その後の経緯である。長くなるが、全文を引用する。


『随心院文書』延喜五年（九〇五）七月十一日付「佐伯院附属状」　（平安遺文一―一四一）

佐伯院附屬状○随心院文書

（端裏）「佐伯院附屬状　延喜五年」

參議正三位大宰帥佐伯宿禰今毛人曾孫　同姓高相謹白

奉□（付カ）屬寺家壹院 號香積寺 俗名佐伯院　在平城之左京五條六防（坊）□（田カ）地□（五カ）町六段百卅歩　四至 東限道 北限小道幷大安寺園 西限小道葛木寺 南限大路

在物

五間檜皮葺堂舍壹宇　金色藥師丈六像壹軀

同色脅士日光月光菩薩像貳　檀相十一面觀音像壹軀

右件道場、故大藏卿正四位下佐伯宿禰麻毛利・弟參議正三位佐伯宿禰今毛人卿等、爲國家捨資財所建立也、唯彼地東大寺大安寺兩寺地也、此兩卿有時寵、賜奉勅官符所買得也、庄嚴已成之後、兩卿相次薨卒、其後麻毛利宿禰一女子佐伯氏子居住彼寺、而不治之間、令破壞數屋、竟發邪心、彼田地奉沽故閑院大臣（藤原冬嗣）、即買留、便寄山階寺南圓堂法華會料、因彼堂舍盛破損、爰今毛人之卿後、故正五位下三松宿禰出雲掾和安雄等、各從任國仰歎女人邪心、令氏師西大寺僧承繼大法師轉語、聞兩卿之本願於氏大師貞觀寺故眞雅僧正、爰僧正哀憐彼氏人本願之意、執聞故太政大臣（良房）美濃公、（公脱カ）感嘆僧正實語、不返納本直、徒返與本主、令修治堂舍、庄嚴佛像、但本新券等、自閑院未返得也、爰元興寺僧永繼法師、稱氏法師幷檀越師、借住彼寺廿餘年、而歳老治劣、無心修治、爰死去之後、奉預氏師山階寺安勢僧都、以令修治、而間彼永繼法師弟子僧玄積無慙之人、稱已領住、敵彼僧都、因僧都會不口入、彼堂舍亦破壞、爰建立之苗裔等、悲嘆彼堂舍佛像之俄無人修治、雖而彼僧都將爲修治之間、去昌泰三年六月七日、東大寺別當故道義律師、偏稱東大寺地、不捜勘彼寶龜七年以來資財帳、唯依天平勝寶八年資財帳、申下官符乘彼寺三綱苗裔等無力之隙、發三百余人夫工等、去延喜四年七月二日夜半許、至于佛悉運移、即明日之內、堂舍破運、新立東大寺南大門內東掖方、唯件寺自彼寶龜七年建立以來至于延喜五年、一百卅三箇年也、而偏被依勘天平八年資財帳、極甚不穩、須依實愁申公庭、返立庄嚴而事至善地、於加庄嚴有何妨哉、唯今苗裔等案物意、件寺還得之功、尤是貞觀寺故僧正御力也、仍尋其風門、謹奉付囑權僧正法印大和尚位聖寶權律師法橋上人位觀賢兩院已畢、加以庄嚴佛像、修治堂舍唯在聖德、師資相傳永々相續、庄嚴堂舍、供養佛像、但其料物、本願所施田地五町六段百卅歩、以斯充用、望請被　聖恩彼田地一向爲此佛菩薩料物之官符將爲後代公驗、仍唱氏署名、錄付囑之狀、謹白、

延喜五年七月十一日蔭孫正六位下佐伯宿禰「高相」

蔭孫正七位上佐伯宿禰「常相」

蔭孫正八位上佐伯宿禰「秋經」

位子正八位上佐伯宿禰「利生」

氏

右衛門少尉正六位上佐伯宿禰「上行」
右京大進正六位上佐伯宿禰「保之」
散位従五位下佐伯宿禰「安人」
越中守従五位下佐伯宿禰「有若」

この史料から佐伯院の寺地は以下のような変遷をたどっていることが分かる。[97]

①佐伯麻毛利・今毛人が奉勅官符を賜り、宝亀七年（七七六）に左京五条六坊の地にある東大・大安両寺領の田地を約三五〇貫文で買得し、氏寺香積寺を建立する。
②両人没後、麻毛利の子、佐伯氏子が伝領し居住するが、維持管理できず藤原冬嗣に売却する。
③冬嗣は、子孫に伝領させる。
④真雅僧正の仲介を受けた佐伯の氏人らの申し出を受けた藤原良房が、件の土地を無償返還する。佐伯の氏人らは、氏寺を再興する。
⑤東大寺別当道義律師が、旧寺領返還の訴訟を起こして官許を得る。佐伯院のことごとくを今の東大寺東南院に移す。
⑥佐伯の氏人らは、「佐伯院附属状」を出し、土地と建物・仏像などを東大寺の聖宝・観賢の両僧に託し、経営供養を委託する。

そして、この一連の経緯から、以下のことが判明する。

①土地売買には、官符が必要な場合があったこと。
②土地・建物は子孫に伝領されていること。

③売買後も、以前の持ち主に何らかの権利が残っていたこと。
④土地にかかわる係争は、官が判定すること。

佐伯麻毛利の子、氏子は無位の女子であるが麻毛利、今毛人の建立した寺院を伝領している。土地、建物の伝領が可能であり、かつその際、相続人の社会的地位は無関係であったということは、先の『日本霊異記』の記載を補強するものでもある。

氏子は維持・管理が困難になったために、財産処分を行っているが、この処分は家産の所有者として行った可能性が強く、処分の決定に佐伯氏の氏人らが介入した形跡は認められない。佐伯の氏人らは、処分後しばらくしてから、氏の財産（氏寺）であったという経緯を根拠に、佐伯氏一同というかたちで返還を要求しており、以後の復興から東大寺への委託の間は、個人所有ではなく氏の共有財産として扱っている。

また、藤原良房が無償返還にあたり「不返納本直、徒返与本主」、つまり本来ならば買い上げ時の価格で、買い戻すべきところであると述べていること、また東大寺が過去に売却した土地であるにもかかわらず旧寺領返還を求め、これが許されていることなども注意すべき点である。

この一連の複雑な権利の異動は、奈良時代の土地売買とは、現在の所有権移転を伴う取引ではなく、借地に近い形態であったと考えると理解しやすい。すなわち、

①佐伯氏が東大寺に金銭を支払ったことにより、東大寺は佐伯氏に対する債権を負い、それを担保するものとして土地を提供する。
②債権の担保である土地が藤原氏に売却されたことにより、佐伯氏が有する東大寺に対する債権は藤原氏に移る。
③藤原氏は佐伯氏に債権を無償譲渡しようとしたが、東大寺はそれを認めず藤原氏による債権の放棄と見て、土地

そのものの返還を求める。

というのが事の真相だろう。このような土地売買の形態は、農地でも同様であり、菊池康明[98]によると、当時の土地売買は、売主に返還請求権が留保されるなど、債権的特徴が強いものであったとしている。

また、『日本紀略』延暦十二年（七九三）十二月十八日条に見える

勅、長岡京百姓宅地価値、不可悔返云々

は、宮殿建設用地として買い上げられた土地は、返還請求しないことを述べたものであり、あえてこのような記載があることは、売主に返還請求権が留保されるという売買形態が一般的な在り方であったことを示すものと評価できる。なお、史料の中には没官地であるにもかかわらず、官を相手に返還請求を行っている事例も見られるなど、返還請求権が留保されない売買が、特殊な事例であることが分かる。

以上のことから、

①平城京において宅地の伝領が行われていたことは認めてよいこと。

②しかし、京内の宅地の所有権は、現在の借地権に近いものであったこと。

③そのため、旧所有者らの権利や主張が介在する余地があったこと。

このように考えることにより、先の「月借銭解」に見える土地を抵当に入れた借銭といった個人の権利が確認できることと、公による宅地再編といった公権力の介在が認められるという、一見すると相矛盾した土地の在り方も説明できると考える。

(オ)平城京内の土地取引と没官・伝領

ここまで見てきたように、平城京の宅地は基本的には家産として伝領される性格のものであり、売買も比較的、自由に行うことができた。ただし、奈良時代の売買とは債権的性格が強いものであったため、旧主や国家の意志が常に介在できる状況にあったと考えられる。

一方、宮に近い宅地についてはこういった宅地には、別の扱いをされていたものも存在したと考えられる。藤原麻呂邸で見たように、居住者の職掌に応じて与えられたと考えられる宅地も存在し、そういった土地は宅地を与えられた個人の没後に没官されることがあった。

このように、平城京の宅地の性格は、伝領や売買が認められる私邸と、居住者がその職掌を果たすために与えられた公邸とに大別できる可能性がある。

ここからは、これまでの検討結果を踏まえ、私邸と公邸の問題について考えていきたい。その際、平城京の土地売買では旧主の権利が根強く残っていると考えられることも視野に入れ、遷都に伴う用地取得の問題まで視野に入れ検討することとする。

3　宮殿建設用地について

『続日本紀』和銅元年（七〇八）九月十四日条に「行幸菅原」の文字が見える。天皇自らが、菅原の地を訪れているということは、この場所は宮の建設予定地であった可能性が高く、宮が置かれた場所は遷都以前に菅原と呼ばれた地域を含んでいたと考えられる。また、和銅元年（七〇八）十一月七日条には、「遷菅原地民九十餘家給布穀」の文字が見える。

これを長岡京遷都時と同様の主旨のものと理解すると、宮建設予定地の土地の所有者から、返還請求権が留保されないかたちで土地を買得したと理解することが可能と考える。平城京の場合、長岡京や平安京の事例のように、範囲を明示していないことから、九十餘家分の宅地と里の共有地など、全体を買得した可能性を指摘できよう。

現在の菅原は、秋篠川以西の範囲に限定されるが、平城遷都以前は宮地の一部を含む広大な範囲を指していたと考えられる。では、当初の菅原の範囲とはどこを指すのであろうか。これについては、地名・地形からの検討と遷都以前の遺跡分布範囲から検討する必要がある。まず、地名・地形からの検討から行うことにする。

遷都以前の菅原の範囲を考える上で注目すべき点は、まず現在の菅原の東端部分の町境の形状である。菅原町と東接する横領町との町境は、平城京の条坊にあてはめると西二坊大路に沿って、ほぼ南北に伸びている(99)。横領町は江戸時代に超昇寺村から分村したものであるが、町境が条坊に規制されている事実は認めてもよいだろう。このことから想像すると、菅原の地は、現在の町境以東に広がっていたものが、条坊施工に伴い、範囲を縮小した可能性を指摘でき、「遷菅原地民九十餘家」の範囲の西限は西二坊大路付近に求めることが可能と考える(100)。

北限は、佐紀との関係から考えることができる。佐紀は佐紀陵山古墳や佐紀石塚山古墳などの所在からもうかがわれるように、『古事記』や『日本書紀』にもその名が見える地名で、遷都以前から存在していた地名である。また、歴代大王の陵墓が、継続的に営まれているということは、遷都当初は天皇家が所有する土地であった可能性も考えられる。現在の佐紀は、平城宮から松林苑にかけての範囲であるが、古墳の分布などから考えると、古代では現在の山陵町を含み、歌姫町や法華寺町をも含む広域に跨っていたと想定される(図35)。

なお、朱雀門付近で奈良国立文化財研究所が行った発掘調査では、下ツ道の両側溝が検出されているが、西側溝SD一九〇〇からは、遷都直前の多量の土器とともに、過所木簡などが出土している。過所木簡が折られて投棄されて

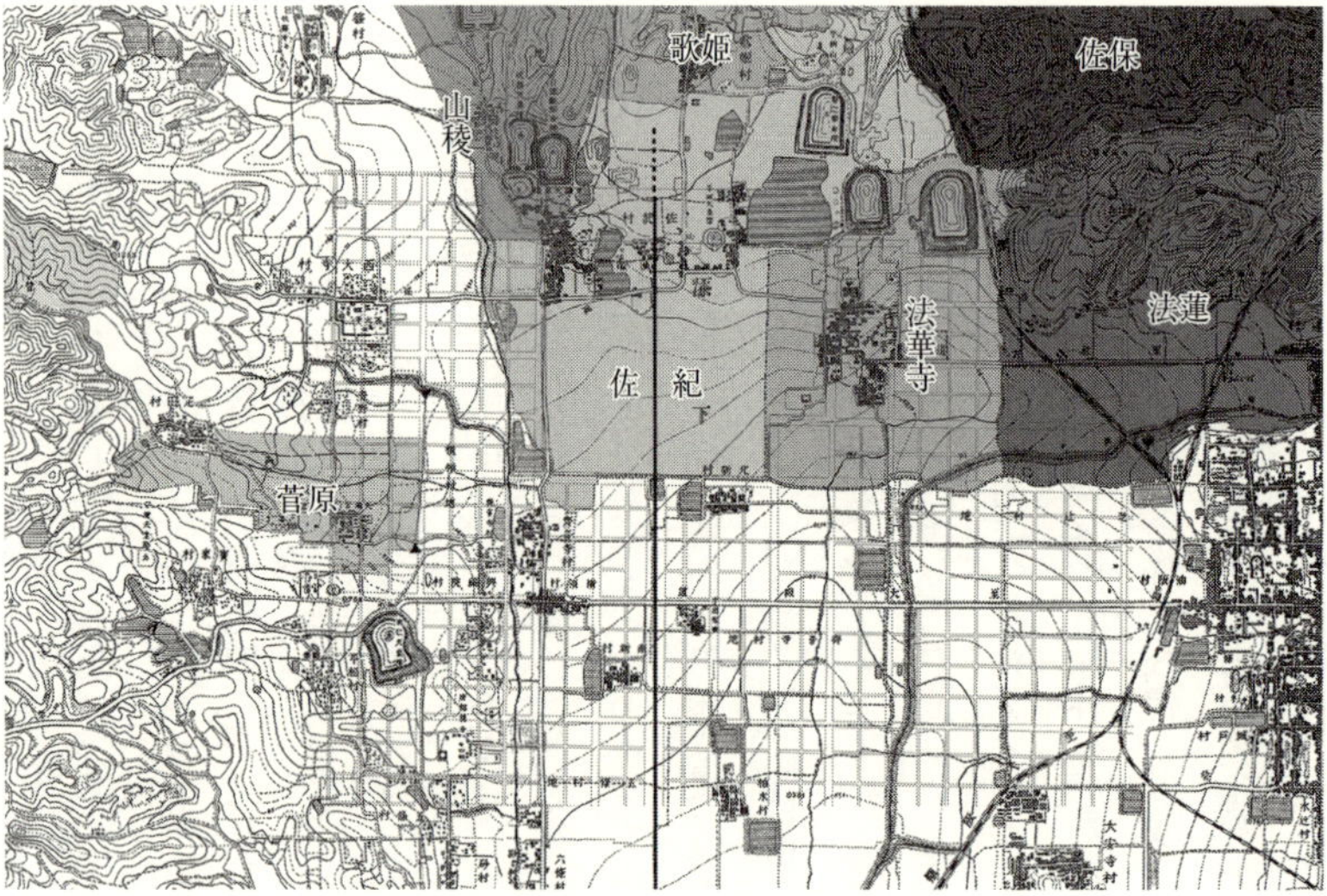

図35　菅原と佐紀の範囲

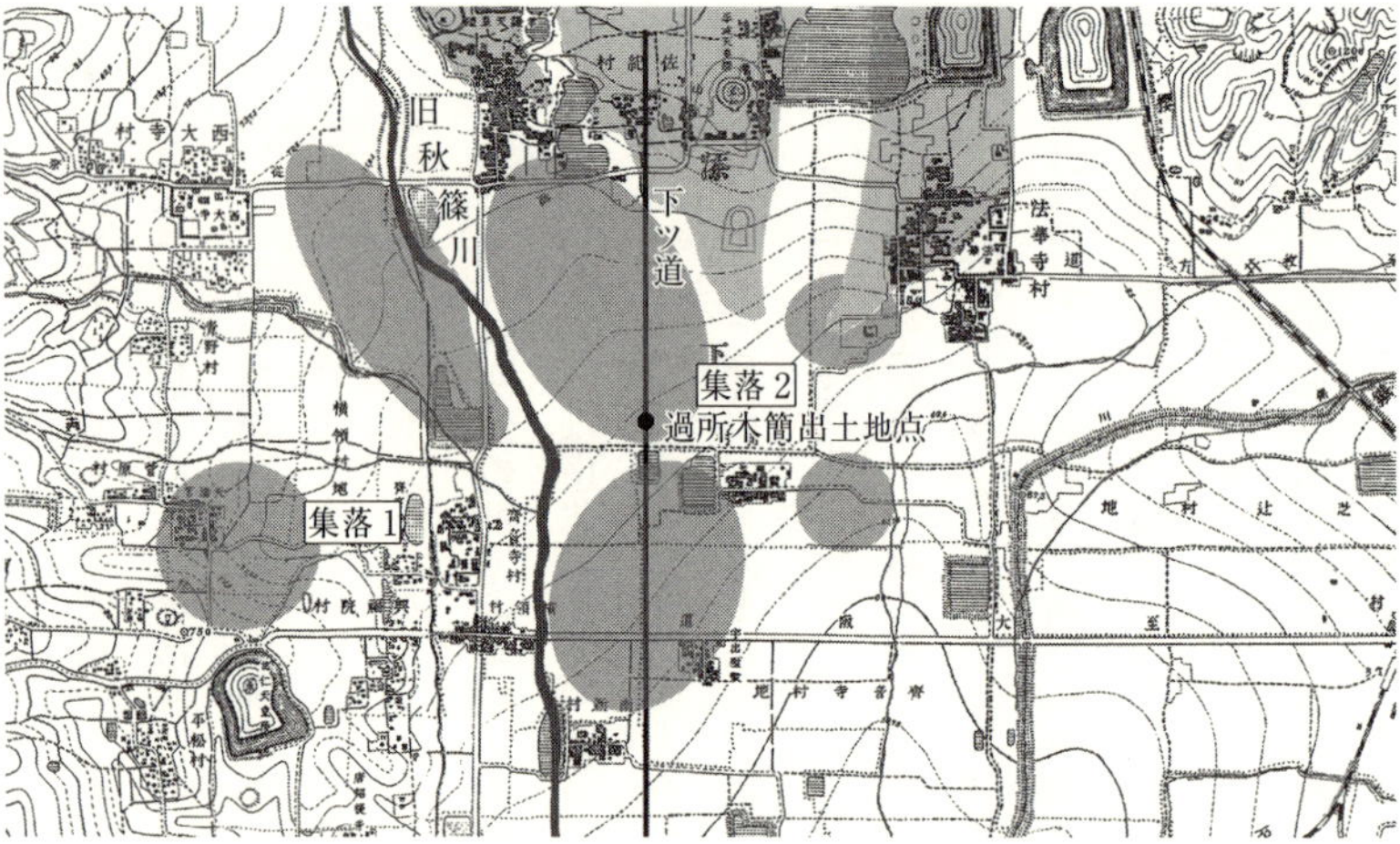

図36　宮周辺における下層遺構の分布範囲

いること、木簡の中に平城京造営に伴って消滅した「大野里」の里名を記した木簡が出土していること、出土土器の組成が当時の農村集落のものに類似することから、建物跡は検出されていないものの、この付近に平城宮造営に伴って移転させられた農村が存在した可能性がある。(101) さらに、過所木簡の出土から推察すれば、佐紀丘陵には通行を管理するための公的施設が置かれていたと考えられ、それが投棄された場所は、公的空間を通過した直後であったと考えられる。

次に、先の前提に立って、遷都以前の遺跡の分布から、菅原の範囲の特定を試みることにする。

菅原周辺における平城遷都以前の遺跡の分布範囲を見ると、菅原寺付近を西端とし、そこから平城宮下層、法華寺にかけての丘陵上から沖積地上の広い範囲に展開する（図36）。ただし、これらの遺跡は主に古墳時代以前のもので、遷都直前はおろか飛鳥時代の遺跡も希薄であり、ここから九十餘家の位置を比定することはできない。仮に、古墳時代の集落と飛鳥時代の集落を同じ位置に求めるとしても、この集落の分布範囲すべてが遷都以前の菅原の範囲であるとは言えないなどの問題が残る。

しかし、古墳時代以前の集落の分布範囲と地形から考えると、以下のような村の存在が浮かび上がる。(102)

まず、宮周辺における集落の範囲は旧秋篠川以西と、以東とに大別でき、前者は西の京丘陵上（集落1）、後者は佐紀丘陵から南に向かって伸びる丘陵上とその裾部に展開する（集落2）。集落1には埴輪窯があり、また居館と考えられる遺構や、土地区画のために掘られたと考えられる複数の溝が検出されている。また、この場所には菅原神社や菅原寺が存在することから、土師氏の本拠地に相当すると考えられる。

一方、集落2は内容的にも不明な点が多いが、まず市庭古墳や神明野古墳が立地する丘陵上と、沖積地に展開する集落とに大別できる。これらの古墳は、造られた時期から佐紀丘陵に営まれたものと一体であると考えられ、この地は佐紀の範囲に含まれると考えてよかろう。事実、宮下層における集落は、古墳時代は丘陵上に展開するが、次第にその中心を丘陵裾から沖積地にかけての範囲に移す。これらの集落は、南限は右京では四条付近まで、左京では四条大路付近までである。

また、東はおおむね宮域内で収まるようで、それ以東は佐紀丘陵から伸びる尾根筋が広がっており、丘陵上には旧石器時代の遺跡は見つかっているものの、それ以降のものは希薄である。つまり、安定した丘陵上は墓域として利用され、集落は沖積地上に展開するなど、地形による土地利用形態の違いを明確に読み取ることが可能である。なお、この範囲には複数の河川が存在しており、これらによって集落は分断されているが、基本的には一連の集落と考えられる。長屋王邸下層では、それぞれ時期の異なる居館跡と考えられる遺構が検出されており、これらが同集落の中心となる施設と考えられる。

これらのことから、「遷菅原地民九十餘家」の範囲とは、西限が現在の菅原町の東端、南限が四条大路付近、東限が宮域東端、北限が宮域内の丘陵と沖積地との境であると推定できよう。

なお、佐紀の地は歴代大王の陵墓が置かれていること、佐紀に東接する佐保には奈良時代の天皇陵が築かれることから、土地取得の経緯は不明であるものの、いずれも天皇家にかかわりの深い土地であったことは先述のとおりである。

以上のことから想像すると、平城京の宅地には

①国が所有権を有する土地で、旧主の返還請求権が留保されない土地（少なくとも、遷都以前の天皇家領と遷都時に補償をおこなっている九十餘家の範囲は、官による買い上げという手続きを経て国有化されたと考えられる）。

②その他（遷都以前の土地所有者の権利が留保された、あるいは無主の土地）。

の二者が存在した可能性を指摘でき、また宅地の取り扱いについては、

③京内宅地は、基本的に子孫に伝領される性格のものであったが、旧主が存在する場合、返還請求がなされる場合があった。

④売買には原則として官符が必要であり、官は私的な土地取引に関しては、必要に応じて抑制・調整する機能を有していた。

ということになる。

②の範囲に関しては不明であるが、平城京における補償戸数が、藤原京に比べ極端に少なく、また、宮以外の公的な施設が置かれた場所、例えば、東西市や薬師寺、大安寺をはじめとする寺院などの用地に関する補償記事がないことから、記事そのものが欠落している可能性も考慮すべきであろう。しかし、明確な補償記事が残る菅原に関しては、買い上げの時期を含め、特別な扱いを受けた可能性があり、その範囲は、当時の慣例とは異なる返還請求権が留保されない国有地であったと考えられる。そのように考えると、平城京の宅地は

(a)官が現在の所有権と同等の権利を有していた場所

(b)旧所有者に返還請求権が留保されていた場所

(c)無主の土地

の三つに区分できる可能性がある。(a)の範囲は明確にし難いが、菅原・佐紀の一部でおそらく宮を中心とする弥生〜古墳時代の遺跡の範囲、つまり西は秋篠川付近、東は現在の法華寺周辺、南は四条大路付近までの範囲と想定でき、(c)は宅地・耕地としても利用しにくい丘陵地帯や湿地と考えられる。

また、それぞれの土地の性格については、(a)の場合は、仮に誰かに班給したとしても、官は必要に応じて返還請求

が可能であり、(b)の場合は、官は返還請求権を有さないものの、係争になった場合の抑制・調整機能を有し、実質的には土地利用権の認定・剥奪といった権限を有していたと考える。(c)の場合は、基本的には墾田と同様の扱いと考えられ、土地を造成し建物を建てたものが、所有権を得ていたと考える。

このように、京内宅地を分類して考えると、先に見た伝領・没官に関しても、居住者の性格のみに起因するだけではなく、班給された土地の性格によっても異なっていた可能性が指摘できよう。

4　公邸・私邸

平城京の造営及び奈良時代の土地売買の検討により、宮周辺は、官が現在の所有権と同等の権利を有していた土地であった可能性が浮上した。ここで注目しなければならないのが、先述の宅地の変遷である。平城京の宅地は、当初のものを分割し縮小化するパターンと、拡大するパターン、ほとんど変化しないパターンの三つがあるが、宮周辺、特に遷都当初の大規模宅地が見られ東四坊大路以西、三条大路以北の左京に限って見ると、分割・縮小傾向が顕著である。

四町宅地である長屋王邸、左京二条四坊一・二・七・八坪は、分割・統合を繰り返すなど、居住者あるいは施設の性格がめまぐるしく変化している。一町利用宅地では、左京三条二坊三坪、左京三条二坊十五坪が奈良時代後半になって分割されている。

つまり、宮周辺の宅地は分割・縮小化を見せ、そこからやや離れると統合・拡大化の傾向を見せるのである。これら、分割・縮小化した宅地の居住者すべてを、謀反などに加担した人物あるいは何らかの理由で処罰を科せられた人物に当てることは不可能ではないが、遷都時に宮に近い平坦地を与えられる立場にあった人物の子孫で、先に該当する人物と言えば数少なく、それらを当てはめていこうとすると不自然さがつきまとう。このように、発掘調査で確認された宅地の変遷と、史料とを突き合わせていくと、謀反などにかかわらなくとも没官された事例がある、つまり先に示した職掌に応じて特定個人に与えられた公邸が含まれていることを認めるべきであろう。

先述のように、これらの宅地は、官により造成された土地であり、宅地造成から建設までを班給者個人に委ねた他の宅地とは異なる。この範囲には官衙と邸宅とが混在する場所であり、邸宅から官衙へ、官衙から邸宅へという宅地の質的変化がしばしば認められるなど、公と私とが混在している様相がうかがわれる。さらに、この範囲は宮造営以前の天皇家領並びに宮造営に先立ち、官が買得した言わば、純然たる国有地であった可能性が考えられる。言い換えれば、その時々の状況に応じて、官主導で公的な施設を設置することができる空間であったとも言える。

また、保良宮と長岡京では有力王族や太政官の構成員、王族につながる女性に家を建てるために稲などを与えていることが知られている。こうした優遇措置は京造営時における職掌に応じたものであり、単なる位階ではなくその時点での職掌による対遇が行われていることを示していると考えられる。つまり、こういった措置は職掌を果たすことを期待してのものであると言え、与えられた家は私邸というよりも公邸という性格が強いものだったと考えられる。

よって、長屋王が左京三条二坊と佐保宮の二箇所に邸宅を有していたことに示されるように、高位のものでかつ政権に深くかかわる人物（太政官の構成員）は、私邸（長屋王の場合、佐保宮）と公邸の二つの邸宅を、京内に有していた可能性を指摘できると考える。私邸は旧所有者に返還請求権が留保されていた場所、あるいは無主の土地に置かれ、基本的には子孫に伝領されるものであったが、公邸は後継者を育てない限り、没官されるものであったと考えたい。(103)

そして、公邸は、主に宮周辺に認められる遷都当初の大規模宅地の分布範囲と合致し、そこは官衙と公邸という公的性格が強い空間を形成していたと理解されよう。

そう考えると、藤原是公の田村第居住も、仲麻呂から是公への直接的な伝領ではなく、乱後、没官されたものを是公が旧主である仲麻呂との血縁関係に基づき、返還請求を行い、それが認められて是公の手に帰したと考えるとスムーズに理解できる(104)。これは、田村第の所在地は遷都当初の大規模宅地の分布範囲から離れた、言わば私邸エリアに相当するからであり、田村宮は別にしても、仲麻呂邸に相当する部分は、仲麻呂個人が取得し整備した可能性が高い仲麻呂の家産であったと思われるからである。

5　藤原京の宅地と平城京の宅地

ここまで、多くの憶測を重ねてきたが、ここでもうひとつ憶測を加えておきたい。先述のように平城京の長屋王邸の宮との位置関係は、藤原京における高市皇子の香具山宮の位置関係に類似する可能性が指摘されている(105)。また、藤原京における藤原不比等邸についても、東面北門付近から出土した「右大殿芹八」の木簡から宮の東方あるいは東北にあたる小字「法花寺」の位置にあった可能性が指摘され、平城宮と不比等邸の位置関係とほぼ同様である。

それでは、遷都時のこれ以外の太政官の中心人物の邸宅はどうであっただろうか。まず、知太政官司であった穂積親王邸について検討する。

(ア)穂積親王の邸宅

二〇〇三年に藤原京内で中ツ道の可能性が指摘されている道路側溝から「穂積親王宮」の木簡が出土し(106)、そのことから穂積親王邸は不比等邸に近い位置にあった可能性が指摘されるようになった(107)。藤原宮における穂積親王邸は、木簡出土以前から『万葉集』の但馬皇女の歌から、高市皇子の香具山宮に近い場所にあったと考えられていたが、そのことを裏付けることにもなるので、その蓋然性は高いといえる。

平城京の穂積親王邸は不明であるが、親王には坂合部王、上道王という二人の皇子に加え、『万葉集』の記載から大伴坂上郎女との間に今城王という皇子がいた可能性がある。(108) 今城王は天平十一年に大原姓を賜り、天平二〇年（七四八）十月二十一日「奴婢売買券」（中村氏文書）によると大原今城は左京一条三坊に邸宅を構えていたことが知られている。

坂合部王は『懐風藻』によると二十五歳で卒、養老五年（七二一）に従四位下とあり、上道王は神亀四年（七二七）に卒とあるので、大原真人今城は天平二〇年の時点で穂積親王の血脈につながる数少ない人物のひとりであったと考えられる。

そして、今城が居住していた左京一条三坊は、不比等邸にも近接した位置にあり、和銅八年（七一五）に薨去した穂積親王の邸宅が新田部親王や舎人親王のように、坂合部王、上道王、今城王に伝領されたと考えれば、高市皇子邸、不比等邸とともに、藤原京における邸宅の位置が、平城京においてもそのまま踏襲された可能性を示す例に加えることができる。

(イ)石上麻呂と大伴安麻呂の邸宅

次に、左大臣石上麻呂について検討する。遷都時に麻呂は藤原京に残留したと考えられるが、その孫の宅嗣邸は阿閦寺推定地との位置関係から宮に近い一等地である左京二条三坊付近と推定されている。この土地を遷都後しばらくしてから入手することは、周辺の土地利用状況から考えて困難であったと考えられ、石上麻呂が与えられた宅地が勝男・乙麻呂、宅嗣へと受け継がれたと考えるのが妥当であろう。中でも、乙麻呂は藤原四子、橘諸兄政権下で急速な昇進を遂げており、この宅地にふさわしい身分に引き上げられたと見ることも可能だと思う。

もうひとりの遷都時の太政官の有力な構成員である大納言大伴安麻呂の邸宅も不明ではあるが、『万葉集』（巻四-五二八）によると、安麻呂は佐保大納言と呼ばれたとあり、佐保に邸宅を構えていたことが分かる。佐保には長屋王の佐保宮もあったことが、『懐風藻』や『万葉集』（巻第八-一六三八）から知られ、左京一条三坊十五・十六坪がこれに相当すると考えられている。

大伴氏は『万葉集』（巻四-七六〇）に竹田庄が見えることなどから、藤原宮の東北方、現在の橿原市東竹田町付近に本拠地があったことが知られている。これは、藤原京造営以前からの本拠地であると考えられているが、藤原京における大伴氏の邸宅の場所を考える上で参考になろう。

なお、幾人もの万葉歌人を輩出した大伴氏は、『万葉集』にその居住地を知る手掛りがある。まず、安麻呂の娘で万葉歌人としても著名な坂上郎女は先述のように穂積親王に嫁ぎ今城王を生んだと考えられるが(109)、親王は和銅八年（七一五）に薨去する。郎女の歌からは、郎女の足跡だけでなく安麻呂の居住地を知ることができる。

①郎女は穂積親王の死後、京職であった藤原麻呂に求婚される。麻呂は養老五年（七二一）に左右大夫に任じられるので、これは養老五年以後の話である。また、その頃は大伴坂上郎女と呼ばれており、彼女が坂上を名乗るのは、坂上里に住んだことによる。さらに麻呂との相聞歌には、佐保川が頻繁に詠まれていることから、郎女が住んだ坂上里の宅は佐保川に近い場所にあったと考えられる(110)。

②郎女は大伴宿奈麻呂に嫁ぎ、坂上大嬢を生むが、宿奈麻呂も神亀四年（七二七）頃には卒去する。また、宿奈麻呂には別に田村大嬢という娘がおり、田村は宿奈麻呂の邸宅がある田村里（巻四-七五九）に、坂上は坂上里に由来する。田村里は、左京四条二坊、五条二坊と考えられている(111)。宿奈麻呂は旅人、田主の弟で、遷都時に従五位

下であり、父とは別の宅地を班給されたことが分かる。さらに、田村大嬢が妹の坂上大嬢に贈った歌（巻四-七五七）には、「里近く」とあるので、田村里と坂上里の距離は、さほどはなれていないことが分かる。

③巻八-一四四七には、天平四年（七三二）に郎女が佐保宅で詠んだ歌がある。この他にも郎女が佐保宅で詠んだ歌がいくつかある。この佐保宅とは安麻呂の佐保の邸宅そのものを指すと考えられる。また、坂上里は、『延喜式諸陵式』にみえる、「平城坂上墓」をウワナベ古墳と考え、佐保川や田村里との位置関係も含めると、郎女が住んだ坂上里は左京一条三坊あるいは四坊付近と考えられる。(112)

④坂上里の家と佐保宅とは別の場所とする見方があり、これは安麻呂から旅人、そして家持へと宅地が嫡子相続されたという前提に立つものである。しかし、家持は天平四年頃には佐保宅とは別の場所に住んでいたことが巻六-九七九から分かるので、旅人の薨去後、佐保宅は郎女が実質的に管理していたと考えられる。(113)

⑤また、郎女の坂上里の家は、付近に長屋王の佐保宮や四町利用宅地が所在する一等地に存在しており、坂上里とは佐保の中にあった地名のひとつの可能性がある。よって、坂上里の家は佐保宅の一部を指す可能性を視野に入れるべきである。

以上のことから、大伴安麻呂の邸宅は、坂上郎女が住んだ坂上里の家と同じ場所、すなわち左京一条三坊あるいは四坊にあった可能性が高い。また、大伴安麻呂の薨去後、その邸宅は旅人に伝えられるが、その薨去後は家持ではなく、郎女がしばらくの間、管理していた可能性があること、郎女は大伴一族の実質的な代表者として家持と大伴駿河麻呂を二人の娘と結びつけることにより佐保宅の継続を図っていたことなどが知られる。(114)

こうした一連の動きからすると、旅人薨去後は大伴安麻呂の家産の管理は、坂上郎女が行っており、それらを一族の資産として伝えるために様々な活動をしていたことが分かる。大伴氏は官僚としての性格を強く有した藤原氏とは対照的に、奈良時代以降も古くからの伴造氏族としての誇りを持ち続けた氏族と評価されるが、一族内における婚姻により一族の紐帯を維持し、安麻呂の家産の継承に苦心する坂上郎女の行動は、宅地という観点から見るとそれを永続的に維持しようとすることにもつながると考えられる。つまり、平城遷都から廃都まで継続的に維持される大規模宅地は、単に時代をつうじて一族が繁栄したものではなく、前時代からの名門氏族であった可能性も視野に入れるべきだろう。

さらに、大伴氏の二つの邸宅、すなわち佐保と田村の邸宅は地理的にも近接していることは、遷都時の宅地班給は同族が集住できるよう、ある程度の配慮がなされていた可能性を示すと考えられる。このことは、長屋王邸の付近に竹野王邸、山形王邸が存在することが指摘されているように[115]、遷都時の有力者は、一族に対し経済的な援助をする必要があった、言い換えれば遷都当初、有力者の邸宅の付近には、それに経済的に依存する複数の血縁者が屋敷を構えていた可能性もある。

そして、このことは史料に見える宮周辺における下級官人の居住とも関連しているように思われる。つまり、長屋王邸などをはじめとする大規模宅地は単独で存在するのではなく、その周囲には大規模宅地の主とかかわりの深い人物が家を構え、例えば長屋王一族や大伴氏一族といった集団を形成していた可能性がある。このことを裏付けるように、宮周辺には一町を超える宅地だけでなく、それらに挟まれるように二分の一町宅地が存在し、また史料からも位階の低い人物の居住が確認されている。

つまり、大規模な邸宅は単独で存在するのではなく、周囲に同族集団の住居を従えていた可能性がある。

(ウ)宮周辺の大規模宅地と居住者

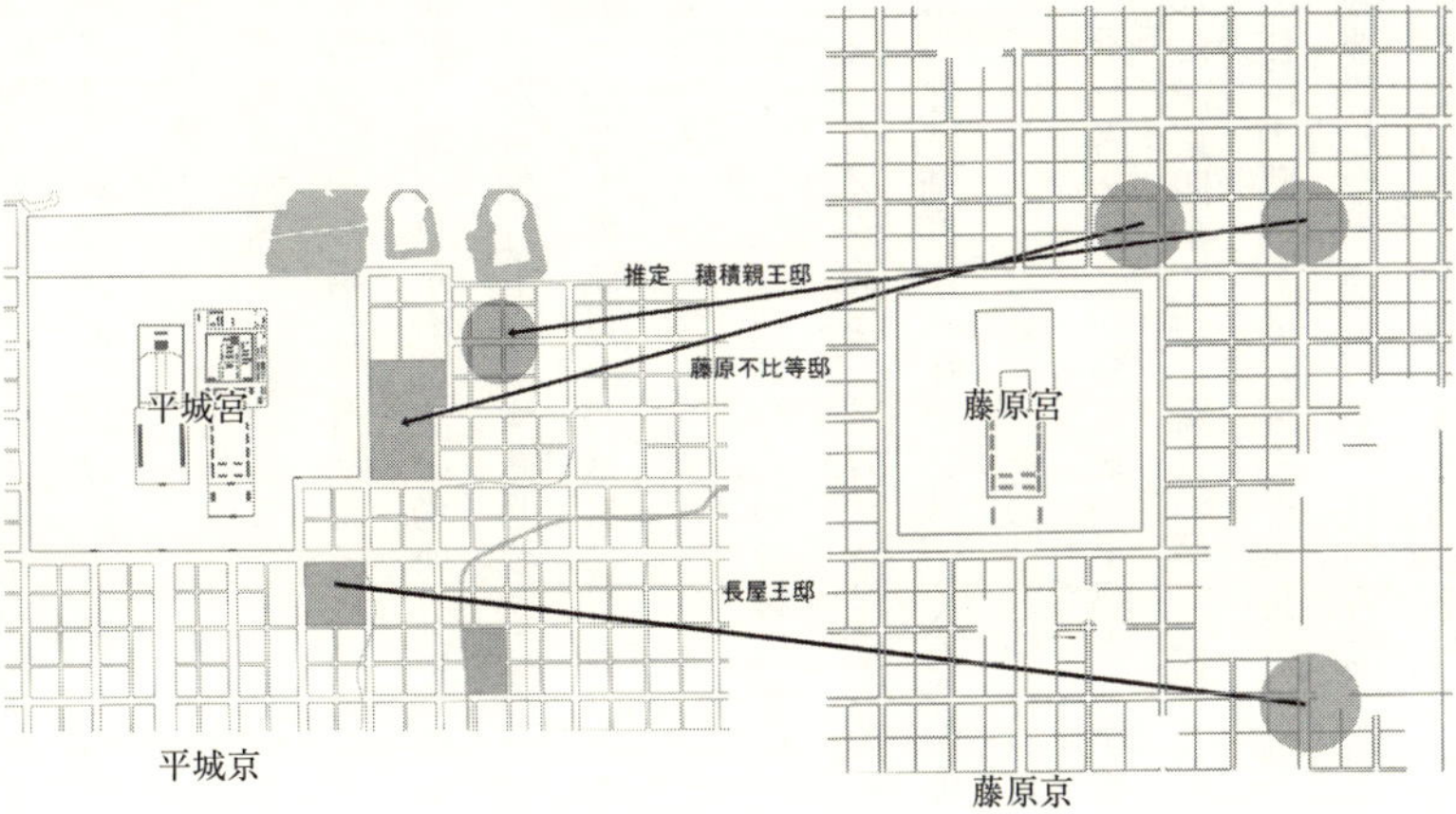

図37　藤原京と平城京の宅地

平城遷都時の太政官の有力者の邸宅は、いずれも宮に近接する左京に置かれ、宮との位置関係も藤原京における宮と邸宅との位置関係は類似している。平城京の形状や都市としての形は藤原京とは大きく異なるものの、官僚機構はほぼそのままの形で藤原京から移されたものであり、特に太政官の有力者についてはその邸宅の位置まで、藤原京における状況をトレースしたものであった可能性がある。

もちろん、ここで例示した藤原宮における高市皇子の香具山宮、穂積親王宮については、藤原宮の造営以前に既に存在していたのは確実であり、仁藤敦史が示すように藤原京における宅地班給（厳密には宅地を賜う）とは、既存宅地の所有を追認したと考えるのが妥当である。[116]そのため、平城京における宅地の位置と藤原京のそれとを単純に比較することはできない。

しかし藤原京の条坊施工は天武五年（六七六）に遡ることは確実な状況であり、天武九年（六八〇）創建の本薬師寺と出土瓦の型式からそれにやや先行して建立されたと考えられる小山廃寺の位置関係が藤原宮から見てほぼ対称の位置に造られていることを考えれば、これらの宅地も新城の都市計画とまったく無関係に決定されたとは考えにくい。こうした点にも留意するならば、長屋王邸、不比等邸、穂積親王邸に見られる藤原京と平城京の宅地の位置の類似性は無視できないと考える。また、このことは、藤原京の条坊造営時には、宮の位置はほぼ決定されておりそれを見越した宮や宅地の班給が行われていた可能性も考慮する必要があろう（図37）。

また、宮周辺の宅地はここまで見てきたように、単なる私邸ではなく職掌に応じた公的な性格を有していた可能性がある。その場合、遷都時に従三位であった長屋王邸が佐保宮に加え、宮に面した一等地を与えられたということは、単に父高市皇子の邸宅の場所を引き継いだだけではなく、将来的には太政大臣としての職掌を引き継ぐことを前提していた可能性も考慮する必要があろう。事実、長屋王は聖武天皇即位に伴い左大臣に任じられており、奈良時代の貴族の中でも参議以上の地位に昇ることができた者の多くは、遷都以前からの有力者の子孫であったこともそのことを裏付ける。

このことは、奈良時代の政権構想は、職掌の世襲をある程度前提としていたことを示すと考えられ、職掌に応じて与えられる公邸も、職掌とともに子孫への伝領が意識されていた可能性もある。さらに言えば、平城遷都当初は、従来の伴造制度から律令に基づく官僚制度への過渡的段階にあり、位階や職掌についても、旧勢力に十分な配慮が行われているようであり、そのことが藤原京と平城京の宅地班給にも反映されていた可能性も考えられる。

そう考えると、藤原氏の系譜からすれば傍流とも言える藤原仲麻呂の田村第が遷都当初の大規模宅地の範囲から離れた左京四条二坊（南家の邸宅は氏上の地位にあった仲麻呂の兄、豊成に伝えられたと考えられる）にあること、田村第居住前の藤原是公の邸宅が大規模宅地の分布範囲外である左京三条四坊十一・十四坪付近にあった可能性があることも理解しやすい。嫡子以外の者は、自ら宅地を求める必要があったのである。

また、長屋王邸、麻呂邸はその後、官衙、離宮として利用され、主の没後は邸宅として継続利用されていないこと、また居住者は不明だが、左京二条四坊一・二・七・八坪も官衙への変化が考えられることに見られるように、こうした場所は主の没後、無位の女子でも伝領されている三条大路以南の宅地とは異なり、官が優先的に利用できるエリアで、実力者であっても新たな居住を簡単には許さないエリアであったことが分かる。そうした場所は、旧主の没落後は新たに邸宅の主を迎えるのではなく、官衙や寺といった施設に改変される場合が多いことも指摘でき、邸宅から官衙もしくは寺へという宅地利用の変化は宮周辺の土地から臣下の居住を段階的に制限していったようにも思える。極端な見方をすれば、天皇の住む宮と臣下の邸宅との距離を置くことにより、天皇を次第に隔絶した存在であることを、視覚的に表したとも考えられる。

以上のことから、平城宮周辺の宅地の特徴として次の点を指摘しておきたい。

①宮周辺の宅地は保良宮や長岡京と同様に遷都当初の太政官の構成員や後宮にかかわる女性に班給された。また、その位置は藤原宮における宮と当該人物の宅地との位置関係をある程度、踏襲するかたち（高市皇子―長屋王邸、藤原不比等邸など）で行われた可能性があること。

②藤原京における宅地は、居住する人物が職掌を遂行する上で有利な場所（例えば太政大臣高市皇子は宮南面、藤原不比等は東宮に近接する場所）に与えられ、単なる私邸ではなく公邸としての要素を持っていたと考えられること。

③平城京における宅地班給の方法や理念は藤原京と同様であったと考えられ、少なくとも宮周辺においては、宅地の位置や規模と職掌とは一体性が強いものであったと考えられること。一方、宮周辺に宅地を与えられた者は、それとは別の宅地を宮から離れた場所に所有していたこと。

④つまり、宮周辺の宅地は職掌に伴う職田に近い性格であったと考えられるが、高市皇子と長屋王との関係に見られるように、職掌そのものがある程度、世襲されることを前提としていた形跡もあり、特殊な事情がない限り遷

都当初の太政官の主要人物の子孫は、宅地とともに職掌を世襲することが一定程度、了解されていた可能性もあること。

⑤一方で、宮周辺の宅地は長屋王事件や恭仁京遷都などの機会を捉え、邸宅から官衙や寺などに改変され、次第に臣下の居住を許さなくなっていき、それは天皇と臣下の距離を離すことにより、天皇の地位の隔絶性を視覚的に表わす意味があったこと。

以上、憶測に憶測を重ねてきた感はぬぐえないが、これまで述べてきた点は、単に宅地の居住者を復元するという点にとどまらず、奈良時代の政治を考える上でも重要であると考える。すなわち、平城京の都市計画とはこれまでの有力氏族の既得権益に対し、十分な配慮を行うとともに、以後の政治形態や中・長期的な政権運営までも視野に入れてなされた可能性があると考えたい。

六　居住者比定へのキーワード

断片的な資料をもとに大胆な検討を行ってきたが、今まで行ってきた検討をもとに、平城京の宅地居住者の復元にむけてのキーワードを、個別・具体的に記しておく。なお、この前提となる理解は以下のとおりである。

①平城京における宅地の班給基準は不明であるが、二町以上の宅地には三位以上の人物が居住していたことは、了承してよい。

②遷都当初の大規模宅地は、左京に集中する傾向を示し、東三坊大路付近以西、三条大路以北に集中するので、高位の人物の邸宅はこの範囲にあり、宮との位置は藤原京における邸宅の位置関係をある程度踏襲している。

③軒瓦六二七二A-六六四四Aは長屋王、六二八五A-六六六七Aは藤原氏、六〇一二A-六五七二A、六三〇一B-六六七一一Bは天武天皇の皇子にかかわる瓦である可能性があり、これらの軒瓦がまとまって出土する邸宅は、先の人物と何らかのかかわりを有している。

④宮周辺には、官衙と太政官の構成員の公邸が分布している。公邸は職掌（宮廷内における女性の職掌も含む）に応じて個人に対し貸与されるもので、基本的には伝領される性格のものではなく、官の求めに応じ、返還しなければならない土地であった。しかし、職掌そのものがある程度、世襲を前提とされていた可能性もあり、特別な事情がなければ伝領できる素地があった。

⑤④の範囲外の宅地は、基本的には子孫へ伝領されるもので、比較的自由に売買することも可能であった。

⑥大規模宅地の周辺には、その邸宅の主と関係の深い人物が家を構えていた。

1　居住者が判明する可能性のある坪

(ア)左京二条二坊五坪

宅地の特徴　二条大路にむかって開く棟門が存在する。後の麻呂邸。官衙・公邸エリアに立地する。

居住者　麻呂居住以前に、三位以上の太政官の構成員で長屋王邸が皇后宮とされる以前に薨去あるいは失脚した人物が居住していたと考えられる。その人物は、女性を含む天皇家につながる人物であった可能性が高い。

(イ)左京二条四坊一・二・七・八坪

宅地の特徴　遷都時に四町利用。後に分割。Ⅱ-二期の時点で瓦葺建物を有する。軒瓦は宮所用瓦と天武天皇の皇子に、かかわると考えられる六三〇一一B―六六七一一B。
居住者　遷都時に三位以上の人物。天武系で、子孫は天平年間までは重要な地位にいた可能性がある。掃守寺との瓦の共通性から、天武天皇の皇子の可能性もある。

(ウ)左京三条一坊十三・十四坪
宅地の特徴　遷都時から廃都までの間、宅地内の土地利用形態に変化が認められない。官衙・公邸エリアに立地する。
居住者　遷都時に三位以上の太政官の構成員。その子孫も奈良時代全般をつうじて同様の地位、職掌にあった人物。

(エ)左京三条二坊六坪
宅地の特徴　遷都時に一町利用。長屋王邸が皇后宮になると同時に密接なかかわりを持つ。藤原氏にかかわると考えられる軒瓦六二八五A―六六六七Aがまとまって出土。
居住者　藤原氏につながる人物。北側に皇后宮が設置されることを契機に、この地を退去する。

(オ)左京三条二坊九坪
宅地の特徴　長屋王邸に東接。当初は坪中央部に小規模建物が存在しているが、奈良時代後半には大規模な造成が行われ、中央部は大型掘立柱建物に変わる。これを契機に南接する十坪と一体利用された可能性が指摘されている。ただし、小規模建物の時期でも、多種多様の京系軒瓦が出土しており、その中で最もまとまって出土しているのは、瀬後谷瓦窯産の六六七一Ia。また、「美濃」の刻印須恵器が出土している。なお、この坪には「大蔵」の小字が残る。官衙・公邸エリアに立地する。

居住者　瀬後谷瓦窯の操業開始を、神亀元年の太政官奏上に求め、京内宅地への供給を目差したものとすれば、この坪の居住者は、神亀元年時点で瓦を入手できるだけの経済的余裕のある者、ということになる。

ただし、これらの瓦を用いた建物が不明であり、小規模建物と大型掘立柱建物の関係も不明であるため、一概に邸宅とすることも出来ない。逆に、建物規模が小さいわりに、I～II期の瓦がまとまって出土すること、六六七一Iaが長屋王邸からも出土していること、この坪が大規模宅地に挟まれていることから、当初は長屋王と関係の深い人物の住居か、大規模宅地を造営するための資材置き場など、宮や邸宅などの造営にかかる仮設的な施設といった性格も考える必要がある。大型掘立柱建物が建てられ、「美濃」の刻印須恵器が出土する奈良時代後半には、「大蔵」の小字の由来となる官衙的な施設が造られた可能性も視野に入れておくべきだろう。

(カ)左京三条二坊十五坪

宅地の特徴　遷都当初からの一町利用宅地。主屋をひとまわり小さくした副屋を持ち、両者はそれぞれ坪の二分の一の中軸線上に位置していることから、当初から計画的に配置されたと考えられる。また、この二つの建物は塀で遮蔽されており、一つの坪に

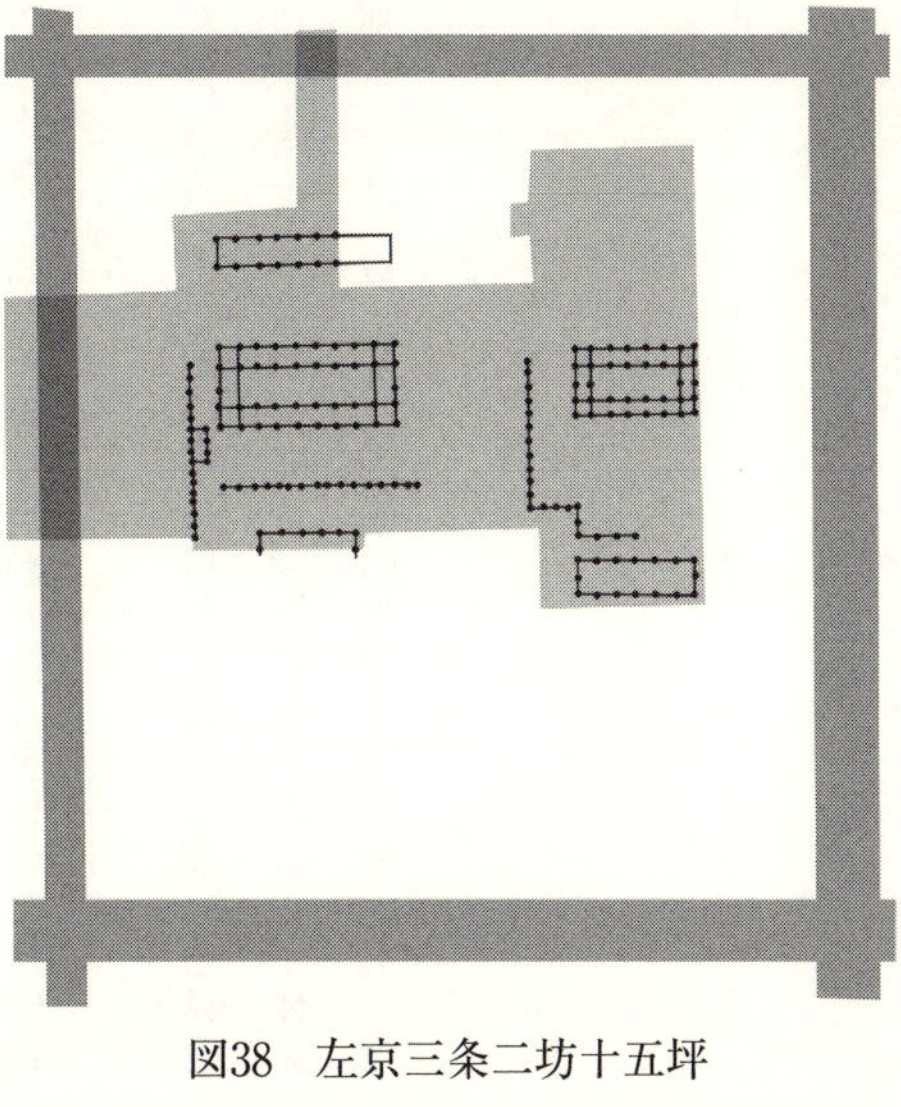

図38　左京三条二坊十五坪

ありながら独立性が高い点は、長屋王邸における建物配置と類似する。また、両者ともに前殿、後殿を持つなど建物構造や配置も類似する（図38）。

居住者　通常の邸宅は、周囲の建物に比してひときわ大きな主屋を持つが、この坪はそれらとは大きな違いを見せている。ふたつの建物が遮蔽されていること、附属建物の構成も類似することから、主屋、副屋には別の人物が住んでいたと考えられる。一町利用であることから、主屋の居住者は遷都時に五位以上か。副屋の人物も有位者であると思われ、配偶者の可能性がある。

(キ)左京三条三坊八・九坪

宅地の特徴　七七〇年頃に東三坊坊間路側溝を埋め立て、二町利用。側溝埋土上層から緑釉瓦がまとまって出土。推定舎人親王邸の北側。

居住者　緑釉瓦が出土していることから、二町利用以前の時点でも八坪には高位の人物の居住が想定される。二町利用以前と以後の居住者を、同一人物とするか否かによって、解釈は異なるが、七七〇年頃という年代を重視すれば、仲麻呂の乱に連座した人物の邸宅を、逆に仲麻呂の乱後に重要な地位についた人物が引き継いだ可能性もある。

(ク)地名等から注意を要する坪

平城京の中には、居住者につながる可能性がある地名が残る場所がいくつかあることが岸俊男によって示されている。本章でもいくつか紹介してきたが、ここで今まで触れてこなかったものについて紹介する。

唐招提寺と薬師寺の間　「大納言」の小字が残る。奈良時代に大納言の地位についたのは、二五名。うち邸宅の場所がある程度推定できるのは、大伴安麻呂、旅人、家持、長屋王、藤原仲麻呂、是公、石上宅嗣、大中臣清麻呂。

右京六条一坊　「大保」の小字が残る。大保に任じられたのは藤原仲麻呂のみであり、その邸宅は田村第である。地名の由来はよく分からないが、仲麻呂とゆかりのある宅地かも知れない。

2　平城京における宅地居住者の復元

舎人親王の邸宅は、左京三条三坊にあった。これが、前章の結論であり、新田部親王邸との位置関係、藤原仲麻呂関係の木簡の出土などから、確定とまではいかないが、その可能性は極めて高いと考える。そして、これにより宅地の発掘調査成果と史料とを相互に検討することで、居住者に関する直接的な情報がなくとも、一定レベルでの復元が可能になることを示すことができたと考える。

本章でも述べたように、平城京における宅地の班給は、特に遷都時においては、多分に政治的な意図を持って行われていたようであり、どの宅地を誰に班給するかということは、寺院や官衙をどこに配置するかというのと、同じレベルで扱われていた可能性がある。つまり、居住者の復元は、奈良時代初期の政治形態の復元につながる可能性がある。

またこれまで述べてきたように、平城京の宅地は、宮周辺に官衙とともに職掌に応じて公邸が配置され、それ以外の場所に私邸が展開していた可能性がある。これらは、宮周辺の中でも、官により土地造成がなされた範囲、すなわち、佐保川と菰川の流路に近接した場所を中心に展開しており、その範囲は、宮造営に先立ち、官が土地所有者から買得した範囲に相当する可能性が考えられる。

遷都当初の太政官構成員は、私邸と公邸の二つを持ち、私邸は売買することも可能であったが、公邸は後継者を育成できた場合にのみ、継続利用が可能で、できなかった場合は班給を受けた者の死とともに、没官されたと考えられる。このことは、長屋王が左京三条二坊と佐保宮という二つの邸宅を持っていたこと、遷都当初に宮周辺に設置された二町以上宅地が、後に分割、統合を繰り返すなど、複雑な変遷をたどること、また、邸宅から官衙へ、官衙から邸宅へという質的な変化を伴う場合があったことから想定される。

つまり、これらの地域は、官の意思により官衙を置いたり、宅地として班給したりできる、いわば官主導の土地利用がなされた可能性が高く、そうしたエリアに置かれた邸宅は、職田や位田と同様、職掌や位階に付随する財産であり、職掌や位階を失ったり、死亡したりした場合には没官される性格のものであった。また、宮周辺の宅地が、邸宅から官衙や寺へという変化が認められることは、奈良時代の中で宮周辺の宅地の扱いが変化していることを示していると考えられ、それは単に宅地の取り扱いの問題だけではなく、律令制の定着により、天皇の地位が確固たるものになるといった、社会そのものの変化を示している可能性もある。

以上、限られた資料をもとに、平城京における居住者復元のための基礎的な問題について私見を述べてきた。居住者の推定は、本来的には長屋王邸で行われたような、発掘調査と史料・資料分析をつうじて行うべきものであるが、現実的には平城京内、それも宮に近い部分を大規模に調査する機会はほとんどない。

また、計画的な調査が行われておらず、開発に伴う小規模調査が主流になっているという実態を鑑みた時、現状の限られた資料に基づくものであっても、今後の調査・研究につながる何らかの見通しを示すことは、必ずしも無意味ではあるまい。勿論、根拠に乏しい憶説の類が流布することは好ましくないが、資料・史料に依拠するもので、一定程度の合理性を持つ考えは呈示すべきであり、また、このような仮説に関しては、発掘調査で検証すべきであると考える。

これまで示したものが、検証に値する内容であるか否かは、諸賢の判断に委ねたいが、少なくとも、ここに記した問題については、今後検討すべき重要な課題であると考える。

なお、開発に伴う小規模で単発の調査が主流となっている昨今、発掘調査は単なる開発に先立つ処理になりがちではあるが、京全体、あるいは対象となる坪や道路に関して、何らかの問題意識を持っていれば、たとえどのような調査であっても、いつかは平城京復元のための重要なピースのひとつになると考える。

注

(1) 奈良国立文化財研究所『平城京左京二条二坊・三条二坊発掘調査報告書』一九九四年
(2) これ以外の居住者推定方法として、岸俊男らにより行われた史料と小字名に基づく復元がある。岸俊男他「遺存地割・地名による平城京の復原調査」『平城京朱雀大路』奈良市、一九七四年
(3) 後述するように、京内の官衙には国の施設と地方の出先機関の二者が存在する可能性があるため、本章では通常の官衙の概念をやや広げて官衙という用語を用いることとする。
(4) 大井重二郎『平城京と条坊制度の研究』初音書房、一九六六年
(5) 山崎信二『平城宮・京と同笵軒瓦および平城宮式軒瓦に関する基礎的考察』一九九四年
(6) 注(5)
(7) 田辺征夫「遷都当初の平城京をめぐる一・二の問題」『文化財論叢』Ⅲ 奈良文化財研究所、二〇〇二年
(8) 岸俊男「藤原仲麻呂の田村第」『日本古代政治史研究』塙書房、一九六六年
(9) 財団法人元興寺文化財研究所『平城京左京四条二坊九坪（田村第跡）』二〇〇九年ほか
(10) 奈良国立文化財研究所『平城京左京二条二坊・三条二坊発掘調査報告書』一九九四年

(11)『続日本紀』天平神護二年十月二〇日条に、孝謙天皇が法華寺は外祖父、先の太政大臣藤原大臣の家にあると述べている。発掘調査でも法華寺の下層から大型の掘立柱建物跡が検出され、寺に先行する瓦も出土している。
(12)唐招提寺『唐招提寺防災工事発掘調査報告書』一九九五年
(13)奈良市教育委員会『奈良市埋蔵文化財調査概要報告書』(以下、『奈良市概報』と略記)昭和六十三年度　同平成三年度
(14)中井公「大規模宅地とその類型」『古代都市の構造と展開』奈良国立文化財研究所、一九九八年
(15)奈良国立文化財研究所『平城宮跡発掘調査報告Ⅵ』一九七五年
(16)『奈良市概報』昭和五十六年度　同五十九年度
(17)『奈良市概報』平成十三年度
(18)奈良国立文化財研究所『平城宮跡発掘調査部発掘調査概報』(以下『平城概報』と略記)一九九二年度　同一九九五年度
(19)奈良国立文化財研究所『奈良国立文化財研究所年報』(以下『奈文研年報』と略記)一九九八年—Ⅲ
(20)奈良国立文化財研究所『平城京左京三条一坊十四坪発掘調査報告』一九九五年
(21)奈良市埋蔵文化財センター「播磨からやってきた瓦」二〇〇九年
(22)『奈良市概報』昭和五十四年度
(23)奈良県立橿原考古学研究所『平城京左京三条三坊八坪発掘調査報告』一九九八年
(24)『奈良市概報』昭和五十九年度
(25)『奈良市概報』平成四年度
(26)注(10)
(27)『奈文研年報』一九九七-Ⅲ
(28)奈良市教育委員会『平城京左京二条二坊十二坪発掘調査概要』一九九七年
(29)奈良国立文化財研究所『平城京左京三条一坊七坪発掘調査報告』一九九三年
(30)奈良県立橿原考古学研究所『奈良県遺跡調査概報』(以下『県概報』という)一九九四年度
(31)奈良国立文化財研究所『平城京左京三条二坊三坪発掘調査報告』一九八四年　『県概報』一九九八年度
(32)『平城概報』一九八七年

(33) 奈良国立文化財研究所『平城京左京三条二坊六坪発掘調査報告』一九八六年
(34) 『奈良市概報』昭和五十四年度
(35) 奈良国立文化財研究所『平城京左京三条二坊』一九七五年
(36) 奈良国立文化財研究所『平城京左京三条二坊』一九七五年
(37) 『県概報』一九九六年度
(38) 『県概報』一九八八年度
(39) 『県概報』一九九〇年度
(40) 奈良国立文化財研究所『平城京左京三条四坊七坪発掘調査概報』一九八〇年
(41) 『県概報』一九八六年度
(42) 奈良国立文化財研究所『平城京左京四条二坊一坪』一九八四年
(43) 『奈良市概報』平成九年度
(44) 『奈良市概報』昭和五十四年度
(45) 奈良市教育委員会『奈良市埋蔵文化財調査年報』(以下『市年報』という)平成二十年度
(46) 『市年報』平成十九年度
(47) 『奈良市概報』平成元年度
(48) 『奈良市概報』平成八年度
(49) 『奈良市概報』平成元年度
(50) 『奈良市概報』平成二年度　同三年度　同五年度
(51) 『県概報』一九九六年度
(52) 奈良国立文化財研究所『平城京右京八条一坊十三・十四坪発掘調査報告』一九八九年
(53) 山中章「古代都城の内郭構造をもつ宅地利用」『長岡京古文化論叢』Ⅱ、一九九二年
(54) 奈良国立文化財研究所『平城京左京二条二坊十三坪』一九八四年
(55) 奈良国立文化財研究所『平城京左京八条三坊発掘調査概報』一九七六年

(56) 寺崎保広『長屋王』人物叢書、吉川弘文館、一九九九年
(57) 市大樹『飛鳥の木簡』中公新書、二〇一二年
(58) ここからは、「造宮省」と書かれた墨書土器が出土している。このことからこの宅地の居住者の候補として、智努王、巨勢奈氐麻呂、藤原武智麻呂の名が挙げられている。『県概報』一九八八年度
(59) 奈良国立文化財研究所『平城京右京八条一坊十三・十四坪発掘調査報告』一九八九年
(60) 『奈良市概報』昭和五十四年度　昭和六十三年度
(61) 森公章「長屋王邸の住人と家政運営」　渡邊晃宏「二条大路木簡と皇后宮―二つの木簡をめぐって」『平城京左京二条二坊・三条二坊発掘調査報告書』一九九四年
(62) 麻呂邸は判明、武智麻呂は南卿とあるので、位置的に不適合、よって房前か宇合が可能性として残るが、内臣であった房前の可能性が高い。
(63) 『公卿補任』によると良継は弘福院大臣と呼ばれていたとある。岸俊男注(2)
(64) この付近には「斉音寺」の小字が残る。
(65) 福山敏男『奈良朝寺院の研究』一九四八年
(66) 渡邊晃宏「史料からみた平城京の宮外官衙」注(29)
(67) 岸注(2)
(68) 山本忠尚「地方官衙の遺跡」『日本歴史考古学を学ぶ（上）』有斐閣、一九八三年
(69) 黒崎直「平城京における宅地の構造」『日本古代の都城と国家』塙書房、一九八四年
岩永省三「京の宅地割と建物配置」『平城京左京四条二坊十五坪』奈良国立文化財研究所、一九八五年
(70) 上野邦一「官衙か宅地か」『平城京左京四条二坊一坪』奈良国立文化財研究所、一九八七年
(71) 町田章『平城京』ニューサイエンス社、一九八六年
山岸常人「宅地と住宅」『季刊考古学』二二、雄山閣、一九八八年
(72) 山中注(53)
(73) 足利建亮『日本古代地理研究』大明堂、一九八五年

千田稔「畿内」『古代を考える　古代道路』吉川弘文館、一九九六年

『続日本記』和銅四年（七一一）一月二日条

始置都亭驛。山背國相樂郡岡田驛。綴喜郡山本驛。河内國交野郡楠葉驛。攝津國嶋上郡大原驛。嶋下郡殖村驛。伊賀國阿閇郡新家驛。

都亭駅を京内の駅であることを指摘したのは、足利建亮であり、氏はその位置を法華寺東方に比定している。一方、千田稔は、告知木簡の出土などから、左京一条三坊付近に想定している。

(74)　『奈良市概報』平成五年度　同六年度

(75)　玉田芳英「平城京の酒造り」『文化財論叢』Ⅲ　奈良文化財研究所、二〇〇二年

(76)　毛利光俊彦「考察　平城宮・京出土軒瓦の再編年」『平城宮発掘調査報告書』XIII　奈良国立文化財研究所、一九九一年

(77)　奈良国立文化財研究所『平城京右九条大路』一九八一年

(78)　香芝市教育委員会『尼寺廃寺I』二〇〇三年

(79)　大脇潔「忘れられた寺」『翔古論集　久保哲三先生追悼論文集』一九九三年

(80)　平城遷都に前後して造営された氏寺と考えられる寺院には、京外では和爾廃寺（願興寺）、古市廃寺、長寺廃寺、楢池廃寺、青木廃寺、掃守寺などがあり、京内では紀寺、葛木寺、平松廃寺がある。これらの寺院に附属する造瓦工房が、造営主体である氏に属するとするならば、神亀元年の太政官奏上を契機とする瓦葺きの邸宅が、もう少し普及していてもよさそうである。しかし、平城II期以前の瓦葺き邸宅が極めて少数であることから、居住者が邸宅への瓦の導入に消極的であったのか、あるいは造瓦工房が私有財産ではなかったかの、いずれかの理由を考えねばなるまい。

(81)　（財）京都府埋蔵文化財調査研究センター『京都府遺跡調査報告書　第二七冊　奈良山瓦窯群』一九九九年

(82)　近江俊秀「加守廃寺—長六角堂をめぐる二・三の問題」『シンポジウム古代寺院の移建と再建を考える』帝塚山考古学研究所、一九九五年

(83)　掃守寺造御塔所解　申知識塞上日事

合陸人

日置竜麻呂日廿九　市部長麻呂日九（略）

右、従五月一日至于廿九日、知識優婆塞等上日数、具注之申送如前、以解

天平勝宝二年五月廿七日

伊福部男依

(84) 薬師寺縁起
大津皇子。持統天皇四年庚寅正月。禁大津親王山邊親王等即害殺也云々。今案。傳言。大津皇子厭世籠居不多神山。而依謀告被禁掃守司藏七日矣。皇子急成悪龍。騰雲吐毒。天下不靜。朝廷憂之。義淵僧正。皇子平生之師也。仍勅修圓令呪悪霊。而忿氣未平。修圓仰空呼曰一字千金。悪龍永諾。仍爲皇子建寺。名曰龍峯寺。々在葛下郡。掃守寺是也。又七月廿三日。被賜宣旨於薬師寺。請定六十口僧差威従四人。七箇日之間令轉讀大般若經也。其布施在信乃國也。

(85) 菅谷文則「奈良市大和田町追分の寺院遺跡」『青陵』一四、一九六九年

(86) 奥村茂樹「瀬後谷瓦窯の瓦」『京都府遺跡調査報告書　第二七冊　奈良山瓦窯群』一九九九年

(87) 田辺注(7)

(88) 井上和人「平城京の実像」『研究論集XIV　東アジアの古代都城』奈良文化財研究所、二〇〇三年

(89) 八賀晋「古代都城の占地について」『学叢』創刊号　京都国立博物館、一九七九年

(90) 亀田隆之「律令時代の相続制」『奈良時代の政治と制度』吉川弘文館、二〇〇一年
成清弘和『女帝の古代史』講談社現代新書、二〇〇五年
吉川敏子『氏と家の古代史』塙書房、二〇一三年
井上光貞、関晃、土田直鎮、青木和夫『律令』岩波書店、一九七六年

(91) 橋本義則「「唐招提寺文書」天之巻第一号文書「家屋資財請返解案」について」『南都仏教』五七号、一九八七年

(92) 中田祝夫『日本霊異記』小学館、一九七五年

(93) 渡邊晃宏『平城京と木簡の世紀』講談社、二〇〇一年

(94) 渡邊晃宏『平城京一三〇〇年全検証』柏書房、二〇一〇年

(95) 渡邊注(94)

(96) 注(52)

(97) 佐伯院については以下の研究がある。
田村吉永「奈良朝創建の香積寺に就いて」『史迹と美術』一六―四、一九四六年
福山敏男『奈良朝寺院の研究』一九四八年
角田文衛『佐伯今毛人』人物叢書、一九六三年

(98) 菊池康明『日本古代土地所有の研究』東京大学出版会、一九六九年
この他に、奈良時代における土地所有・相続制度に関する研究として次のものがある。
中田薫『法制史論集』第一巻　岩波書店、一九二五年
山尾幸久『日本古代国家と土地所有』吉川弘文館、二〇〇三年

(99) 直線的な町境は、青野町～菅原町にかけての約一・三キロにわたって確認できる。

(100) 宮と現在の菅原の間は発掘調査があまり行われていないため、宅地の利用状況については不明な点があるが、この付近には右大臣大中臣清麻呂（右京二条二坊十一・十二・十三・十四坪付近）の邸宅をはじめとする、高位の人物の邸宅があったと推定されている。岩本次郎「右大臣大中臣清麻呂の第」『日本歴史』三一九号、一九七四年

(101) 奈良国立文化財研究所『平城宮発掘調査報告Ⅸ』一九七八年

(102) 奈良国立文化財研究所『平城宮発掘調査報告Ⅹ』一九八一年、『県概報』二〇〇六年

(103) 長屋王事件の後、左京三条二坊の邸宅が没官されたのに対し、佐保宮と考えられる左京一条三坊が空閑地のまま残されていることは、この二つの宅地の質的な違いを示していると考えられる。

(104) 是公は牛屋大臣と呼ばれており、左京三条四坊十一・十四坪には「牛屋」の小字が残る。このことから、是公の邸宅が左京三条四坊十一・十四坪にあった可能性が浮上するのであるが、是公が大臣となった延暦元年（七八二）の翌年には田村第に居住していたことが知られるので、小字「牛屋」と是公の邸宅を結びつけるには問題があるとされる（岸俊男他「遺存地割・地名による平城京の復原調査」『平城京朱雀大路』奈良市、一九七四年）。しかし、仲麻呂の乱から是公居住までの間に、①田村第の没官、②是公の「牛屋」居住、③是公による南家の旧財産の返還請求、④官による承認という流れを想定すると、是公が「牛屋」と田村第の双方に邸宅を有することになり、先の問題も理解しやすい。また、仲麻呂の乱から是公居住までの間の田村第は、田村宮、田村旧宮と表現されていることから、天皇家の財産として管理されていた可能性を指摘できる（岸注(8)）。先述のように、田村第は「内

相の宅」と「皇子の宮（大殿）」という二つの施設からなっており、そこに官・南家双方に所有権が生じる可能性があったと考えられる。

(105) 仁藤敦史『古代王権と都城』吉川弘文館、一九九八年
但し、香具山宮は藤原宮造営前から存在したものであり、平城京の邸宅の位置と単純に比較することはできない。
(106) 橿原市教育委員会『平成十五年度　橿原市文化財調査年報』二〇〇五年
(107) 注(57)
(108) 『万葉集』巻四-五一九には、今城王の母が大伴女郎であり、今城王は後に大原真人姓を賜ったことが記されている。但し、今城王と大原真人今城が同一人物であるかは問題がある。大原真人今城は天平二〇年で正七位下であり、穂積親王の子とした場合、この時三十四才以上。親王の子とした場合は官位が低すぎる。よって、今城王と大原真人今城を別人とする見方が有力である。また、今城王の母、大伴郎女と大伴坂上郎女を別人とする説もあるなど、『万葉集』に見える一連の記載については、慎重に検討する必要がある（これらに関する研究史は、木本好伸『大伴旅人・家持とその時代』桜楓社、一九九七年に詳しい）。しかし、冒頭の記載どおり穂積親王と坂上郎女の子である今城王が大原真人姓を賜ったことまで否定することはできず、今城王と大原真人今城を同一人物ではないとしても、両者は血縁関係で結ばれていた可能性までを否定するものではないと考えたい。
(109) 今城王の母、大伴郎女については後に旅人の妻となり、大宰府で死去する人物で坂上郎女と別人とする見方もあるが、木本好信らが指摘するように同一人物である可能性が高いと考えられる（注(108)）
(110) 『万葉集』巻四-五二二～五二九
(111) 岸注(8)
(112) 田村禎昭「古代の「サト」」『史苑』第五八巻一号、一九九七年
(113) 坂上郎女が佐保宅に居住したことは、森公章も指摘している。『長屋王家木簡の基礎的研究』吉川弘文館、二〇〇〇年
(114) 小野寺静子『坂上郎女と家持』翰林書房、二〇〇二年
(115) 渡邊注(94)
(116) 仁藤注(105)

附章一　藤原宮の造瓦

はじめに

日本最初の本格的な都城である藤原宮の造営は、造瓦史においても大きな画期となった。宮という従前の寺づくりの規模をはるかに越えた大規模な造営工事で必要とされる多量の瓦を短期間に作るため、大和国内外に複数の官窯とも呼べる瓦窯が置かれ、そこで、多くの瓦工が生産に従事した。

また、それらの生産地では従前の技法とは異なった新しい製作技術を採り入れたり、新しい窯の形態を採用したりするなど、技術的にも新たな展開が認められるようになった。昭和九年に開始された日本古文化研究所の発掘調査によりその所在地が明らかとなった藤原宮は、その後、奈良県教育委員会や奈良文化財研究所による度重なる発掘調査によって次第にその実態が明らかになりつつある(1)。

それに伴い、藤原宮で用いられた瓦に対する研究も大きな進展を見せた。藤原宮の瓦について総合的に論じたものには、奈良文化財研究所による発掘調査報告書(2)や花谷浩(3)による論考があり、以後、着実に成果が積み上げられつつある。筆者もかつて日本古文化研究所が収集、もしくは発掘調査で出土した資料を報告したことがある(4)。この資料の多くは、現在は橿原市立鴨公小学校の所蔵となり、橿原考古学研究所附属博物館が公借を受けている。

その成果は、大和考古資料目録第二一集として公表されているが、目録という性格上、個別の瓦に関する観察記録は掲載しているものの、宮の造瓦そのものにかかわる問題はほとんど述べることができなかった。よって、今回、この時の資料整理によって得た知見を示すとともに、藤原宮の造瓦組織と、そこで生産に従事した瓦工について考えていくこととしたい。そして、藤原宮の造営に伴って編成された造瓦組織が、これまでの造瓦組織と比較した場合、どのような点が異なるのか、また後の平城宮の造瓦組織に及ぼした影響についても視野に入れて検討する。

本論に入る前に、ここで藤原宮跡出土の瓦についての研究史を簡単に振り返っておきたい。藤原宮跡出土の軒瓦に関する研究は、先述の日本古文化研究所による発掘調査によって、長い間論争の的となっていた藤原宮の所在地が明確にされると同時に開始された。日本古文化研究所は、発掘調査で出土した軒瓦や従前の採集資料を分類し、それぞれの出土地点の分析をつうじて宮の施設で用いられていた軒瓦の組成を明らかにした。

その際の分類は、現在、奈良文化財研究所によってなされている軒瓦の型式分類のもととなり、昭和四十一年から行われた奈良県教育委員会の発掘調査でも日本古文化研究所の成果をもとに宮の中枢部で用いられた軒瓦について再検討がなされている(5)。

これらの軒瓦は、複数の生産窯から供給されていたことが推定されていたものの、それを具体的に示したのは大脇潔である(6)。大脇は、出土軒瓦を型式や胎土、技法の分析からA〜Hの八グループに分け、従前から藤原宮で出土する軒瓦と同様のものが出土することが知られていた大和国内の瓦窯跡と考えられる遺跡の出土資料との対比をつうじて、高台・峰寺瓦窯、日高山瓦窯、西田中瓦窯、久米寺瓦窯など大和国内の主要生産地とそこで生産された製品及びその特徴とを明らかにした。

この中で、大脇は個々の型式の瓦に対し、細部にいたるまでの詳細な観察結果も示しており、宮の造瓦にあたって粘土紐桶巻づくりの軒瓦が主体となっていること、出土地点の分析から軒瓦に限って見た場合、宮中枢部では粘土紐桶巻づくりの瓦が多く、逆に宮周辺部では粘土板桶巻づくりの軒瓦が目立つという傾向にあることなどを示した。

宮造営にあたった瓦工について、より踏み込んだかたちで示したのが、坪之内徹である。(7)坪之内は藤原宮式軒瓦の分布を宮造営に際して畿内を中心とする諸国から徴収された陶工を含む瓦工がその任を終え帰国した際に、宮造営で覚え習った技術や文様を各地で用い生産した結果と解釈した。この分析は、山崎信二も指摘したとおり(8)、本薬師寺式と藤原宮式との区分が不明瞭であり、かつ各地の藤原宮式軒瓦の技法的な分析が不十分であるなどの問題もあるが、宮の瓦工の出自とその後の展開を考える上で興味深い指摘である。

花谷浩は、大脇の分類に基づき他地域で生産された軒瓦をより具体的な事例を挙げながら、藤原宮の瓦の生産地は大和とそれ以外の地域の二つがあり、それぞれ技法を異にしていること、そして造瓦が大和国以外の地域で始まったことを明らかにした。また、複数の生産地が点在するが、それらの文様が共通することから、文様の決定にあたっては中央の強い意志が働いていたと述べた。(9)

大和国内の生産窯についても、笵の移動の分析をつうじて、複数の生産窯で行われていたものが、やがて高台・峰寺瓦窯への生産の集中というかたちへと向い、これが平城京における平城山瓦窯群における集中生産へのさきがけになるものであるという評価を行なった。さらに、大和産の軒瓦よりも時期的に先行すると考えられる他地域産の軒瓦が大垣をはじめとする宮周縁部の諸施設に採用され、中枢部には時期的に後続する大和産の軒瓦が採用されていることから、宮の造営が周囲から進められた可能性を示唆している。(10)

山崎信二は、花谷の比定した大和国外の生産窯に対し検討を行い二・三の修正を行うことによって、他地域窯の実態を詳細に検討し、さらに山背大宅廃寺の笵が大和にもたらされ藤原宮所用瓦となっていること、藤原宮の瓦で唯一、

表11　藤原宮出土軒瓦の分類と生産窯

	軒丸瓦	軒平瓦	大脇1978	山崎1983	花谷1993
Aグループ	6233Aa・Ab・Ac・6274Ab・Ac・6275E・I・6279Aa	6643Aa	日高山瓦窯		日高山瓦窯
Bグループ	6271A・B・C	6561A	久米瓦窯		久米瓦窯
Cグループ	6233B・6273A・B・6275A・B・H・J・6279Aa・Ab・B	6641E・6642A・6643B・C・D	高台・峰寺瓦窯		高台・峰寺瓦窯
Dグループ	6281B	6641F	西田中瓦窯		西田中瓦窯
Eグループ	6276C・F	6647Ca	本薬師寺系の官瓦窯か		牧代瓦窯
Fグループ	6278C・E	6647E			(阿波産か)
Gグループ	6278A・D・F	6646A・Ba・Bb		近江産	(推定近江産)
Hグループ	6275D・6281Aa・Ab・Ac	6641C		安養寺瓦窯	安養寺瓦窯
Jグループ	6273D	6641Aa・N			
Kグループ	6278B	6647D			讃岐宗吉瓦窯
Lグループ	6274B	6646E・F		淡路土生寺瓦窯か	淡路土生寺瓦窯
Mグループ	6274Aa	6647A・B			(推定和泉産)
Nグループ	6275A	6646C			
Pグループ	6279B	6643Ab			高台・峰寺瓦窯か
Qグループ	6274Ac				

寺家の瓦窯で生産されたのが、久米寺瓦窯のものであることなどに注目し、宮の造営にあたって藤原氏が果たした役割の大きさを述べている(11)。また、藤原宮期の各地の軒瓦を分析し、筑紫観世音寺の造瓦工人の一部が藤原宮の造瓦にあたって大和国へ移動した可能性や、尾張国から徴発された工人が、帰国後に高蔵寺瓦窯で大和国で学んだ技法を用い生産を行なったことなどを述べ、これら一連の事象の分析から、本薬師寺の造瓦組織が、藤原宮の造瓦との関係において解体、再編された可能性を示した(12)(表11)。

以上のように、藤原宮の造瓦については、先学による多くの研究の蓄積があり、その検討の対象も多方面に及ぶが、未だ多くの検討課題が残されている。今回、この中で特に問題としたいのは、大和に置かれた複数の藤原宮の造瓦工房がどのように組織化され、相互にどのような関係にあったのか、そしてそこで造瓦にあたった瓦工はどのような性格の工人であったのかということにある。

前者については、例えば大和国内の生産窯間において瓦工の交流はあったのかという点や、花谷の指摘にある高台・峰寺瓦窯への生産集中という事象が平城山瓦窯群へのさきがけとなったと理解することが可能なのかなどの点であり、後者はこれらの瓦工は、かつて坪之内が指摘したように各地から集められた役夫とすれば、宮造営以前と以後の足取りをどれだけ追うことができるのか、また、ひとつの瓦窯群の中に技法を異にするグループがどれだけ存在し、どのように組織化されていたのかという点を中心に検討することとしたい。

一　藤原宮所用瓦の生産地とその推移

まず、藤原宮跡から出土した軒瓦を生産窯ごとに製作技法を中心に概観し、それぞれの瓦窯における生産の推移、笵の移動について検討することとする。なお、各瓦の型式分類は、奈良文化財研究所の設定した分類を用い(13)、生産地を意図したグループ分けは、大脇、花谷が設定したものを用いている。

1　日高山瓦窯(14)(15)（図39）

(ア)軒丸瓦

六二三三Aa・Ab・Ac、六二七四Ab・Ac、六二七四E・I、六二七九Aa型式が出土している。これらの製品に共通して言えることは、いずれも瓦当面が薄く胎土は緻密であり、丸瓦接合部は高く円弧を描き、丸瓦先端に何らかの加工を施すという点である。また、焼成は硬質の須恵質のものが目立つが、黄褐色を呈する土師質のものも多い。

個々の軒丸瓦について見ていくと、まず六二三三A型式は、複弁八弁蓮華文軒丸瓦で、外区内縁に珠文を配し、外縁は素縁としている。瓦当面径が一六㌢程度と藤原宮所用軒丸瓦の中でも小型であることが特徴である。Aa型式と中房に界線を彫り加えたAb型式、中心の蓮子と一重目の蓮子を結ぶ凸線を加え、外縁の平坦面の幅をケズリにより広げ

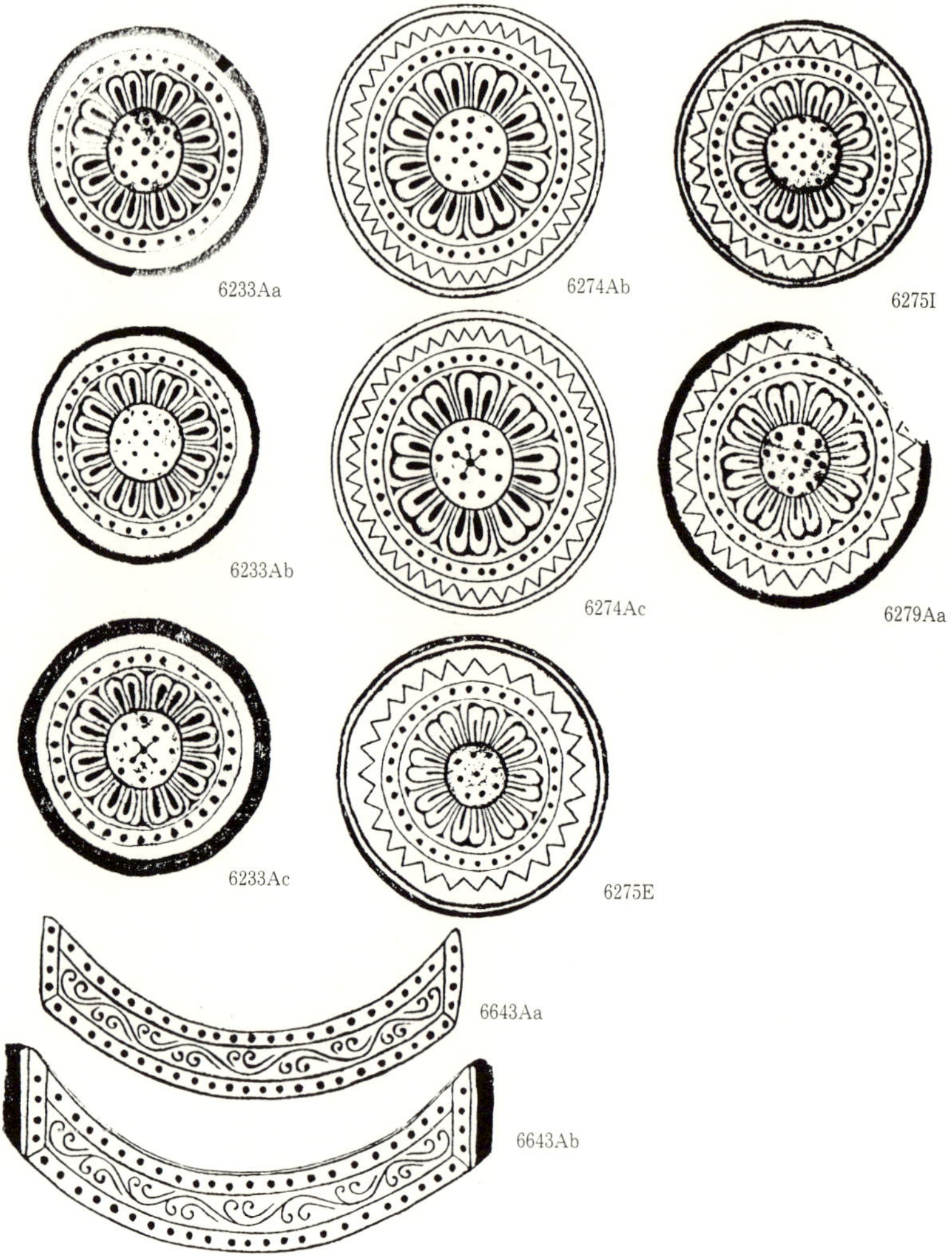

図39　日高山瓦窯産軒瓦

たAc型式とに分類されている。

弁の形状や外縁が素縁であるなど、文様はやや新しい特徴を持つ。胎土は緻密、焼成はやや軟質な須恵質のものが多い。丸瓦部端面は、Aa型式は凸面先端を削り、Ab型式は凹面先端を削るものが目立つ。この笵は、後に尾張高蔵寺瓦窯に移動し、勝川廃寺などに製品が供給されたことが知られている(16)。

六二七四A型式も、複弁八弁蓮華文軒丸瓦で、外区内縁に珠文を配し、外縁はやや間隔の狭い線鋸歯文を施した傾斜縁で傾斜面と平坦面の境に凸線をめぐらせる。また、弁や子葉の反転が強く、中房の蓮子の周辺に部分的に周圏の痕跡が残り、傾斜縁上面の外側に段を持つ。文様の特徴は古い様相を呈しているが、この笵はもともと和泉国で生産されていたと考えられる笵六二七四Aaを持ち込み改笵したものであること、さらに、中房部の蓮子をつなぐ線が彫られたAc型式になった後、Qグループへ移動することが花谷によって指摘されている。Ab型式は、その焼成や丸瓦接合法から二者に分類が可能であり、これについては後述する。なお、Qグループに移動した後、生産されたと考えられるAc型式は、丸瓦部先端を数箇所方形に切り欠いたいわゆる歯車形接合をとる。

六二七五E型式や六二七九Aa型式も、傾斜縁上面に段をもち、また技法的な特徴も六二七四A型式に類似するなど、この瓦窯内においては、ほぼ同時期に生産された可能性が考えられる。ただし、文様を見ると六二七九Aa型式は、中房の蓮子が二重であり、また子葉がほとんど反転しないなど後出的な要素が認められる。この型式は、後に高台・峰寺瓦窯に笵が移動し、六二七五E型式も笵の摩滅が進んだ段階のものは、胎土に砂粒を多く含み、また、丸瓦接合部側面の形状が曲線となるなど、日高山瓦窯の製品とは明らかに異なった特徴を持つことから、他瓦窯で生産されていた可能性が高い。

これら日高山瓦窯の軒丸瓦の特徴はいずれも粘土紐桶巻づくりによるものであること、胎土が緻密であること、丸瓦側面が瓦当裏面に直角に取り付くこと、瓦当側面から丸瓦部にかけての調整が、縦方向のケズリないしナデ調整にほぼ限定されること、丸瓦接合位置が高く、接合粘土が少ないことなどが各型式にほぼ共通して指摘できる点である。一方で、同一型式の中でも、丸瓦部の先端加工法は異なる手法をとるものがあるなど、細部の技法を異にする複数の瓦工がこの瓦窯で生産に従事していた可能性も考えられる。

(イ)軒平瓦

唯一、六六四三Aa型式の出土が確認されている。粘土紐桶巻きづくりによるもので、深さ一・八チセン程度の深い削り出し段顎である。顎を削り出した際に残る工具の痕跡を、回転を利用したナデで消す。凸面にも回転を利用したハケ目が残るものがある。

この型式のものは、瓦当中央部に縦方向の笵キズが生じた段階で、他瓦窯に笵が移動し六六四三Ab型式となったことが指摘され、Ab型式は、Aa型式に比べ胎土が粗く砂粒を多く含むと評価されている（花谷分類Pグループ）。しかし、日本古文化研究所の資料の分析でAa型式の中でも半数の割合（八点中四点）でAb型式と同様の粗い胎土のものが確認されたことによって、笵はAa型式の段階で他瓦窯に持ち運ばれたことが明らかとなった。なお、六六四三Aa型式は胎土の粗いものほど顎が長くなる特徴を示し、Ab型式は日高山瓦窯産のものと比べて最大で六チセン程、顎が長くなっている。

(ウ)日高山瓦窯における生産（図40）

先述のように日高山瓦窯では六二七五I型式を除くすべての笵がある段階で他瓦窯に移動していることが確認され、

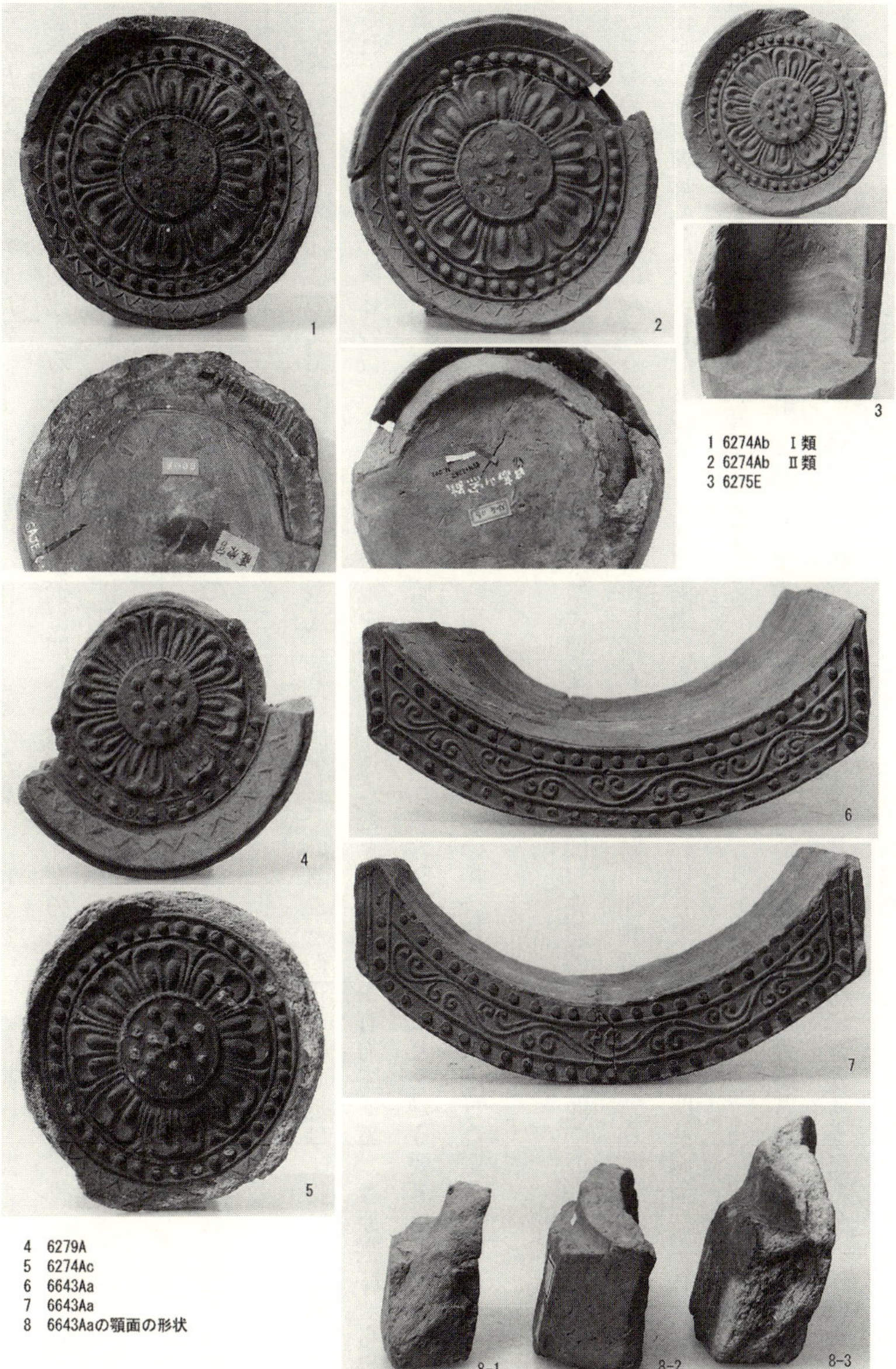

1 6274Ab Ⅰ類
2 6274Ab Ⅱ類
3 6275E

4 6279A
5 6274Ac
6 6643Aa
7 6643Aa
8 6643Aaの顎面の形状

図40 日高山瓦窯の製品

この瓦窯が藤原宮の造瓦の終了を待たずに解体したことが分かる。しかし、この日高山瓦窯の解体が、高台・峰寺瓦窯への生産の集中と関連するという従前の指摘に関しては、この瓦窯の解体の過程をより詳細に分析する必要があると考えるので、ここでは笵の移動を中心により細かく検討していきたい。

また、先述のように、同一型式の中にも胎土や技法が異なるものがいくつかあり、その中には明らかに生産した瓦工の違いを示すと考えられるものもある。このような違いが認められる瓦に関しては、それぞれの型式番号の後ろにⅠ、Ⅱ類といった枝番をさらに加え、分類することとしたい。

六二三三A型式はこの瓦窯からAa・Ab・Ac型式ともに出土していることから、この笵は一貫して日高山瓦窯で使用され、日高山瓦窯の解体の後、不要になった笵を尾張国に運んだとする見方が有力である。藤原宮跡から出土しているこの型式の軒丸瓦も、その技法的な特色や胎土など日高山瓦窯の製品であることを疑う要素は認められない。しかし、藤原宮跡以外から出土している六二三三A型式には、丸瓦部の接合部分の形状が日高山瓦窯のものとは、明らかに異なるものが存在している。

日高山瓦窯及び藤原宮跡出土の六二三三A型式の丸瓦接合方法は、先述のように凸面ないしは凹面を斜めに切り落とすものによって占められるが、橿原市戒外町に所在する興善寺跡、明日香村小山に所在する小山廃寺や同坂田に所在する坂田寺跡から出土したものは、丸瓦部先端に数箇所三角形の切り欠きを入れ、凹凸両面に平行線ないしは斜方向のキザミを入れたいわゆる歯車形接合をとる(17)。

ここで前者を六二三三A-Ⅰ類、後者を同Ⅱ類と仮称する。六二三三A-Ⅱ類に分類されるものは、いずれもAb型式に相当するものであるが、Ⅰ類のAb型式に比べて外縁を幅広く削り、また中房にはかすかにAc型式に認められるような蓮子を結ぶ線が認められる。つまり、Ab型式とAc型式の双方の特徴をもつ過渡期的な製品である。さらに、技術的な点を比較すると、六二三三A-Ⅰ類のものの多くは、瓦当裏面の丸瓦部取り付け位置付近に、ヘラ状工具の痕跡や、丸瓦取り付け位置を示すような刻線が認められるのに対し、Ⅱ類はそのような痕跡がなく、接合粘土の量もやや多い。

このように両者は、同じ笵を用いながらも製作した瓦工はそれぞれ別グループであると推定される。そして、Ⅱ類は日高山瓦窯出土の製品に見られる技法とは明らかに異なる特徴を有している。このような特殊な技法を持つ瓦の存在は、一時的にこの技法を持つ瓦工が日高山瓦窯で生産を行ったということと、日高山瓦窯から他瓦窯に笵の貸与が行われたというふたとおりの考え方ができるが、Ⅱ類の出土遺跡が、現状では京内と周辺の寺院に限られていることや、胎土が六二三三A-Ⅰ類をはじめとする他の日高山瓦窯の製品と異なることを考えると後者の可能性が高い(18)。

その場合、貸与先であった瓦窯の候補地として、現在知られている瓦窯の中では橿原市南浦町に所在する三堂山瓦窯が挙げられる(19)。この瓦窯では瓦当の出土は知られていないが、出土した瓦の中に瓦当部分が剥離した丸瓦があり、この先端の加工法が六二三三A-Ⅱ類と同様である。しかし、三堂山瓦窯出土のものは、胎土に白色の砂粒を多く含むなど、興善寺跡出土のものとは異なり、胎土のみを見るとむしろ大官大寺などから出土する六二三一B・C型式に類似する。

次に、六二七四A型式であるが、この型式の軒丸瓦には先述のようにAb型式の段階において、焼成と技法の異なる二者が確認される。ひとつは、黄褐色を呈する軟質な焼成のもので、その技法は丸瓦部先端凹面を斜めに切り、瓦当裏面は平滑で工具の痕跡を残さないものである。これらを六二七四Ab-Ⅰ類と呼ぶ。

もうひとつは、青灰色を呈する硬質の須恵質焼成のもので、丸瓦部先端の凹凸両面にキザミを入れるもので、瓦当裏面にはケズリの痕跡を明瞭に残し、また丸瓦接合部に沿った刻線が認められるものもある。これを六二七四Ab-Ⅱ類と呼ぶ。このような相違は、六二七四Ab型式だけでなく、六二七五E型式でも同様の二者が認められる。

なお、一九七〇年に行われた日高山瓦窯の発掘調査で出土した六二七四Ab型式のうち、接合手法が判明する四個体とも六二七四Ab－Ⅱ類である。一方で、奈良文化財研究所による同瓦窯における発掘調査で出土した同型式のものは、いずれも六二七四Ab－Ⅰ類である。このように、両者ともこの瓦窯の発掘調査で出土していることから、同一瓦窯群内の製品であることは確実であり、この焼成、技法の違いは、生産した瓦工の違いを示すと考えられる。つまり、日高山瓦窯には少なくとも技法を異にする二組以上の瓦工が生産に従事していたことが分かる。

ここで問題となるのは、これらの瓦工が、時期を違えて日高山瓦窯で生産を行っていたのかという点にあるが、これについては笵の消耗の度合いを見ると、六二七四Ab型式では、Ⅰ類の方がやや笵が摩滅しているように見えるが、Ⅱ類のものの中にも同様のものがあり、六二七五Ｅ型式では、その逆となっている。これらのことから、この技法を異にする二組の瓦工は、同時期に生産を行っていたことが分かる。そして、六二七四Ａ、六二七五Ｅという異なる笵を、二組の瓦工が近接した時期に使用している事実から、この瓦窯においては瓦工が特定の笵を占有し生産を行うのではなく、笵の管理は瓦工以外のものが行い、複数の笵をそれぞれの瓦工に交互に貸し与えていたと考えられる。

軒平瓦六六四三Ａ型式は、Ｐグループに笵が持ち運ばれたことが指摘されており、Ｐグループは高台・峰寺瓦窯の製品である可能性があることから、花谷が日高山瓦窯の解体と高台・峰寺瓦窯への生産の集約を語るうえで、その根拠のひとつとされるものである。しかし、Ｐグループとされたものの胎土を見ると、高台・峰寺瓦窯の製品に比べさらに粗く、この瓦窯の製品の特徴となる黒色粒を含まない。また焼成は瓦質に近く断面は白色を呈する。

つまり、Ｐグループと分類されているものの、胎土の特徴のみを見ればむしろＱグループに近い。そして、この製品が高台・峰寺瓦窯で生産された軒平瓦と異なる点は顎の深さにある。高台・峰寺瓦窯産とされる軒平瓦の多くは、顎が一センチ以下の低いものが多数を占めるが、この瓦は二センチ前後と深くなっている。また、これらの中には顎の下に薄く粘土を貼り付け、ケズリ出しの際の工具痕を消すものもある。このような技法は、高台・峰寺瓦窯はおろか、他の瓦窯の製品にも認められない。

すなわち、胎土が粗い六六四三Aa型式および六六四三Ab型式は、高台・峰寺瓦窯産ではなく、むしろ胎土や焼成を見る限り軒丸瓦六二七四Ac型式とともにQグループへ移動したと考えられる。ここで、日高山瓦窯産と考えられる胎土の精良なものをI類、Qグループと考えられるものをII類とすると、先述のようにII類に分類されるものは六六四三Ab型式のみではなく六六四三Aa型式にも認められ、また六六四三Ab型式の中に一点のみであるが、I類に分類されるものがある。

このことから、この型式の笵は、単純に日高山瓦窯からQグループに移動したのではなく、日高山瓦窯から一時的に他瓦窯（Qグループ）に六六四三Aa型式の笵が貸出され、そこで笵キズが生じた後、日高山瓦窯に一旦笵が戻された際に改笵され六六四三Ab型式となり、再び他瓦窯（Qグループ）へと持ち運ばれたという複雑な移動をしたことが分かる。

2　高台・峰寺瓦窯（図41）

㋐軒丸瓦

発掘調査は実施されていないが六二七三A、六二七五A、六二七九Ab・B型式が採集されており、胎土などの特徴から、六二三三B、六二七三B、六二七五B・H・J型式、六二七九Aa型式の一部もこの瓦窯の製品と考えられている。さらに、花谷分類によるPグループの軒丸瓦六二七九B型式もこれに含まれる可能性がある。

六二七三A型式は、複弁八弁蓮華文軒丸瓦で、外縁に凸鋸歯文をめぐらせる。複弁の中央の盛り上がりが強く、外

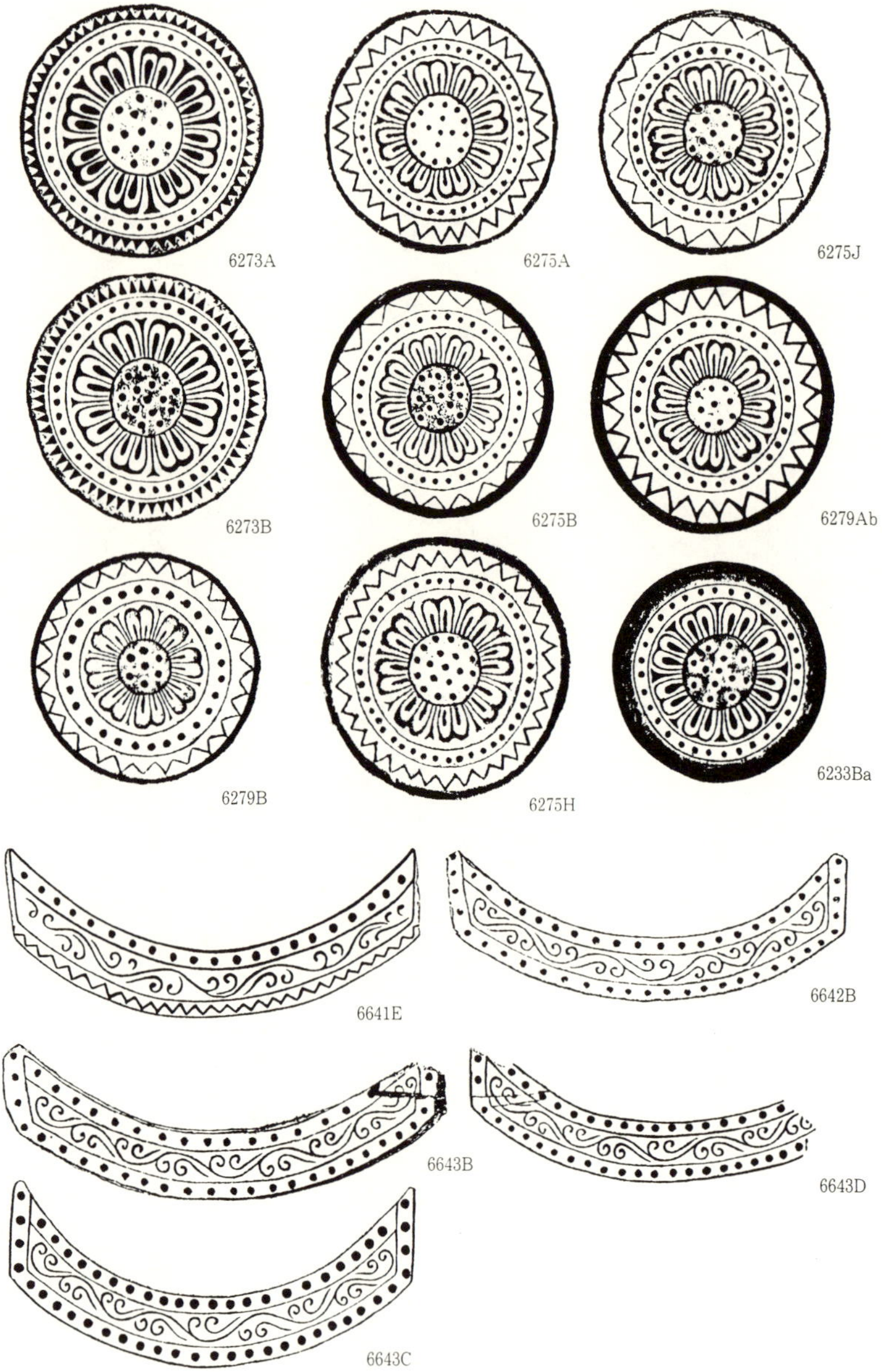

図41　高台・峰寺瓦窯産軒瓦

縁は先端を丸くおさめる三角縁であるなど、その文様上の特徴はこの瓦窯の製品の中では比較的古い様相を呈する。丸瓦の接合は、丸瓦端面に平行線のキザミをつけ、接合部内面に粘土を厚くあてるため接合線は低い円弧を描く。

六二七三B型式は、日本古文化研究所の発掘調査で最も多く出土した軒丸瓦である。基本的な文様の構成は、六二七三A型式と極めて類似するが、複弁中央の盛り上がりが低い。丸瓦接合位置は、九〇度ごとに集中することから笵は正方形であったと推定され、また枷型の痕跡らしきものが残るものもある。

この型式のものは、花谷が指摘するように、焼成法や接合法が違う二者がある。一方は、硬質の須恵質で瓦当の厚さは四センチ程度、丸瓦先端を未加工とし、丸瓦接合部側面がほぼ直角となり接合粘土がやや少ないもの。もう一方は、須恵質であるが軟質な焼成のもので、瓦当の厚さが五センチ程度、丸瓦部端面にキザミを入れるものもあり、側面は曲線を描き、接合粘土は前者に比して多いものである。

また、このような瓦には丸瓦部と瓦当の接合部分の凸面が高く盛り上がり、そこに複数のヘラ状工具の痕跡が残るものがある。凹面の接合粘土上には、ユビナデの痕跡が残るものが多いが、棒状の工具による填圧痕が認められるものが含まれる。なお、これと同様のものは六二七三A型式にも認められる。これらは、胎土の特徴が類似することから時期差か同一瓦窯群内で作られた別系譜の瓦工の手による可能性がある。

六二七五A型式は、笵が摩滅する以前のものと以後のものとでは胎土や技法が異なり、花谷が指摘するように、他瓦窯から笵が持ち運ばれた可能性が高い。花谷がNグループとした笵が摩滅する以前のものは、胎土に砂粒を多く含む瓦質焼成ないしは淡褐色を呈する土師質焼成のもので、接合粘土は少なく接合部の形状は円弧を描く。それに対し、高台・峰寺瓦窯産と考えられる笵の傷んだものは、この瓦窯の製品特有の黒色粒を含む精良な胎土で、接合粘土の量は多く、接合部の形状は台形に近い形となっている。

六二七九Aa型式は日高山瓦窯から笵が持ち込まれたものである。基本的な製作技法は、他の高台・峰寺瓦窯の製品と類似する。六二七九B型式は胎土の特徴から二つに分類できる。ひとつは、黒色粒を含む高台・峰寺瓦窯特有の胎土のもので、もう一方は、特に瓦当部に白色の砂粒を多く含むものである。

このことから、高台・峰寺瓦窯からPグループへの笵の移動が推定されているが、Pグループも高台・峰寺瓦窯である可能性が指摘されている。六二三三Ba型式は、小山廃寺所用の瓦六二三三Bb型式の笵を持ち込み改笵したものとされていたが、その後の検討により高台・峰寺瓦窯から小山廃寺に笵が持ち運ばれたことが明らかになった。丸瓦側面及び凹面両端から瓦当裏面にかけて、抉り取るような深いケズリが二回にわたって行なわれるのが大きな特徴である。丸瓦部先端は凹面を浅く斜めに切っている。

(イ)軒平瓦

六六四三B・C型式が確認されており、胎土の特徴などから六六四一E、六六四二A、六六四三D型式もこの瓦窯の製品と考えられている。さらに、花谷分類によるPグループ六六四三Ab型式や大宅廃寺から笵が持ち運ばれた六六四六C型式もこの瓦窯の製品の可能性が指摘されている。

六六四三C型式は、珠文がやや大振りで支葉の巻き込みが強いものである。この瓦には、大脇がすでに指摘しているように、脇区のはみだしを削りおとすものと、はみ出しを残すものとがあり、この違いによりそれぞれ胎土や形状が異なっている。前者は、顎が浅く胎土は緻密であるが、後者は顎が深く胎土にも多量の砂粒を含む。笵の摩滅の具合から、前者が先行して製作されたと考えられる。

六六四一E型式は、日本古文化研究所の調査で最も多く出土した軒平瓦である。比較的長期にわたって生産されたものと考えられ、硬い須恵質のもので顎が深いものから、やや軟質で顎が低いもの、曲線顎のものなどがあり、これらの変化はほぼ笵の摩滅の進行のしかたと対応する。いずれも基本的な技法は共通することから、これらの違いは時期差であると考えられる。

六六四六C型式は、胎土に砂粒を多く含みこの瓦窯の製品の特徴とされる黒色粒を含まない。変形忍冬唐草文という藤原宮の軒平瓦の中では古い文様構成をとるが、文様はややにぶく笵の消耗が進んでいる。粘土紐桶巻づくりで作られていることから大和国内の生産窯で作られたことはほぼ疑いないが、具体的な生産地や所属時期については検討を要する。

六六四三Ab型式は、先述のようにQグループでの生産を考えておきたい。

(ウ)高台・峰寺瓦窯における生産（図42）

この瓦窯で使用された笵は、従前からの指摘にあるように、他の瓦窯から持ち込まれたものが多い。再度、ここでこれらを整理すると、六二七五A型式はNグループから、六二七九A型式は日高山瓦窯から、六六四六C型式は大宅廃寺からの笵の移動が推定されている。このようにこの瓦窯においては、日高山瓦窯とは逆に他瓦窯から持ち運ばれた笵が占める割合が高く、このことは、従前の指摘にあるように高台・峰寺瓦窯への生産の集中を示すと考えられる。

次に、これらの笵の動きを含めこの瓦窯における生産の推移を想定することとする。この瓦窯での生産が想定されている軒瓦のうち、その文様が最も古いものは六六四六C型式である。この瓦は、軒丸瓦六二七九B型式とセットとなり、宮の東面北門に葺かれていることが、奈良国立文化財研究所の調査によって明らかになった(20)。

ここでは、このセットの他に、六二七六C-六六四七C型式、六二七四Aa-六六四七A・B型式のセットが確認さ

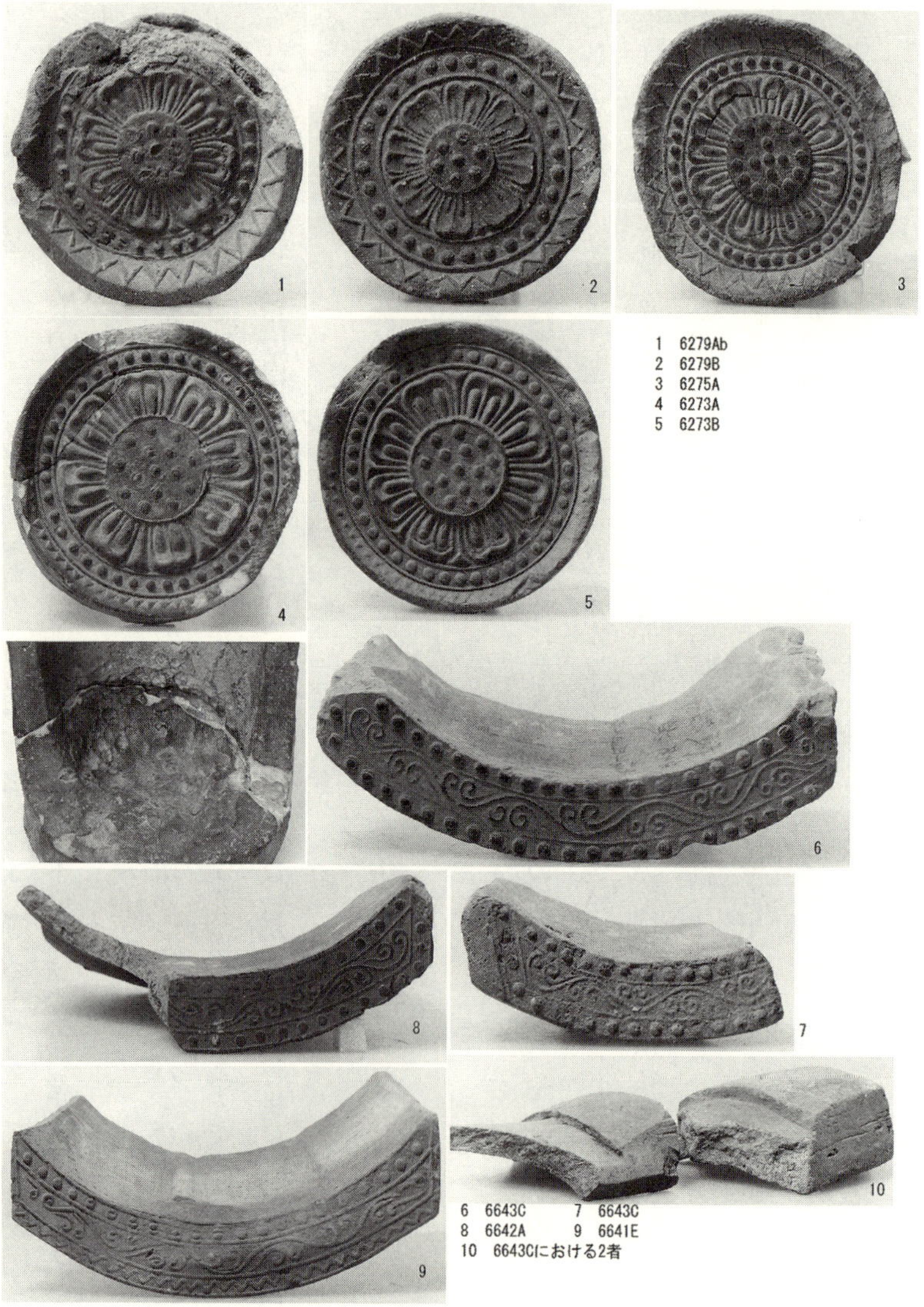

1　6279Ab
2　6279B
3　6275A
4　6273A
5　6273B

6　6643C　　7　6643C
8　6642A　　9　6641E
10　6643Cにおける2者

図42　高台・峰寺瓦窯の製品

れている。これらのセットは、いずれも大和国以外の瓦窯で生産されたもので、その生産時期が大和国の瓦窯に先行することは、従前から指摘されているとおりである。瓦が生産された時期と屋根に葺かれた時期にさほどへだたりがないとすれば、六六四六C-六二七九B型式のセットも宮所用の瓦の中では古い時期に位置付けられることになる。

しかし、軒丸瓦六二七九B型式を見る限り中房の蓮子が一＋六であること、接合粘土の量がやや多いことなどから、時期的には後出する特徴をもつ。このことから、六六四六C型式と六二七九B型式の製作年代をほぼ同時と仮定した場合、六六四六C型式も時期はやや下る可能性もあり、一概にその製作年代を古く求めることはできない。また、東面北門は六二七九B型式を除くと、時期的に古い瓦のセットで構成されている。

このことから、六六四六C-六二七九B型式のセットが東面北門の葺き替え瓦として用いられたとも考えられるが、そうでないとした場合、瓦の生産年代と葺かれた年代との間に時期差があることを示すこととなり、六二七六C-六六四七C型式などの時期的に古い瓦が一定期間、ストックされていたということになる。(21)

なお、この軒平瓦は先述のように胎土に砂粒を多く含むなど、他の高台・峰寺瓦窯の製品とは異なる特徴を示す。花谷がNグループに分類しているように、所属時期の他、生産窯についてもさらに検討を要することを付け加えておきたい。

これらの瓦を除くと、この瓦窯で最初に用いられた笵は、凸鋸歯文を施す軒丸瓦六二七三A・B型式、軒平瓦六六四一E型式がその候補となる。なかでも、六二七三B型式の硬質のものは、接合粘土の量も少なく、全体の調整が丁寧であるなど、他の軒丸瓦に比べ古い様相を呈し、六六四一E型式も硬質のものは、顎が深いなど他のものよりやや古い様相を呈している。このことから、高台・峰寺瓦窯の初期の製品は、硬質の須恵質のものであり次第に軟質のものへと変化するという傾向が認められそうである。

このことは、他瓦窯から持ち込まれた笵で製作されたものに硬質の須恵質のものがほとんど存在していないことからも裏付けられよう。また、ここで注目されるのは、六二七三A・B－六六四一E型式がセットとして大極殿・朝堂などの主要建物の所用瓦となっているであろうことである。これは、高台・峰寺瓦窯がその操業開始において、宮中枢部の瓦の生産を主目的としていたことを示すものであろう。

これらの瓦の生産が開始された後、他の瓦窯から次々とこの瓦窯に瓦笵が持ち込まれ生産が行われたことは従前の指摘どおりであり、日高山瓦窯が解体へと向かうのに対しこの瓦窯が生産規模を拡大しているように思われる。しかし、その一方で、この瓦窯から他瓦窯に笵が持ち運ばれたものには、軒丸瓦六二三三Ba型式があり、またその可能性があるものには、軒平瓦六六四三C型式がある。

六二三三Ba型式は先述のように、小山廃寺に笵が持ち運ばれている。小山廃寺からは、外区外縁に鋸歯文を彫り加えたBb型式が出土しているが、この型式のものは藤原宮跡からは出土せず、また製作技法も六二三三Ba型式と大きく異なる。小山廃寺のものは、丸瓦部先端凹凸両面に規則正しい格子目キザミを入れており、また、高台・峰寺瓦窯産と考えられるものに認められた丸瓦部側面から瓦当裏面にかけて認められたケズリが行われていない。これらのことから、この二つの軒丸瓦はそれぞれ別瓦工による生産であることが分かる。

六六四三C型式に脇区外縁のはみだしを削るものと残すものがあり、それぞれ胎土と技法が異なることは先述のとおりである。前者をⅠ類、後者をⅡ類とすると、Ⅰ類は他の高台・峰寺瓦窯と同様の技法や胎土の特徴を示すのに対し、Ⅱ類は胎土や顎の深さが異なることから、他瓦窯での生産も考えられるのは先述のとおりである。このことをもう少し詳しく見ていくと、Ⅱ類は顎と平瓦部の境に沿って強いユビナデがあり、顎部の削り出しの工具痕を消している。高台・峰寺瓦窯の製品は多くの場合、削り出しの工具痕を明瞭に残していることから、この点がまず相違点として挙げられる。

また、六六四三C型式の供給先を見ると、宮の他に桜井市安倍寺跡(22)、橿原市興善寺跡(23)などから一点ずつ出土しているが、この二つの寺院から出土しているものは、いずれもⅡ類である。藤原宮跡ではⅠ類が三六点に対し、Ⅱ類が四点という割合であることを考えれば、日高山瓦窯の項で述べた軒丸瓦六二三三Ab型式において歯車形接合を有する六二三三A-Ⅱ類が宮跡から出土せず、京内及び周辺寺院から出土しているということと類似する事象としてとらえられよう。

つまり、供給先の違いが生産窯の違いを反映している可能性があるということである。六二三三Ab型式が胎土の違いなどから、他瓦窯での生産が想定されることと同様、この六六四三C型式も他瓦窯で生産された可能性が高いと評価したい。

3　西田中瓦窯・内山瓦窯

両瓦窯ともに軒丸瓦六二八一B型式、軒平瓦六六四一F型式が出土しているが、両者の時期的な先後関係などは不明である。また、両者が同一の瓦窯群であるかについても西田中瓦窯の実態がはっきりしないため不明であるが(24)、同一の軒瓦を生産していることを重視し、ここでは両者が同一の瓦窯群である可能性を考慮した上で、西田中・内山瓦窯として扱うこととする（図43）。

内山瓦窯は大和郡山市教育委員会によって発掘調査が実施されており(25)、その実態の一部が明らかになった。この瓦窯の製品は、粘土板桶巻づくりによって製作されたものであることが指摘されていたが、発掘調査で出土した丸瓦・平瓦の中には、粘土板桶巻づくりによるものと粘土紐桶巻づくりによるものの双方の存在が確認された(26)。六二八一B

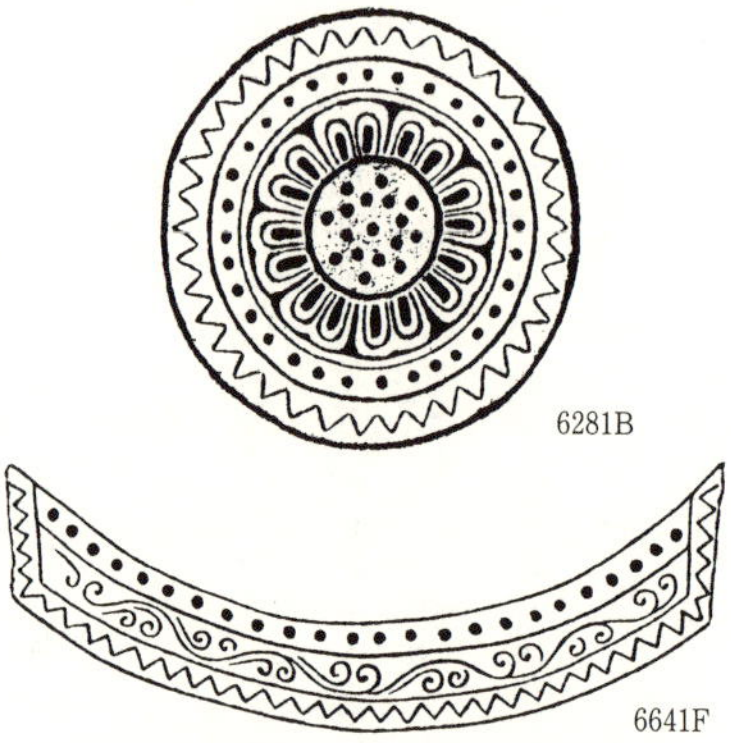

図43　西田中・内山瓦窯産軒瓦

型式は、瓦当面が厚く丸瓦接合位置もやや低く接合粘土の量が多いなど、藤原宮所用瓦の中では後出的な要素が強い。六六四一F型式は、平瓦凹凸両面ともに丁寧なナデを行い、布目と叩き目をなで消すなどその作りは丁寧である。

　この瓦窯で注目されるのは、明らかに異なる瓦工集団によって作られたであろう二群以上の平瓦が認められることである。山川均が指摘するように、ひとつは成形材が粘土板で硬い須恵質の焼成を呈し、胎土に砂粒をほとんど含まず、凸面の縄叩き及び凹面の布目を丁寧にナデ消す一群であり、一方は、成形材が粘土板もしくは粘土紐で、胎土に砂粒を含む土師質を呈するもので、縄叩きや布目の痕跡を明瞭に残す一群である。

　このように、明らかに異なる二群の瓦が同一瓦窯から出土しているということは、この瓦窯で生産に携わった瓦工が二組以上存在していたことを示すものである。それらの集団は、異なる製作技法を用いていると同時に、素地土の加工法（混和材として砂粒を混ぜるか、混ぜないか）も異なっている。このことは、同一の瓦窯で作られたものであるといっても必ずしも共通する胎土や技法を持つとは限らないということを示す。

　しかしその一方で、藤原宮跡から出土しているこの瓦窯産と考えられる軒瓦はいずれも精良な胎土を持つものであることから、この二組の中には軒瓦の製作に携われるか否かといったような明確な格差があったとも推定される。山川は、それぞれの瓦が窯のどの位置に置かれていたのかについての検討を行い、軒瓦と同様の胎土・焼成の瓦を生産していたグループが最も優位な一群で、この瓦窯における指導的な役割を果たしていたと推定している。

さらに、山川は粘土紐桶巻づくりを行う工人を土器づくり工人とする見解を示しており、ここから想像すればこの瓦窯においては、粘土板桶巻づくりを行う瓦づくりの専業工人のもとに、土器づくり工人が配され瓦工の指導のもとに生産を行っていた可能性も考えられよう。(27)

4　安養寺瓦窯

出土が確認されているものに、軒丸瓦六二八一A型式、軒平瓦六六四一C型式があり、軒丸瓦六二七五D型式も胎土の特徴などからこの瓦窯の製品である可能性が強い（図44）。

六二八一A型式は、笵の摩滅の進行の仕方から三段階程度に大別できるが、技法的な特徴に大きな違いはない。いずれも粘土紐桶巻づくりで、瓦当裏面は周縁を低く削ることにより中央を丸く膨らませるものと、平坦なものとがある。この軒丸瓦の笵の摩滅が進んだ段階のものは、和泉別所廃寺と河内片山廃寺からも出土している。(28)六六四一C型式も粘土紐桶巻づくりであり、先の西田中・内山瓦窯の軒平瓦六六四一F型式に見られたように、布目の痕跡やタタキの痕跡をナデ消すなど丁寧な作りである。

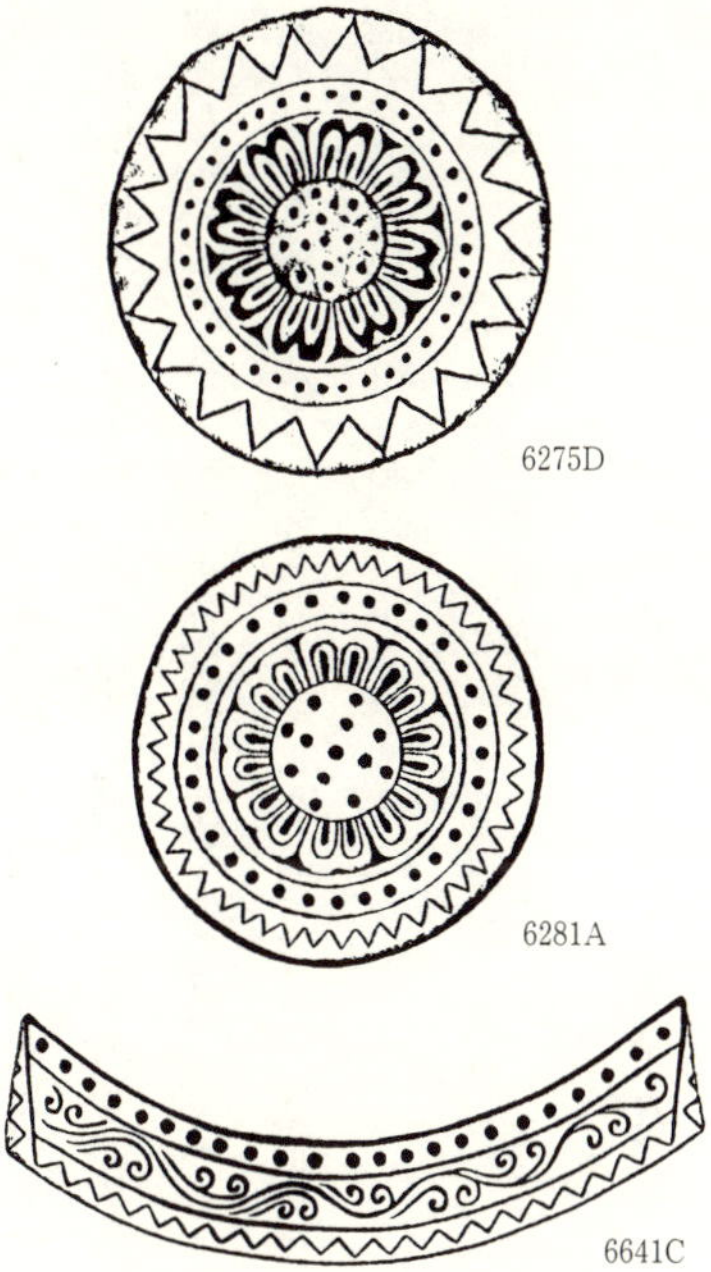

図44　安養寺瓦窯産軒瓦

　この中で特に注目されるのが軒丸瓦六二七五D型式である。今回、実見したこの型式のものは、資料数こそ少ないものの、そのいずれもが瓦当裏面にケズリを行っている。その場合、周縁を斜めに低く削るために、瓦当面の厚さが丸瓦接合部へ向けて厚くなる。丸瓦接合部の厚さから、おそらく瓦当に丸瓦をのせ、その上に丸瓦部から瓦当裏面中央にかけて、多量の接合粘土を被せた後、その粘土がある程度乾燥するのを待ってヘラで粘土をかきとり、その際に瓦当裏面の周縁を数回に分けて斜めに削り取ったと考えられる。このような瓦当裏面の処理法は、藤原宮跡出土の軒丸瓦でもこの瓦窯の製品にしか認められない特異なものである。

5　三堂山瓦窯

瓦当が出土していないため、生産されていた軒瓦については不明であるが、その立地する場所や時期から藤原宮の造営にかかわる瓦窯のひとつと考えられている。発掘調査により、多量の平瓦と丸瓦が出土している(29)。この中には粘土紐桶巻きづくりのものと粘土板桶巻きづくりのものの双方が出土し、胎土も灰白色系の緻密な胎土のものと砂粒を多く含むやや粗いものとがある。また、丸瓦には長さ三五チセン程度の小形のものが含まれている。なお、先述の歯車形接合をとる軒丸瓦の丸瓦部の断片や『李』の刻印がある平瓦片が出土している。

6　大和国内の不明窯の製品

花谷の分析によるJ・N・P・Qグループが生産窯は断定できないものの大和国内で生産された瓦と考えられている。このうち、P・Qグループについては、先述したので、ここではJグループと、分類されていない軒平瓦六六四一Ab型式について述べておきたい（図45）。

Jグループとされているものは、軒丸瓦六二七三D型式、軒平瓦六六四一Aa・N型式がある。

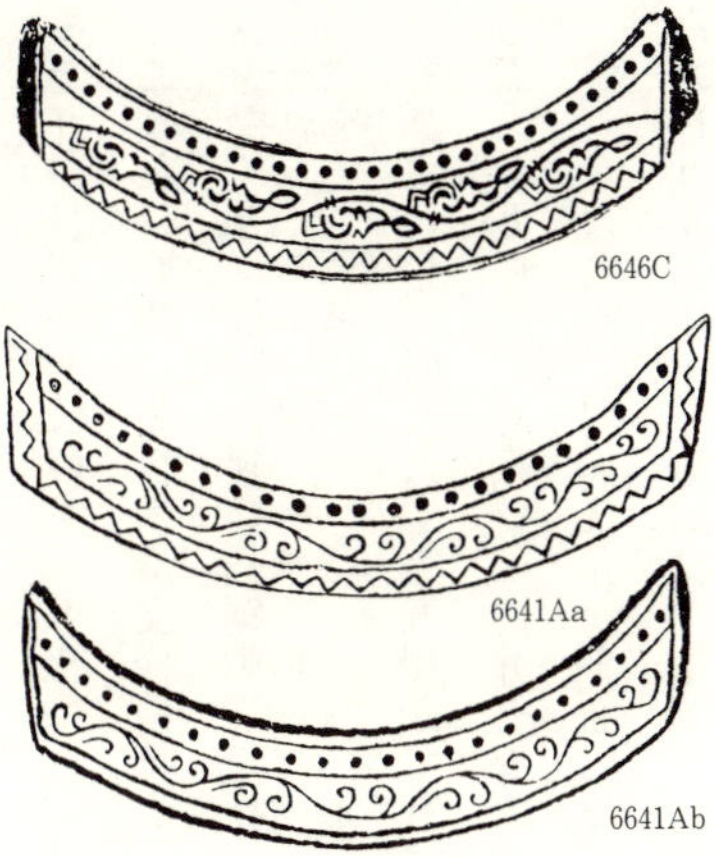

図45　生産地不明の軒平瓦

六六四一Ab型式は、六六四一Aa型式の下区を省略した型式のものであり、この瓦は日本古文化研究所の発掘調査でも比較的まとまって出土している。いずれもやや軟質で砂粒を多く含む。粘土紐桶巻きづくりによって製作されており、本来あった下区を省略したために瓦当幅が狭く、そのため顎も極めて低い削り出し段顎となっている。また、顎面に縄叩きの痕跡を明瞭に残すものが多いのも特徴のひとつとして挙げられる。技法上の特徴から、大和国内の瓦窯の製品であると考えられるが、具体的な生産窯は不明である。作りがいずれも雑であり、技法上の簡略化が進んでいることから、藤原宮所用瓦の中では最も後出するものであろう。

この他、大和国内で藤原宮の瓦を焼成したであろう瓦窯に飛鳥寺瓦窯がある。奈良県教育委員会によって実施された飛鳥寺瓦窯と称された瓦窯からは、凸面に縄タタキを持つ粘土紐桶巻づくりによる平瓦が出土している。(30)

二　宮の造営と各瓦窯の推移

藤原宮の瓦づくりがいつから開始されたのかは、はっきりしない。このことについては、『日本書紀』持統六年（六九二）五月に見える宮地の地鎮をさかのぼらないであろうという見解が山崎信二によって示されているが、(31)その反面、天武末年頃のものと考えられる宮下層の運河などから六六四六型式をはじめとする軒瓦が数点出土するなど山崎の指摘する時期に先行する可能性もある。[32] また、文献に現れる大極殿の初見は、文武二年（六九八）であることから、そのころには一定量の供給が完了していたことが分かる。さらに、日高山瓦窯については、持統十年（六九六）に行われた南門における大射以前の操業であるとする指摘がなされている。[33] これらの文献に見える記載をもとにそれぞれの瓦窯の操業開始時期について考えていきたい。

先述のように大和国内の藤原宮の瓦窯はそれぞれ異なる技法をとることから、技術論からの比較ではそれぞれの瓦窯の先後関係を決定することはできないが、各瓦窯間で認められる笵の移動と、花谷が他地域産の軒瓦の文様の類似性を中央からの規制と評価したように、宮全体の瓦のデザインが一元的に各瓦窯に与えられたものであると評価すれば、その文様の推移から大まかな編年が可能ということになる。まず、この視点で検討を進めていきたい。

藤原宮の軒瓦は、大和国内産と国外産とに分類できる。時期的にも先行する国外産の瓦窯の製品は、まず軒平瓦においては変形忍冬唐草文であることが特徴であり、軒丸瓦においては中房の蓮子に周圏がめぐるものが多く見られ、また弁が長く間弁はいずれもA系統、外縁の鋸歯文の間隔が狭いなど本薬師寺式の影響が認められる（図46）。

これら時期的に先行する文様の特徴から考えれば、大和国内産の軒丸瓦では、他地域から笵を持ち込んだ六二七四Aを除くと、間隔の狭い凸鋸歯文を持つ六二七三型式や六二七五A・B・E・H・I型式などが時期的にも古いということとなろう。

それに対し、同じ六二七五型式でも弁が平面的で鋸歯文の間隔の広い六二七五D・J型式や中房の蓮子が二重となる六二七九型式、B系統の間弁となる六二八一型式は後続する一群として考えられよう。

なお、六二三三型式は弁が平面的で素縁であることから、後出的な要素が認められるが、瓦当面径が一六センチと他の宮の軒丸瓦に比べて極端に小型であること、日高山瓦窯と高台・峰寺瓦窯の二つではほぼ同様の大きさ、意匠のものを生産していること、小山廃寺に笵が移動した後に鋸歯文を彫り加えていることなどから、時期的にもさほど後出すると考える必要はなく、むしろ特定の施設への供給を目的とした小型の軒丸瓦と評価できよう。

軒平瓦については、先の流れから考えれば上区珠文、下区鋸歯文のものが先行するということになろうが、比較的早くから生産が開始されていただろう日高山瓦窯の唯一の軒平瓦が上・下区ともに珠文を配する六六四三型式であることを考えれば、当初から珠文＋鋸歯文のものと珠文のみのデザインの双方があったと考えられる。このことから、軒平瓦について、組み合う軒丸瓦の文様からその時期を特定するのが妥当であると考える。

これらのことに、笵の移動という要素を加え各瓦窯の操業開始時期を推定すれば、大和国内の瓦窯のうち、最も早く操業を行なうものは高台・峰寺瓦窯と日高山瓦窯、そして不明窯Nグループであろう。これらに対し、宮跡から多数出土するものの、時期的に遅れるものは安養寺瓦窯と西田中・内山瓦窯ということになる。

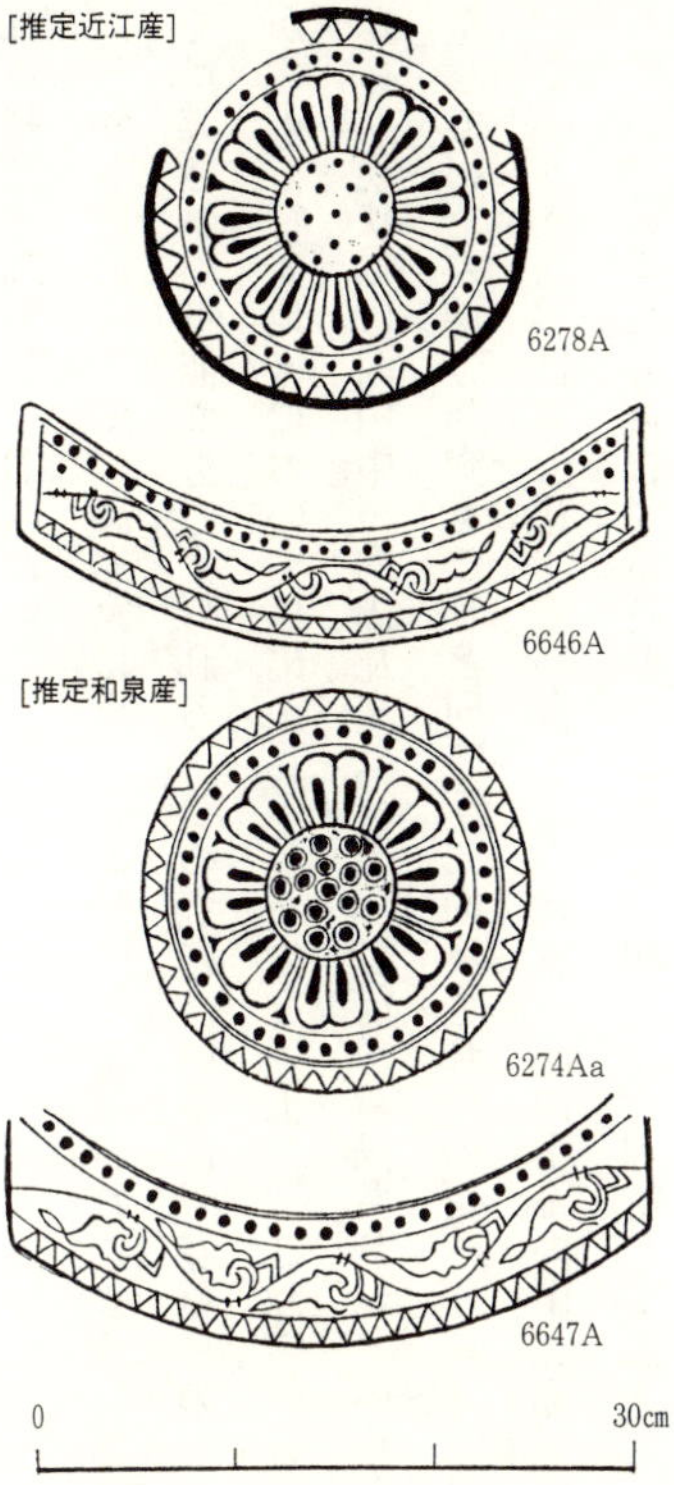

図46　大和国外産の軒瓦

特に、西田中・内山瓦窯については、当初は平城宮の瓦窯と考えられたように奈良時代に極めて近い時期からの生産開始も想定されるが、日本古文化研究所の資料を見ると六六四一F型式が軒平瓦二六六点中四五点出土している。（最も多い六六四一Eの五九点に次ぐ出土量）この数は部分的な補修に伴うとは考えがたく、その操業開始は高台・峰寺瓦窯に若干遅れる程度と理解しておきたい。

しかしその一方で、藤原宮は東方官衙地区で確認されたようにある時期、大規模な改作を行っており[34]、それに伴って操業された可能性も考えられる。この点については、藤原宮の造瓦体制を考える上で重要な意味を持つものであるが、東方官衙地区においては出土瓦の量が少ない上に、これらの軒瓦が集中するという傾向は認められていないことから、現状では西田中・内山瓦窯は宮改作以前から操業されていたと理解しておきたい。ほぼ同様の文様の軒瓦を生産していた安養寺瓦窯もこれと同時期に操業されたのだろう。

このように、日高山瓦窯、高台・峰寺瓦窯、西田中・内山瓦窯、安養寺瓦窯の四つは、若干の時期差は想定できるものの、いずれも近接する時期に操業を開始したと理解しておきたい。

これらに明らかに後続するのは、日高山瓦窯から持ち運ばれた笵を用い生産を開始したであろうQグループ、同じく高台・峰寺瓦窯の笵を使用したPグループがあるが、いずれもその製品の出土量が少ないことから窯跡の規模そのものもさほど大規模なものとは考えがたく、あくまでも補助的な生産窯であったと思われる。

また、その技法から宮の軒瓦の中で最も時期的に新しいと考えられる六六四一Ab型式は、時期的にはこれらのものよりさらに遅れる可能性があると同時に、日本古文化研究所資料の中に一定量の含まれていることから、宮の補修瓦を生産するために、宮造営終了後に短期間臨時に置かれた瓦窯で生産された可能性も考えられる。

次に、笵の移動などから見た各瓦窯どうしの関係についてみていくと、これらの瓦窯は類似する文様を持つ軒瓦を生産し、さらに多くの場合、粘土紐桶巻づくりを採用するという点で共通するものの、細部の調整法は異なる場合がほとんどであり、かつ同一瓦窯群内にも技法を異にする瓦工が複数存在したことがうかがわれる。

このことから、もしそれぞれの瓦窯で生産に従事していた瓦工がある時期を境に他瓦窯に移ったとした場合、その

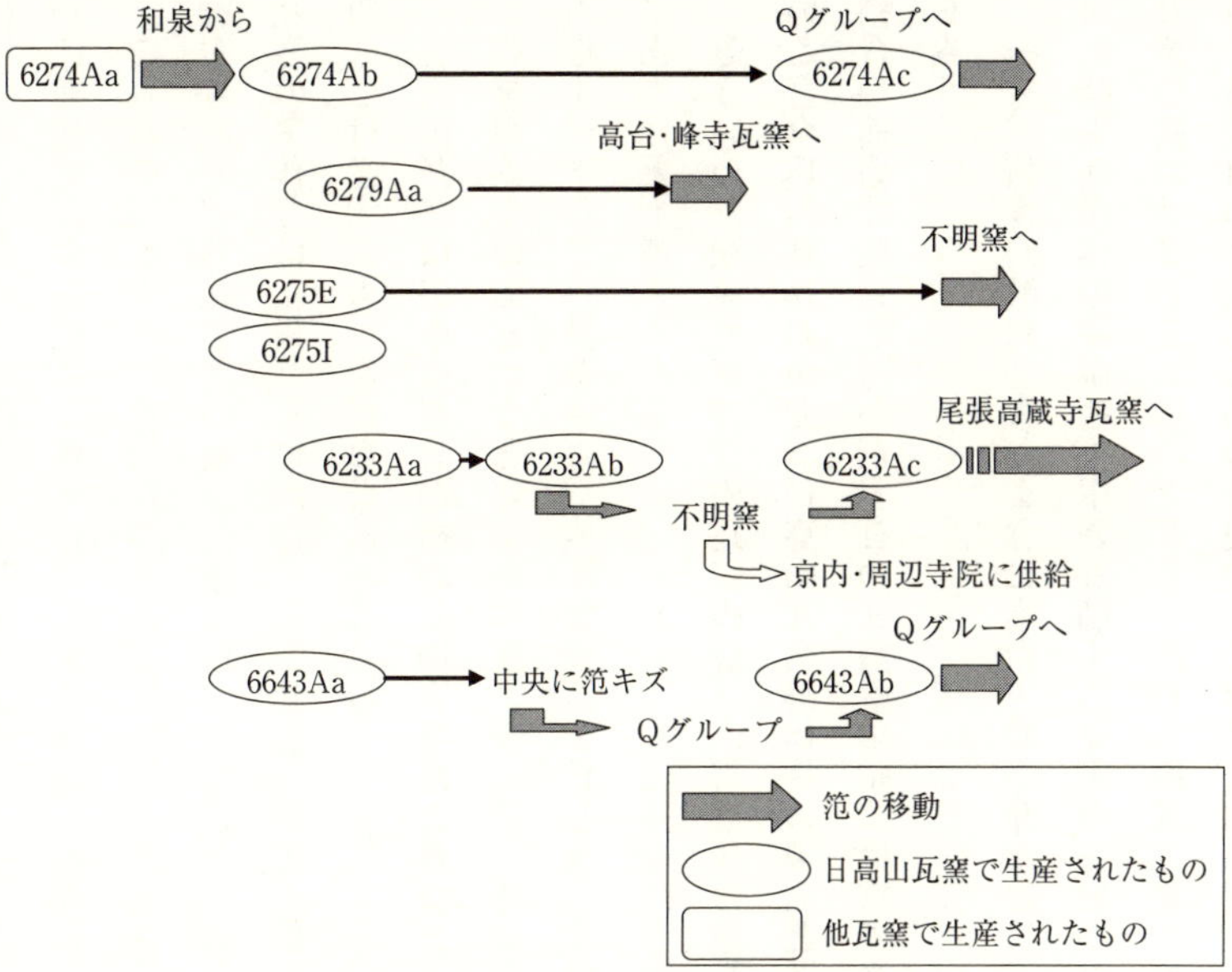

図47　日高山瓦窯における生産模式図

技法の分析を行うことによって瓦工の足取りを追うことが可能であるということとなる。

そういった前提に立って、笵の移動が確認されているものについて、移動前と移動後の技法について比較してみると、まず日高山瓦窯では、ほとんどの笵が、ある時期に他瓦窯へ移動しているが、移動先で日高山瓦窯と同様の技法をとるものは確認されていないことから、笵とともに瓦工が移動した例はないということとなろう。また、笵とは別の移動の仕方をしたと仮定したとしても、日高山瓦窯の製品特有の技法を踏襲している軒瓦は、生産の集中が指摘されている高台・峰寺瓦窯はおろか、それ以外の製品にも認められない（図47）。

このことから、日高山瓦窯の解体後、そこで生産を行なっていた瓦工は他瓦窯に吸収されることなく解体させられ、その後の藤原宮の造瓦には参加しなかったという見方が成り立つ。これと同様のことは、他瓦窯についても言え、和泉から日高山瓦窯に持ち運ばれた笵と考えられる六二七四Aも、粘土紐桶巻きづくりと粘土板桶巻きづくりの違いを除いても、技法が全く異なり明らかに別瓦工による製品と考えられ、また高台・峰寺瓦窯の六六四三C型式も途中で技法を変えている。

これらのことから、藤原宮の瓦窯は藤原宮の瓦を生産するという共通の目的を持ち類似する文様の軒瓦を生産しているものの、各瓦窯間の結び付きは弱く、特に瓦工の技術的、人的な交流はなかったと推定される。そして、日高山瓦窯の解体とは結果として高台・峰寺瓦窯への生産集中にはつながるものの、高台・峰寺瓦窯の生産力の増大ということとは必ずしもつながらないと言える。

日高山瓦窯は、その製品が極めて均質である点などから、生産の管理も十分に行き届いた瓦窯であり、宮の造瓦の一翼を担うものであったと考えられる。しかし、その一方で、宮の最も重要な中枢部には、軒瓦をほとんど供給しておらず、またその操業中に、他瓦窯に笵を貸し出しているなど高台・峰寺瓦窯と比べると、ややその役割は低いものであったとも考えられる。

そういった意味では、この瓦窯の解体が宮全体の造瓦にどの程度影響を与えたかは不明であるが、現在確認されている宮全体の軒瓦の中で、日高山瓦窯解体後の製品と考えられる六二七五E、六二七四Ac、六六四三Ab型式の占める割合が極めて低いことから、この瓦窯解体時には宮で必要とされる瓦全体の生産もある程度完了していたのは事実であろう。

一方、何度か触れてきたように高台・峰寺瓦窯には、ある時期に他瓦窯から笵が持ち運ばれている。このことを高台・峰寺瓦窯への生産の集中と評価する見方が一般的であるが、瓦の製作技法について詳しく見ていくと、笵がこの瓦窯に持ち込まれる以前の製品と、高台・峰寺瓦窯との製品とでは、いずれの場合も技法が異なっている。つまり、笵の移動前の製品と移動後の製品とでは明らかに瓦工が異なっていると推定される（図48）。

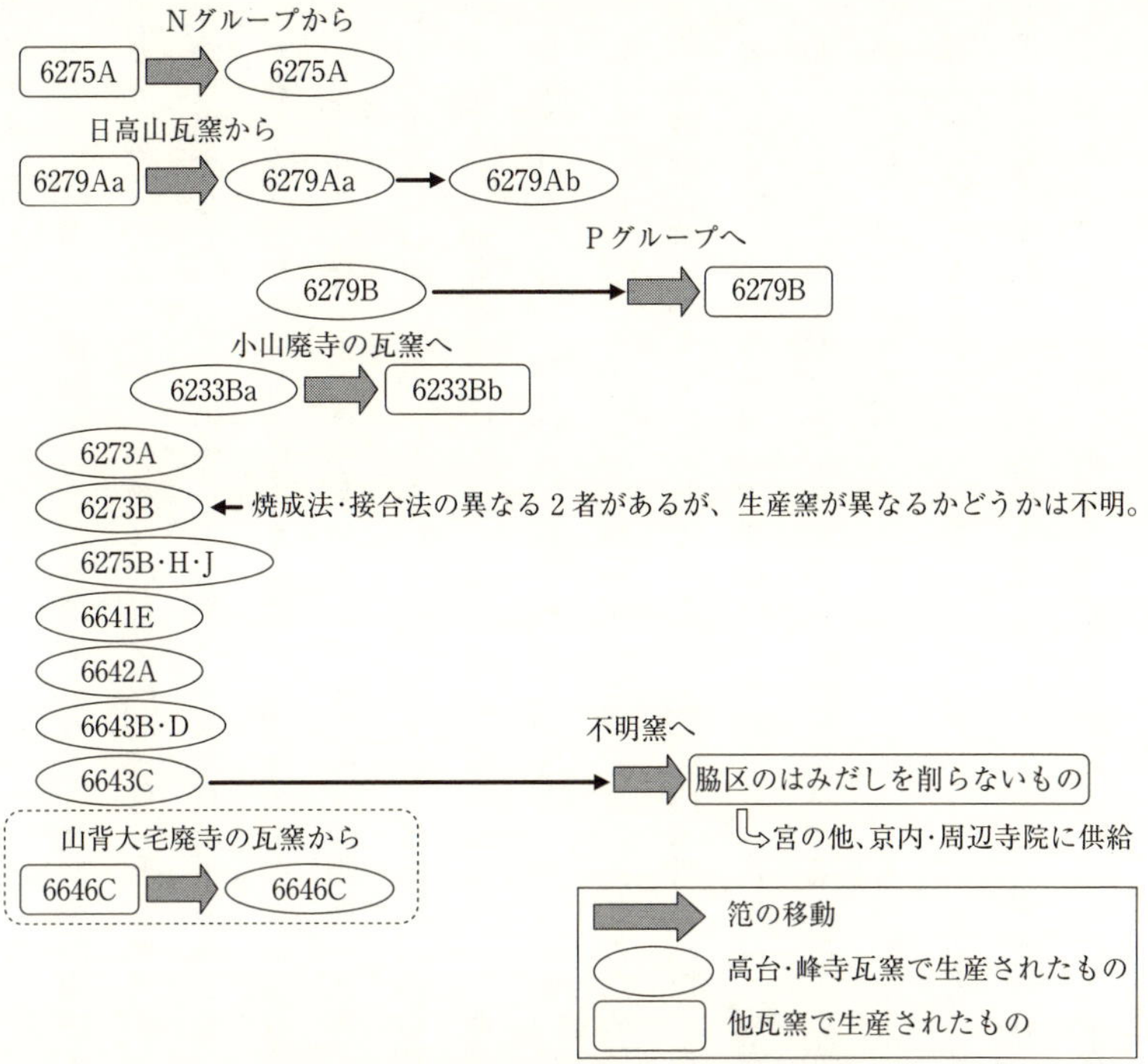

図48　高台・峰寺瓦窯における生産模式図

このことから、高台・峰寺瓦窯にはある時期から笵は集中するものの、それと同時に瓦工までが集められたということにはならないであろう。つまり高台・峰寺瓦窯への笵の集中とは、藤原宮全体における造瓦の生産規模の縮小に対応したものであり、高台・峰寺瓦窯の生産規模の拡大とは必ずしも言えないと考えられる。そして、高台・峰寺瓦窯自体も宮の造営工事の終了を待たずして生産規模を縮小していた可能性もある。

このことは先述した軒平瓦六六四一Ab型式をはじめとする時期的に後出する軒瓦が比較的まとまって出土したことからも推定される。これは、これらの瓦が作られた頃には、本来、宮中枢に瓦を供給するはずであった高台・峰寺瓦窯の生産規模が極端に縮小されていたか、もしくは生産が終了していたため、新たな生産窯を置かざるを得なかったことを示すと考えられる。

一方で、時期的に後続する可能性のある安養寺瓦窯や西田中・内山瓦窯については、その終焉がよく分からない。安養寺瓦窯においては、その生産の最終段階に作られたと考えられる六二八一A型式が、和泉別所廃寺と河内片山廃寺から出土している(35)。片山廃寺のものは、藤原宮出土の最も笵の摩滅が進んだものより笵キズが進行しており、胎土に長石粒を多量に含むなど明らかに藤原宮出土のものとは異なることから製品の移動とは考えがたい(36)。

また、丸瓦接合粘土の量が多いこと、瓦当裏面の処理の仕方が異なるなど、技法の上でも共通性が乏しい。さらにこの軒丸瓦には軒平瓦が伴わない可能性が高く、ともに用いられた丸・平瓦もこの地域の在地色の強いものであるなど、瓦工の移動も想定しにくい。よって、笵のみがこの寺の造瓦工房にもたらされ在地の瓦工により生産が行われたと推定される。このことから、おそらく片山廃寺の造営開始のころには安養寺瓦窯も解体していたと推定されよう。

ここまで述べてきたことを、整理すると藤原宮の造瓦のために営まれた瓦窯は、それぞれその規模や性格により、ある程度の役割を振り分けられていた。大和国内に営まれたであろう瓦窯は、想定されているものも含めると全部で八カ所あるが、そのうち最も重要な役割を課せられたのは、高台・峰寺瓦窯であった。

おそらく、この瓦窯には宮全体の瓦生産を統括する施設も置かれていたのであろう。次に、重要な役割を課せられていたのが、日高山瓦窯や、やや時期的に後続するものの安養寺瓦窯、西田中・内山瓦窯であろう。逆にごく短い期間に生産を行ったものとして、N・P・Qグループとされる生産窯不明の一群である。これらは、その操業時期はそれぞれ異なるものの、補助的な生産を行なっていたと考えられる。

このように、大和国内における藤原宮の造瓦は、四つの主要な生産窯を中心に成り立っていたが、これらの瓦窯は当初から一定の生産を終了すれば解体させられることになっていたと考えておきたい。日高山瓦窯の解体と高台・峰寺瓦窯への笵の集中をもって、高台・峰寺瓦窯への生産の集中と理解し、後の平城山瓦窯のさきがけとなったとする見方があるが、高台・峰寺瓦窯への生産の集中とは、宮で必要とされる瓦の生産がある程度終了したために他の瓦窯の操業が停止されたことにより起こり得た現象と理解でき、この瓦窯の生産規模を拡大し集中生産を行なったものではないと考えたい。

そして、藤原宮における造瓦とは、複数の瓦窯にそれぞれ一定量の生産を課すことによって短期間で多量の瓦の生産を目論んだものであり、この方法は平城遷都まで一貫して続けられたと考えられる。高台・峰寺瓦窯は、これらの中で宮中枢に瓦を供給するという最も重要な役割を課せられていたために、その規模も当初から大きくかつ存続時期も長かったのであろう。しかし、この瓦窯自体も必要量を生産した後は、規模を縮小もしくは解体し、宮の維持、補修に必要とする瓦は、新たに設置された他の瓦窯に委ねられたと考えられる(37)。

三　藤原宮の造瓦組織と瓦工の系譜

藤原宮の造瓦のために大和国内に複数の瓦窯が置かれたが、そこで造瓦の任にあたった瓦工は宮の造瓦のためだけに編成され、一定量の生産を行なった後に解体したと想定した。そして、これらの瓦工は一瓦窯群に一組だけではなく、複数の技法を異にするグループが存在した可能性を日高山瓦窯などの実例を用い述べてきた。しかし、その一方でこれらの瓦工がいったいどこからきて、それぞれの任が終了した後にどこへ行ったのかということまでわかる例が現状ではほとんどない。山崎信二の指摘のように、これらの瓦工には他地域から集められた瓦工も存在したであろうが、具体的な事例としては筑紫観世音寺の瓦工の一部と尾張国の瓦工とが挙げられているにすぎない(38)。ここではその中でわずかではあるが、これらの瓦工の系譜が推定できる例について述べていきたい。

まず、大和国内の藤原宮所用軒瓦のうち、特に特徴的な技法を用いるものには、日高山瓦窯の製品、安養寺瓦窯の軒丸瓦六二七五D型式、高台・峰寺瓦窯の軒丸瓦六二七三A・B型式などがある。このうち、日高山瓦窯の製品については、丸瓦側面を瓦当に対し直角に接合すること、丸瓦先端に何らかの加工を施すなどの特徴があるが、同様の技法が見られる軒瓦は大和国内ではその前後には認められないことから、現状ではその系譜をたどることはできない。安養寺瓦窯の軒丸瓦六二七五D型式は、瓦当裏面の周縁をケズリにより低くするという特徴があり、これと類似する技法をとる時期的にも近接する軒丸瓦には香芝市尼寺北廃寺出土軒丸瓦や御所市朝妻廃寺出土の複弁七弁蓮華文軒丸瓦がある。

尼寺北廃寺からは、川原寺式、藤原宮式の軒丸瓦の他に、この近辺の寺院特有の細弁十二弁蓮華文軒丸瓦があるが、(39)六二七五D型式と類似する瓦当裏面の調整は、川原寺式軒丸瓦と細弁十二弁蓮華文軒丸瓦に見られる。時期は前者が先行するようで、川原寺式軒丸瓦は瓦当裏面の周縁のみを斜めに削り取っている。この段階のものは、ケズリの幅もさほど広くなく、また一回の動作でケズリを行うなど、六二七五D型式とは異なる点もあるが、次の細弁十二弁蓮華文軒丸瓦の段階になると、ケズリの幅が広くなり、数回に分けて削るなど六二七五D型式とほぼ似通った技法へと変化している。

朝妻廃寺のものは、周縁を低く削りとると同時にナデにより丸くまとめる。このように、安養寺瓦窯で認められる瓦当裏面の処理の仕方は、南葛城から北葛城の寺院の一部で確認される技法と類似していることが分かる。細部における違いが認められることから、これらの瓦工が安養寺瓦窯にて宮の造瓦に携わったとは断定できないが、その可能性は十分に考えられる。

次に、六二七三A・B型式であるが、この型式の一部には、瓦当裏面の丸瓦接合粘土上に棒状の工具を用いた填圧と考えられる痕跡が認められる。このような痕跡は、宮の造瓦開始以前のものには認められないものの造瓦終了後の軒丸瓦の一部に類似する痕跡を見出すことができる。それが、大官大寺の軒丸瓦である。(40)

両者に見られる痕跡はよく類似しており、共通の技法であると言え、高台・峰寺瓦窯の瓦工の一部が大官大寺の造瓦に参入したと推定できるが、一方で高台・峰寺瓦窯の製品では、このような痕跡が認められるものは丸瓦接合部凸面が高く盛りあがり、その付近にヘラ状工具の痕跡が残っているのに対し、大官大寺例では同様の痕跡が認められないなど必ずしもすべてが共通するわけではない。

また、大官大寺の造瓦には、もうひとつ系譜を異にする瓦工の参加も想定される。それが奥山廃寺の七世紀後半の単弁八弁蓮華文軒丸瓦ⅧA型式を製作したグループである。(41)この軒丸瓦はいわゆる山田寺式軒丸瓦であるが、山田寺のものとは異笵である。そして、この軒丸瓦の製作技法で特徴的なのは、まず丸瓦先端を凹面ないしは凹凸両面から斜めに切り、さらに数箇所三角形の切り欠きを入れるか、もしくは端面から数箇所深い切り込みを入れる点にある。

さらに、奥山廃寺の軒丸瓦の瓦当裏面には周縁に沿って半周するユビナデが見られるものがある。このような技法は、他には大官大寺の軒丸瓦にしか見られない特殊なものである。大官大寺で出土する三種の軒丸瓦六二三一A～C型式のうち六二三一A型式は、丸瓦部先端を凹凸両面から斜めに切り数箇所三角形の切り欠きを入れるか、もしくは端面に深い切り込みを入れる。また、瓦当裏面の半周するユビナデは六二三一B・C型式に認められる。これらのことから、大官大寺の造瓦に奥山久米寺の瓦工が組み込まれたことはほぼ疑いないと考える。

山崎信二は、百済大寺や高市大寺の造営は臨時の官による造営であり、造瓦の任が終わればその組織を解体するのが常であったと推定し、大宝元年（七〇一）以降は常置の官として組織の定立化が図られたであろうと述べている。(42)

藤原宮の造瓦と大官大寺の造営は、まさに臨時の官による造営から常置の官の造営への移行期に当たり、造瓦組織の編成も活発になされた時期であろう。この中で、藤原宮の造瓦工房に所属した瓦工の一部が、他の瓦工とともに大官大寺の造瓦工房に組み込まれた可能性も十分に考えられよう。

ここまで述べてきたように、宮造瓦終了後の瓦工の足取りとして、現状では高台・峰寺瓦窯で生産に従事した瓦工の一部が大官大寺の造瓦に参加した可能性が考えられるが、それ以外については判然としない。山崎により、平城山瓦窯群のひとつである瀬後谷瓦窯の初期の製品は高台・峰寺瓦窯か日高山瓦窯の系譜に直接つながると指摘されていることから、これらの瓦工の中には後に平城京の造瓦に参加したものも存在した可能性がある。

また、興福寺の瓦を焼いた梅谷七号窯の形態が日高山瓦窯に類似することが指摘されている。このように平城京の造瓦に後に参加するものも複数存在したであろうが、この点についてはいずれ稿を改めて検討することとしたい。

まとめにかえて

藤原宮の造瓦体制について大和国内の生産窯を中心に述べてきた。これらの点を簡単にまとめると、

①瓦工は、藤原宮造営のためだけに新たに編成されたもので、その出自は多様である。
②生産は、基本的には各瓦窯単位で掌握され、そこで細かな生産管理や品質管理がなされており、瓦工レベルでの他瓦窯とのつながりはない。さらに、生産工程による分業が行われていた可能性も考えられる。
③笵の管理は瓦工側にあるのではなく、生産管理機構に所属するものである。
④生産は当初から一定割り当てがあり、それが終了すれば瓦工はその任を解かれるものであり、他の宮の瓦窯へ移

動させられ引き続き生産を行うことはなかった。
⑤宮造営終了後に行われる造営工事には、新たに瓦工を編成しなおしている。
これらのことから、従前ある時期に生産が集中すると考えられていた高台・峰寺瓦窯には笵は集中するものの生産規模そのものが拡大したわけではなく、むしろ宮の造営工事がある程度終了した段階で生産規模を縮小し終焉へと向かうという評価を行なった。つまり、藤原宮における造瓦組織とは、あくまでも宮造営という大規模造営工事に伴い一時的に編成されたものであり、平城山瓦窯など奈良時代の官瓦窯（常置の瓦窯群）とは質的に異なるものと理解したい。

注

（1） 日本古文化研究所『藤原宮址傳説地高殿の調査一』一九二六年
『藤原宮址傳説地高殿の調査二』一九三一年
（2） 奈良国立文化財研究所『飛鳥・藤原宮発掘調査報告Ⅱ』一九七八年
（3） 花谷浩「寺の瓦作りと宮の瓦作り」『考古学研究』第四〇巻二号、一九九三年
（4） 奈良県立橿原考古学研究所附属博物館『大和考古資料目録』第二一集、一九九八年
（5） 奈良県教育委員会『藤原宮』一九六九年
（6） 大脇潔「屋瓦の製作地」『飛鳥・藤原宮発掘調査報告Ⅱ』一九七八年
（7） 坪之内徹「藤原宮式軒瓦とその分布」『日本書紀研究』第一一冊、一九七九年
（8） 山崎信二「後期古墳と飛鳥白鳳寺院」『文化財論叢』一九八三年
山崎は、この論文の注の中で大脇の分類によるGグループが近江産、Hグループが安養寺瓦窯産であることを述べると同時に、A～Hグループの瓦窯が拡散している理由として藤原氏が関係していると推定した。
（9） 注（3）

(10) 花谷浩「藤原宮」『古代都市の構造と展開』一九九八年
注3では、宮中枢と周辺部の軒瓦の年代差について、厳密には屋根葺の年代差であると述べ、これがそのまま建物の造営年代につながるかどうかは断定しなかったが、この論文でこの年代差が瓦葺建物の造営年代の差に結びつくとの結論を示した。

(11) 注(8)

(12) a　山崎信二「桶巻作り軒平瓦の製作工程」『考古論集』一九九三年
b　山崎信二「藤原宮造瓦と藤原宮の時期の各地の造瓦」『文化財論叢Ⅱ』一九九五年

(13) 型式分類は、奈良国立文化財研究所・奈良市教育委員会『平城京・藤原京出土軒瓦型式一覧』一九九六年を用いた。

(14) 奈良県教育委員会「日高山瓦窯の調査」『奈良県文化財調査報告書』一九六二年

(15) 奈良国立文化財研究所「日高山瓦窯の調査」『藤原京右京七条一坊調査概報』一九八〇年
なお、本資料をはじめの奈良国立文化財研究所所蔵資料の実見にあたっては花谷浩氏・伊藤敬太郎氏・西川雄大氏のお世話になった。

(16) 山崎信二「軒瓦の考察」『尾張勝川廃寺範囲確認調査概報』一九八一年
山崎は後に尾張勝川廃寺の藤原宮式軒瓦の製作技法が、平城遷都後に認められる技法に共通することから、尾張に見られる技法が粘土紐桶巻技法＋凸型台上での成形法が定着した段階に笵が尾張国に移動したと述べた。(前載注(12)a)

(17) 興善寺出土資料は橿原考古学研究所附属博物館が、小山廃寺出土資料は橿原考古学研究所が、坂田寺出土資料は奈良国立文化財研究所飛鳥・藤原調査部がそれぞれ保管している。これらはいずれも一点ずつの出土であり、このような技法を持つものが特定寺院への供給を目的としていたとは現状では考えにくく、むしろ不特定多数の寺院の葺き替え、補修用の瓦を生産していた可能性も考えられる。

(18) このような接合法をとる飛鳥地域出土の軒丸瓦には、飛鳥寺14a型式や坂田寺21A型式の一部、奥山廃寺ⅧA、六二三一A型式などがある。六二三三Ab型式の接合法は前二者に類似しており、胎土こそ異なるものの同一の瓦工による製作も考慮すべきと考える。

(19) 泉森皎「南浦三堂山瓦窯跡」『遺跡調査室だよりⅠ』一九七一年
出土遺物はいずれも未報告。

(20) 奈良国立文化財研究所『飛鳥・藤原宮発掘調査概報』一九八〇年

(21) 藤原宮における瓦のストックについては、林部均が指摘している。林部は時期的に古いとされる他地域産の軒瓦が宮南門や大垣などに多く認められる一方で、新しいとされる大和産の軒瓦も一定量出土していることから、瓦の屋根葺の時期はむしろ新しい軒瓦の時期に求めるべきであるとした。さらに、平城京の造営が内裏や大極殿、朝堂などの中枢部が先行し、大垣が遅れることを文献史料をつうじて示すとともに、藤原宮でも同様の在り方であった可能性を示した。そして、藤原宮中枢部から、古いタイプの軒瓦が出土しないのは、中枢部を新しい様式の瓦で統一するという意図があり、建物や施設の重要度によって使用する軒瓦も決定されていたと推察している（林部均「藤原宮跡出土の軒瓦」『大和考古資料目録』第二一集一九九八年）。

(22) 桜井市『安倍寺跡環境整備事業報告』一九七〇年

(23) 橿原考古学研究所附属博物館『大和考古資料目録第』二十三集一九九八年

(24) 京谷康信「奈良時代窯址調査概報」『考古学雑誌』第二十一巻十一号一九三一年

本稿発表後に大和郡山市教育委員会により西田中瓦窯跡の発掘調査が実施され、その内容が明らかになったが、出土した軒瓦は藤原宮から出土するものとは技法がまったく異なることが明らかになった。また、現時点では、供給先も判明していない。

(25) 大和郡山市教育委員会『内山一号窯発掘調査概報』一九九五年

資料の実見にあたっては山川均氏のお世話になった。

(26) 粘土紐桶巻きづくりは、藤原宮の造瓦に伴い本格的に採用された技法であるということは、周知のとおりであるが、技法として果たして粘土紐桶巻きづくりのほうが、粘土板桶巻きづくりよりも量産に適した技法であったのかは明確に述べられる場合は少ない。単純に、桶巻き以降の工程から考えれば、むしろ粘土板桶巻きづくりのほうが短時間で済み、その点、粘土紐桶巻きづくりイコール量産化という図式は成り立たない。ただし、ここで注意しておきたいのは、素地土加工の段階においては、粘土板桶巻きづくりは巨大で均質な粘土板を作るのに技術的にも熟練を要するのに対し、粘土紐桶巻きづくりのでは、均質な粘土塊を作るだけですみさほどの熟練は必要としないことにある。このことから、想像すれば、粘土紐桶巻きづくり採用の背景には、瓦生産の効率化を図るため、熟練瓦工のもとに素地の加工を行うための補助的労働力を編成し、熟練工の作業工程を減らす意図があったと考えられる。つまり、作業工程により分業を行い、より効率的に生産を行うことを目論んだ結果が、粘土紐桶巻きづくりという技法として現れたと考えたい。

(27)　山川均「課題と展望」『内山一号窯発掘調査概報』一九九五年
(28)　柏原市教育委員会『片山廃寺塔跡発掘調査概報』一九八三年
(29)　注(19)
(30)　奈良県教育委員会「高市郡飛鳥村飛鳥瓦窯跡」『奈良県史跡名勝天然記念物調査抄報』第五冊、一九五五年
出土遺物は現在、橿原考古学研究所附属博物館が保管している。この資料については、花谷氏が飛鳥寺瓦窯の報告書の記載に縄タタキがある瓦が出土しているということに注目し、筆者に資料の照会をされたことが、実見の契機となったことを付け加えておく。
(31)　山崎前掲注(12)
(32)　天武末年の頃のものと考えられる藤原宮下層運河から淡路産の軒平瓦六六四六型式が出土していることや、年輪年代法により天武十一年（六八二）に伐採年が求められる井戸SE八四七〇井戸枠内埋土から近江産の軒丸瓦六二七八Dが出土していることから、少なくとも他地域産の軒瓦の生産開始は天武末年頃まで溯ると考えられる。
(33)　この際の南門を内郭南門と考えるか、大射の時のみ操業を休止していたとすれば、日高山瓦窯の操業停止をこの文献の記載に求める必要性はない。また坪之内は注(7)で、七条条間小路の南側溝と推定される溝上層から、日高山瓦窯の製品が出土していることから、その操業停止の時期が持統十年を下る可能性を示している。ここでも、日高山瓦窯の操業停止の時期をこの記載にとらわれる必要はないと考えておくが、日高山瓦窯の笵のほぼすべてが他の瓦窯に移っていることや、宮の南面という立地条件を考えれば、少なくともこの記載に前後する時期に操業を停止したことは間違いあるまい。
(34)　東方官衙地区における改作は藤原宮七一次調査などで確認されている。(『飛鳥・藤原宮発掘調査概報二四』一九九四）その時期については、明確にされていないが大宝令施行（七〇一）による官制改革に伴う改造とする見方が示されている（花谷前掲一〇他）。
(35)　上田睦「寺を建てた氏族たち（摂・河・泉）」（帝塚山考古学研究所『古代の寺を考える』一九九一）は、藤沢一夫が最初に紹介されたという。口頭発表であったために活字にはなっていないものの、その際に藤原宮→別所廃寺→片山廃寺という笵の移動を示されたという。
(36)　片山廃寺出土の六二八一A型式については、柏原市歴史民俗資料館に藤原宮跡出土品を持参し実物照合を行った。資料の実見については、柏原市教育委員会安村俊史氏のお世話になった。

(37) 藤原宮で用いられた笵が、他瓦窯に持ち運ばれた例はこの他に尾張高蔵寺瓦窯の例と明日香村小山廃寺の例がある。高蔵寺瓦窯については、山崎信二により、宮の造瓦に携わった尾張国の工人が笵を携え帰国し生産を行ったという評価がなされているが、小山廃寺の場合は、工人の移動は考えがたい。片山廃寺も小山廃寺と同様であり、笵がもたらされた理由としては、尾張国で推定されるものとは異なる背景が考えられよう。ただし、片山廃寺の軒丸瓦の文様は藤原宮跡出土の同型式のものの中で最も笵が痛んだものよりさらに笵の傷みが進んでおり、宮の瓦窯からこの寺にもたらされるまでの間に他の施設に伴う軒丸瓦の笵として使用されていた可能性も考えられる。その場合、その候補となるのは別所廃寺である。この瓦は実見していないので、明確なことは言えないが、安養寺瓦窯→別所廃寺→片山廃寺という笵の移動が推定される。この場合、別所廃寺への笵の移動の要因を尾張高蔵寺瓦窯への笵の移動と同様の要因と想定することもできよう。

(38) 山崎は藤原宮式と文様構成が酷似する老司式軒瓦の最古のものを筑前観世音寺出土例に求め、観世音寺に封二〇〇戸が施入された朱鳥元年（六八六）に前後する時期にその年代を求めた。一方、藤原宮の造瓦の開始については先述のように持統六年（六九二）の宮地の地鎮を溯らないであろうとする見通しを示すことによって、老司式が藤原宮式に先行する可能性を示した。さらに、観世音寺と藤原宮の造瓦において、文様・製作技法を含む技術交流を認め、観世音寺の造瓦に携わった工人の一部（この工人は大和を経由して招来された可能性がある）が、藤原宮の造瓦開始に伴って大和へ移動したと推定している。一方、森郁夫は観世音寺における老司式の採用を、和銅二年（七〇九）の督促令とのかかわりを示唆しており（「老司式軒瓦」『大宰府古文化論叢』一九八三）、栗原和彦も老司式の成立を八世紀とする見方を示している（「大宰府史跡出土の軒丸瓦」『九州歴史資料館研究論集二三』一九九八）。

(39) 資料の実見にあたっては、香芝市教育委員会山下隆次氏のお世話になった。

(40) 瓦当裏面の棒状工具による填圧については、瓦当と丸瓦を接合する際、丸瓦が乾燥しすぎた場合、両者の密着をよくするために行ったのではないかという指摘を花谷氏、大脇氏、上原真人氏らから受けた。上原氏によると平安時代の瓦の中にも同様の痕跡のものが認められるという。事実、ここであげた資料に関しても、棒状工具の痕跡が認められるものは、丸瓦接合粘土上にヒビ割れが生じたものが多く、接合の際、丸瓦が極度に乾燥していたと推定され、このような痕跡は瓦工の個性を示すものではない可能性が強い。しかし、ここでは同時期の飛鳥・藤原地域の中で同様の痕跡が認められるものが他にほとんどないこと、また、高台・峰寺瓦窯の製品でも六二七三型式にしか認められないことを考えれば、これらの瓦を生産した瓦工は丸瓦の乾燥期間を長くとるという個性があったのではないか。つまり、棒状工具による填圧とは、一般的に行うものではないが、この技法を頻繁に用いざるを得ないような瓦生産を行う瓦工が存在したと理解しておきたい。

（41）近江俊秀「瓦当文様にあらわれない瓦工系譜復元の試み」『橿原考古学研究所論集』第一三、一九九八年

（42）山崎信二は、注（12）aにおいて、瀬後谷瓦窯の工人は藤原宮における日高山、高台・峰寺、安養寺瓦窯のうちいずれかの粘土紐桶巻づくり工人の系譜に直接つながると述べている。また、中山瓦窯については、大官大寺の軒平瓦六六六一B・C型式の粘土紐桶巻づくり工人と、粘土板桶巻づくり工人の二つの系譜があり、後に両者が融合すると述べた。なお、瀬後谷瓦窯の製品は、段顎の深さや処理の仕方が、高台・峰寺瓦窯のものに類似している。資料の実見にあたっては奥村茂輝氏のお世話になった。

附章二　軒丸瓦製作技法における丸瓦先端加工法に関する若干の検討

——飛鳥地域における七世紀代の資料を中心として——

はじめに

瓦の編年研究は、軒瓦の文様の分析からはじまった。関野貞により体系化され[1]、石田茂作[2]、藤沢一夫[3]らによりその大枠が定められた瓦当文様による編年・年代観は、現在の瓦研究においても強い影響力を持っている。

軒瓦の文様は、通常、笵と呼ばれる木型に粘土を詰める、あるいは粘土に笵を押し当てることによりつけられる。すなわち、文様による編年とは「型」の編年であり、製作者の意思によりかたちが決定される土器の編年とは、おのずとその性格が異なる。また、笵は素材が木であることから、使用を繰り返すことにより摩滅したり、キズが生じたりする。笵の彫り直しが行われない限り、キズがないものが古く、キズの多いもの程新しいということとなり、文様の分析だけでも製作の先後関係を把握することができる。

極論すれば、先学により示された文様変遷の流れと、同笵資料における笵キズの進行による製作の先後関係の把握さえできれば、軒瓦の年代について、ある程度把握することができるということとなる。しかし、近年の瓦研究はそう単純には片づけられない段階となっている。これは、瓦に対しより細かな年代の提示が求められてきたことと、各地で瓦研究が進んだことにより、畿内を経由せず直接地方にもたらされた文様や、地方独自で考案された文様の軒瓦が存在することが判明したことにより、主に畿内の資料を用いて組み立てられた文様変遷が適用できない資料が増加したことや、寺院の発掘調査が各地で進められた結果、同様の文様を長期間、用いている事例が示されるようになってきたためである。

例えば、七世紀中頃の標識資料とされる山田寺式軒丸瓦は、かつては全国どこで出土しても、七世紀中頃という年代が与えられてきたが、山田寺の発掘調査の結果、山田寺では七世紀中頃～末にかけて創建時のものと同笵あるいはよく似た文様の瓦を作り続けていたことが判明した(4)。また、飛鳥時代前半の文様とされる素弁蓮華文軒丸瓦は、地方によっては七世紀後半にも存在すること、畿内系の瓦当文様を持つものでも、文様の成立年代と地方への伝播までの間に大きなタイムラグがあるもの、古い瓦の文様を、後に再現した復古瓦が存在することなどが明らかとなり、瓦編年における文様の分析が占める役割は依然として大きいものの、年代を決定するにあたっては製作技法にも注意が払われるようになっている。

このような近年の研究動向を受けて、本章では飛鳥地域から出土する軒丸瓦の製作技法を中心に、軒丸瓦の製作技法がどの程度年代を反映しているのか、また、製作技法の検討により何が明らかになるかという点について検討する。

一　軒丸瓦の製作技法の問題

我が国における最初の本格的な瓦づくりは、飛鳥寺造営に始まる。この時、百済から四人の瓦博士と呼ばれる瓦工が渡来し、造瓦と瓦工の育成にあたった。飛鳥寺から出土する創建期の軒丸瓦には、文様・技法の異なる二つのグループが存在したことが知られる。ひとつは花組と呼ばれるもので、文様は桜の花びらのように弁端に切り込みを入れた素弁八弁蓮華文軒丸瓦、もうひとつは星組と呼ばれるもので、弁端に珠文をもつ素弁八弁蓮華文軒丸瓦である。また、前者の丸瓦部は行基式であり、瓦当と丸瓦との接合は丸瓦先端凹面、あるいは凹凸両面を斜めに切り欠く。それに対し、後者の丸瓦部は玉縁式であり、瓦当と丸瓦との接合は丸瓦先端を片枘形に加工する。これ以外にも、両者の違いは、調整や焼成にも現れていることから、花組と星組はそれぞれ技術を異にするグループと位置付けられている。(5)

このように、軒丸瓦に見られる製作技法の違いとは、瓦工の違いと解される場合がある。一方で、先述の山田寺の軒丸瓦は、長期間製作されているうちに技法が変化した事例として扱われる。即ち、金堂に用いられた山田寺A型式は片枘形、塔所用の山田寺B型式も片枘形ではあるが、先端部が短く、講堂所用のD型式は凹面を斜めに切り欠く。このように、技法に連続性が認められ、その変化が軒丸瓦の製作順序と合致する場合の技法の差異は、瓦工の差を示すものではなく、製作順序を示すということとなる。

つまり、瓦の製作技法は瓦工の差を示す場合と、同一瓦工集団における製作年代差を示す場合があるということとなる。ここで問題となるのは、瓦工の差であるか年代差であるかを、いかに見分けるのかという点である。

二　工人差か、時期差か

上原真人は、瓦にみられる技法の差について以下のとおり述べている。(6)

「もし、多数の同笵品を観察した結果、そのなかの製作技術の差異がこの製作順序とうまく対応すれば、その差異は年代差であったことになる。しかも、そこで証明できた年代差にもとづく製作技術の差異は、当然、笵の異なる同時代の軒瓦にも適用できる。

一方、笵キズの進行や笵の彫り直しが、製作技術の差異と対応しなければ、その差異は工人差の可能性が高い。とくに、瓦の製作技術をいくつかの工程に分けて、工程ごとの癖を抽出し、その癖の組み合わせに整合性があれば、工人差の可能性は高まる。」

理論的にはまさしく、そのとおりであろう。筆者はかつて、奥山廃寺で山田寺式軒丸瓦を製作していた瓦工が、その後大官大寺の軒丸瓦製作に携わったと述べた(7)（図49）。これは、両者の技法が共通することと、大官大寺の軒丸瓦には、技法の一部を簡略化したものが存在することを根拠とする。逆にほぼ同一時期に同じ笵を用いて作られた軒丸瓦であっても、異なる瓦工により製作されたものが存在することを述べたこともある。

前章で述べた藤原宮の瓦窯のひとつである日高山瓦窯から出土する六二七四Ab型式と六二七五E型式には、焼成と技法を異にする二者が存在する(8)（図50）。つまり、同一の瓦工により作られた異笵の瓦もあれば、同笵でありながらも違う瓦工により作られた瓦もあることを、技法の分析から示したのである。

では、瓦工差か年代差かを区分する具体的な方法には、何が考えられるであろうか。この点について考えていくこととする。

前稿で奥山廃寺と大宮大寺の軒丸瓦が異笵でありながらも同一の瓦工による生産とした根拠は、

①丸瓦先端の加工法が、凹凸両面を斜めにカットした後、三角形の切り欠きを入れるという特異な技法を採ること。

②この技法は、同時期の他の軒丸瓦には認められないこと。

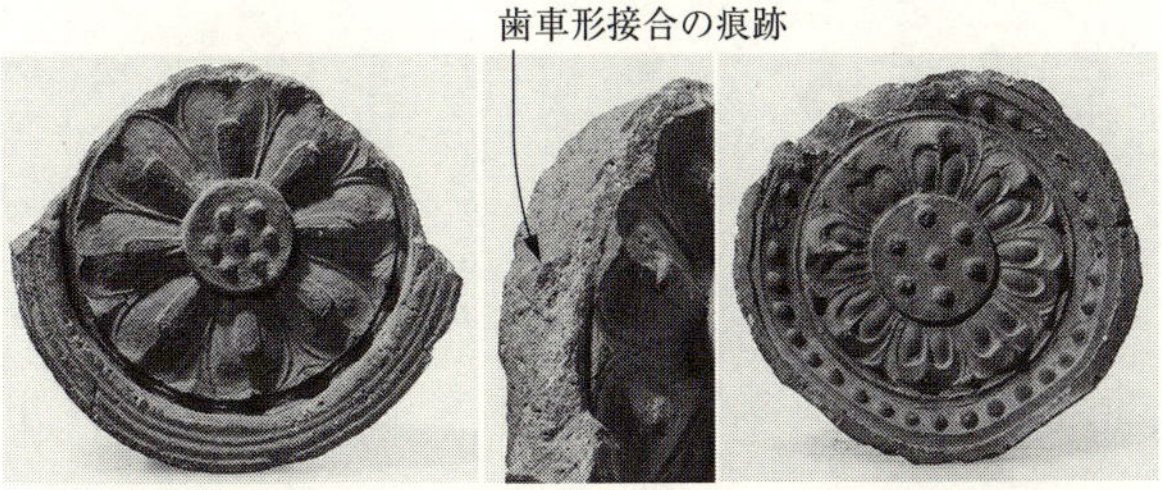

奥山廃寺　　大宮大寺

図49　奥山廃寺と大官大寺の軒丸瓦

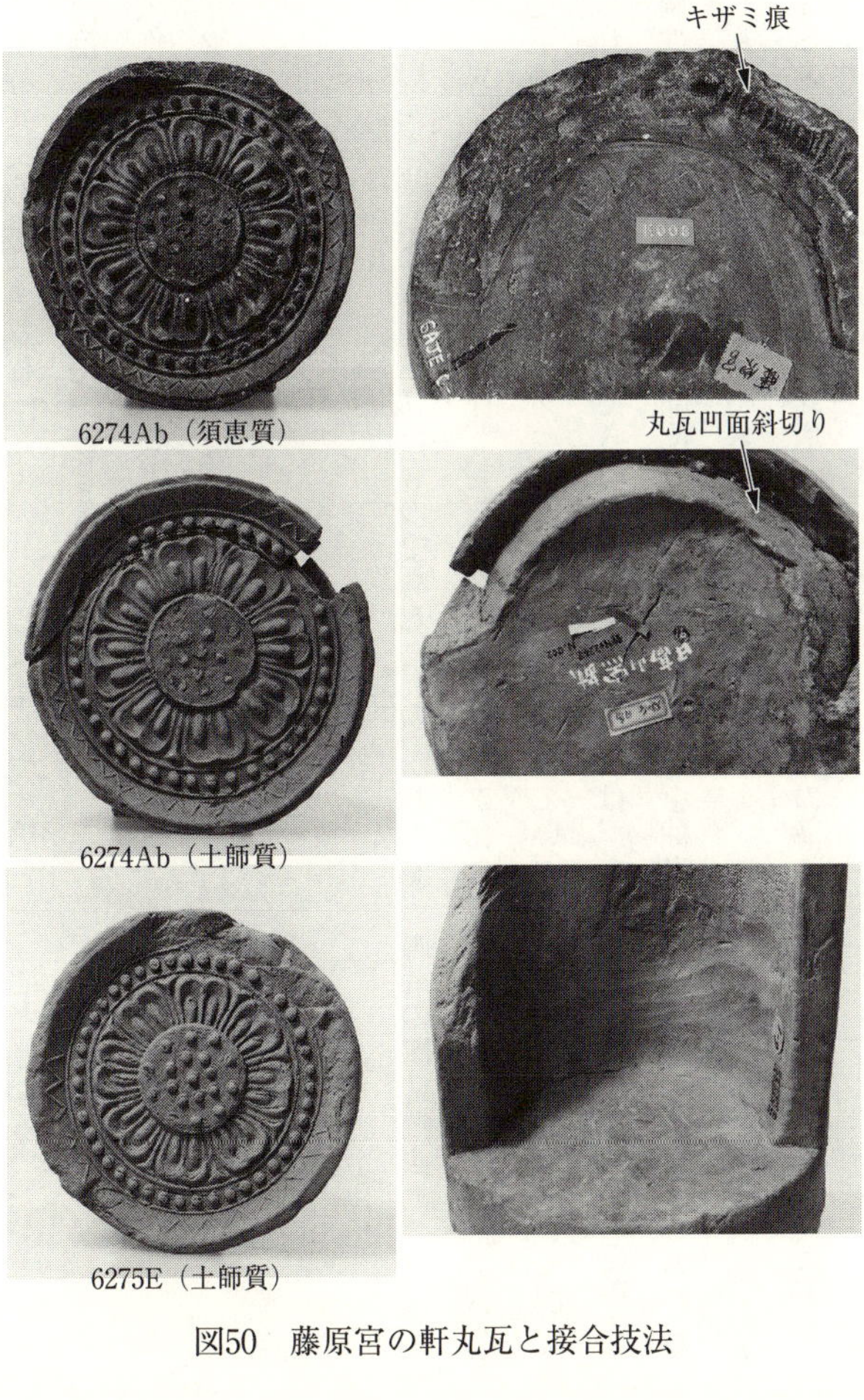

図50　藤原宮の軒丸瓦と接合技法

である。つまり、用いられた技法が特異であればある程、瓦工の共通性は語りやすいということとなる。

逆に、日高山瓦窯において、同笵でありながらも別瓦工とした根拠は、

①笵の状況から、両者の間に製作時期差を見出しがたいこと。

②丸瓦接合法（丸瓦先端加工・瓦当への取り付け方）が全く異なること。

③瓦当裏面調整法が異なること。

④焼成が異なること。

である。つまり、同時期あるいは近接する時期に製作されたものであるにもかかわらず、両者の間に技法上の共通性が全く認められないため、それぞれ異なる瓦工による製作と判断したのである。これらの解釈については、間違いないと考えているが、ここで示した事例は、技法が特殊であったり、時期が近接していたり、比較検討しやすいものである。そのため、一般的に認められる技法について適用できるものにするためには、もう少し一般的な目安を設定する必要がある。これは、瓦工の個性が、顕著に現われる部位はどこかということを抽出する作業でもあり、そのためにはまず瓦づくりの工程の中で、瓦工が担当する工程を明らかにする必要がある。

瓦生産は、まず笵をはじめとする道具の製作、粘土の採取、素地土の加工、窯の構築、燃料の調達、成形、焼成などの工程からなる。そのうち、燃料の調達は瓦の品質に直接影響を及ぼすものではないが、その他は何らかの形で品質に影響を及ぼす。笵をはじめとする道具の製作は、初期は瓦工が行っていた可能性が高いが、遅くとも藤原宮期になると瓦工以外のものが製作し、管理していた可能性が高い。日高山瓦窯において確認した同笵瓦にみられる瓦工の違いは、道具の管理を瓦工以外が行っていたことの傍証となると考える。つまり、瓦当文様をはじめとする瓦全体の「かたち」には瓦工の個性が現れる場合が少なく、希に粘土を笵に詰める際の詰め方に個性が認められる程度であ

6279B

6274AC

図51　藤原宮の軒瓦

る。

粘土の採取は補助的労働力の導入を想定することができるが、素地土の加工は熟練を要する作業であることから、少なくとも粘土紐づくりが定着する藤原宮造瓦以前は、瓦工の仕事であった可能性が高い。素地土の加工にみられる個性には、砂をどの程度混和するかという点や、藤原宮式軒丸瓦六二七九B型式に見られるように、瓦当部分にのみ、砂を多く含む粘土を用いるなど、使用部位による粘土の使い分けを行う事例などがある[9]（図51）。

窯の構築や焼成も瓦工の仕事であった可能性が高い。その根拠は、飛鳥寺にみられる星組・花組の違いが焼成にも現れること、日高山瓦窯における技法を異にする二者は、焼成も異なることなどである。また、日高山瓦窯のうち平面杓文字形を呈する特異な構造をとる窯からは、土師質の瓦しか出土していない。つまり、同笵瓦において焼成の異なる二者が存在する場合は、それぞれ瓦工が異なる可能性があるということとなる。

しかし、同一の瓦窯から出土した瓦であっても、技法を異にする瓦工が製作した製品が含まれる場合もある。藤原宮の瓦窯のひとつである内山瓦窯では、ひとつの窯から粘土板桶巻づくりの瓦と、粘土紐桶巻づくりの瓦が出土している。これらは、さらに厚さや細部の技法の違いにより五グループ程度に分類でき、それぞれ異なる瓦工による生産が示唆されている。(10) つまり、宮の瓦づくりのように大規模な造瓦に際しては、ひとつの窯を複数のグループで共有する場合があるということとなる。

成形は、最も瓦工の個性が出やすい工程である。軒丸瓦に例えれば、丸瓦先端の加工法、瓦当と丸瓦の接合方法、接合粘土の量、瓦当裏面の調整、瓦当側面の調整、丸瓦側面や凸面の調整、丸瓦狭端あるいは玉縁の処理の仕方など、さまざまな場所に個性が現れる。これは、瓦は屋根に葺くための建築部材のひとつであり、型を用いた規格品であることに起因するもので、規格にさえ則っていれば、細部の調整についてはさほど束縛されることがなかったことを示すと考えられる。

このように考えれば、同一瓦工による製品の抽出は、以下の点の共通性あるいは類似により認定できると考える。

〈必要条件〉

①成形技法（丸瓦先端の加工法、瓦当と丸瓦の接合方法、接合粘土の量、瓦当裏面の調整、瓦当側面の調整、丸瓦側面や凸面の調整、丸瓦狭端あるいは玉縁の処理の仕方）が合致、あるいは、技術的な連続性（工程の簡略化など）が認められる。

〈十分条件〉

①焼成が同じ。

②胎土（砂の混和量など）が同じ。

つまり、これらの条件を満たすものの中で認められる技法の差異が、時期差ということとなる。

逆に、瓦工が異なると認定する場合は、以下の点の相違により認定できると考える。

〈必要条件〉

①成形技法が異なるだけでなく、前後の瓦と技術的な連続性が認められない。
〈十分条件〉
①焼成が異なる。
②胎土（砂の混和量など）が異なる。
これらの条件を満たすものは、瓦工の差ということとなろう。

三　技法による軒丸瓦の編年は可能か

ここでは、主に飛鳥地域に所在する寺院出土の軒丸瓦を中心に、技法による編年が可能であるのか、という点について検討したい。

先述のように、最初の本格的な瓦づくりは飛鳥寺造営に伴って渡来した四人の瓦博士の手によるものであり、そこには花組と星組と呼ばれる文様、技法を異にする二つのグループが存在した。まず、この二組の瓦工とその弟子たちの足取りを、技法を中心としてたどることとする。

1　花組・星組とその末裔

まず再度、花組と星組の特徴を整理すると、花組は瓦当と丸瓦の接合において丸瓦凹面を斜めに深く切り込む。丸瓦部は行基式であり焼成は土師質である。一方、星組は、丸瓦先端を片枘形に加工し、丸瓦部は玉縁式、焼成は須恵質であるという違いがある。

花組は、飛鳥寺造営中に接合法に変化が見られ、丸瓦部先端凹凸両面を斜めに切り欠くものとなり、さらにこれに刻み目を入れるものも現れる。この他にも、花組の一群には、丸瓦部先端凸面を斜めに切り、瓦当裏面に断面三角形の凸帯を巡らせるものや、坂田寺では先端未加工のものがあるなど、花組として扱われるものの中にも、少数例ではあるが技法を異にするイレギュラーなグループも存在する。

丸瓦先端を斜めにカットするという花組の特徴的な接合法は、豊浦寺の高句麗式軒丸瓦、奥山廃寺などで見られる角端点珠型式と呼ばれる軒丸瓦と船橋廃寺式軒丸瓦、吉備池廃寺の軒丸瓦に認められる。しかし、同じ高句麗式軒丸瓦でも斑鳩地域出土のものは星組の技法である片枘形のものも混在する。船橋廃寺式は飛鳥では、おおむね、花組の技法の系譜下で捉えられるものの、広陵町寺戸廃寺のものは、丸瓦先端を削らず端面のキザミ目を入れるのみである。また、船橋廃寺式軒丸瓦の接合法は、花組に見られたものよりも複雑になっており、その他の技法の特徴や焼成は、豊浦寺の高句麗式や奥山廃寺の角端点珠型式の段階ですでに花組の特徴から遊離している。

角端点珠型式の軒丸瓦の文様は、星組の系譜上で捉えられるが、丸瓦先端を片枘形に加工するものが少数であるなど、飛鳥寺で見られた文様と技法の一致は早くも崩れ去り、その後は文様の特徴と技法の特徴とが遊離が進み、それぞれ独自の変化を続けるようである。もしかしたら、この段階ですでに笵を作り管理するという仕事が、瓦工の手から離れそれ以外の第三者に委ねられたのかも知れない。

なお、上記のもの以外に丸瓦先端を斜めに切るという技法は、坂田寺出土の坂田寺式軒丸瓦、軽寺出土の素弁八弁蓮華文軒丸瓦と複弁八弁蓮華文軒丸瓦、山田寺A・C型式のうち笵キズが進行したもの、藤原宮式軒丸瓦の一部（六二七四Ab型式など）、奥山廃寺Ⅷ A型式、大官大寺六二三一 A型式（ただし、この二つは先端をカットした後、三角形の切り欠きを入れる）などに認められる。このうち七世紀中頃と考えられているものには、坂田寺と軽寺の素弁八弁蓮華

図52　星組の丸瓦接合技法

文軒丸瓦があるが、後者は、七世紀前半とする見方、あるいは中頃でも後半に近い時期とする見方があるなど、その所属時期については諸説ある。その他はおおむね七世紀後半でも末に近いものである。つまり、花組の系譜上ですべてを捉えられるか否かは別にして、丸瓦先端凹凸両面あるいは片面を斜めに削り取るという技法は、七世紀中頃までは連続して認められるが、中頃以降後半までの間は一旦、途絶えるということになる。

一方、星組は飛鳥寺の造営後、笵とともに瓦工が斑鳩寺の瓦窯に移動したことが分かっている。さらにその後、笵とともに瓦工が四天王寺の瓦窯である平野山瓦窯に移動していることが判明している。花組が、比較的早い段階で、文様と技法が遊離するのに対し、星組の末裔は笵を所持しながら三箇所の寺院造営に携わっているということとなる。そして、星組の末裔が生産を行った場所の周辺では、片枘形加工が認められるようになる。例えば、平隆寺出土の高句麗式軒丸瓦は片枘形加工を行うこと以外にも、星組の技法的特徴を色濃くとどめる（図52）。

飛鳥寺造営後、花組は飛鳥に残存し、すぐに技法と文様の遊離が認められるなどその足跡を消すが、星組は飛鳥→斑鳩→河内と笵とともに移動しながら、その移動先で明確に足跡を残しているのである。

七世紀中頃以降の軒丸瓦で、片枘形加工が認められる事例には、山田寺

A・C・D・B型式、田中廃寺Ia型式、石川廃寺の重圏文縁複弁八弁蓮華文軒丸瓦があり、他地域のものでは河内の西琳寺式や下総龍角寺出土の山田寺式の一部が同様の方法をとる。これらのうち、石川廃寺のものは文様から七世紀後半と考えられ、片枘形加工の事例としては最も新しいものである。

これらの片枘形加工が果たして、星組の系譜で捉えられるか否かは問題が残る。また、山田寺は、「上宮聖徳法王帝説」の裏書きによると金堂造営が六四三年、その後石川麻呂が自害した六四九年から六六三年の塔を構える記事までの間は、造営工事が中断している。そのため、瓦の技法の連続性を重視し、瓦づくりについては、塔所用のB型式を含め一定量の生産が、石川麻呂の時代に完了していたという見方もある。いずれにせよ丸瓦先端を片枘形に加工するものは、山田寺造営開始以降は、山田寺では一般的な技法であるが、同じ飛鳥地域の寺院では少数例となり、特定寺院に限って認められる特殊な技法となっている(11)。

一方、西琳寺や龍角寺のように、山田寺と文様・技法ともに共通する例については、山田寺からの瓦工の移動も視野に入れるべきであろう。

ここまで述べてきたように、飛鳥寺で認められた花組、星組という二つの瓦づくりの系譜は、ある程度、その後の足取りをたどることができるが、奥山廃寺造営開始のころには、文様と技法の遊離が認められると同時に、焼成の差も認められなくなる。また、技法も多様化し、ひとつの寺院から出土する類似の文様の瓦であっても、複数の瓦工の存在を想定させるものもある。その一方で丸瓦を瓦当面に接合する際の先端加工法は、

①片枘形に加工するもの

②凹凸両面あるいはいずれかの面を斜めに切るもの

の二者が主流で、先端未加工のものは少数であり、この傾向は山田寺式成立まで続く。つまり、飛鳥地域における七

世紀前半の軒丸瓦の技法の特徴として、丸瓦部先端を片枘形にするか、斜めに切るものが主流であるという点を挙げることができよう。

では、七世紀中頃以降、軒丸瓦における丸瓦先端の加工法には、どのような特徴があるのだろうか。次に、この点について考えてみたい。

2　七世紀中頃以降の軒丸瓦と丸瓦接合法

飛鳥地域における七世紀中頃以降の瓦の標識資料は、まず天智〜天武朝にかけて建設されたと考えられる川原寺の軒丸瓦、飛鳥寺の官寺化に伴い採用されたと考えられる飛鳥寺14型式、本薬師寺の軒瓦並びに藤原宮の軒瓦、文武朝大官大寺の軒瓦がある。

まず、川原寺から出土する川原寺式軒丸瓦は、六〇一A・B・C・E型式の四種がある。その創建年代は、大津遷宮以前の天智朝（六六二）とする見方が強く、伽藍の完成は天武天皇の行幸（六八五）以前であろう。軒丸瓦の文様は、斜縁の複弁八弁蓮華文軒丸瓦で、蓮子周環を持つことが先の四型式に共通して見られる特徴であるが、A・B型式は中房が突出し、弁もそれに向かって高くなるのに対し、C・E型式は平面的である。文様からA型式が最も古く創建開始年代に近い瓦と考えられるが、その他については出土状況に関する詳細な検討がなされていないため不明である。なお、これらの瓦は、荒坂瓦窯で生産されたが、近年、川原寺の伽藍北東で行われた発掘調査の結果、C型式などを焼成した瓦窯が検出された。川原瓦窯と名付けられたこの瓦窯から出土したC型式は、荒坂瓦窯から笵が移動したものである。(12)

丸瓦接合方法は、先端の凹凸両面と側面に縦方向のキザミ目を入れ、端面には円弧状のキザミ目を入れるものが目立つ。笵の摩滅の進んだC型式にはキザミを省略したものもあるが、これは瓦窯の移動に伴うものであるかも知れない。

飛鳥寺14型式は、六八〇年の飛鳥寺官寺化に伴い採用された瓦と評価されている。この瓦は、飛鳥寺伽藍中心部の発掘調査で最も多く出土した瓦でもある。丸瓦接合法にはいくつかのパターンが認められ、笵キズが最も少ないものは鋭利な工具で丸瓦部端面に不規則なキザミを複数、入れている（図53）。笵キズが進むと、凹凸両面並びに側面にキザミを入れるようになり、改笵後には、歯車形接合するものも現れる。なお、飛鳥寺14型式は、坂田寺21型式と同笵であり、供給した瓦窯も同一であった可能性がある。坂田寺21型式には、歯車形に加工した端面を串状の工具で突いたものもある。

川原寺と飛鳥寺14型式の間の資料として、小山廃寺の軒丸瓦を挙げることができる。小山廃寺は、伽藍が藤原京の条坊に規制されていることから、創建は天武五年（六七六）以降であることが分かる。また、創建軒丸瓦の文様は川原寺出土の六〇一A・B型式と同様、中房が大きく突出するものであり、また、創建軒平瓦の特徴も川原寺のものに類似する。また、先の飛鳥寺14型式よりも、文様が明らかに古いことから、創建年代も六七〇年代後半とするのが妥当であろう。

小山廃寺の軒丸瓦は、笵キズの進行から大きく五段階に分けられる（図54）。笵キズが生じる以前のものは、主に金堂と講堂付近から出土し、笵キズ1段階のものは中門・回廊付近から、笵キズ2～4段階のものは南門を中心に出土している。また、笵キズ1段階以降のものは、粘土紐桶巻きづくりによる。粘土紐桶巻きづくりは、大和における藤原宮の造瓦の開始とともに採用された技法であることから、技法の上限年代を六九〇年前後に置くことができる。

小山廃寺の伽藍造営年代の下限を示す資料として、南門付近から出土する藤原宮式軒丸瓦六二三三Bb型式を挙げる

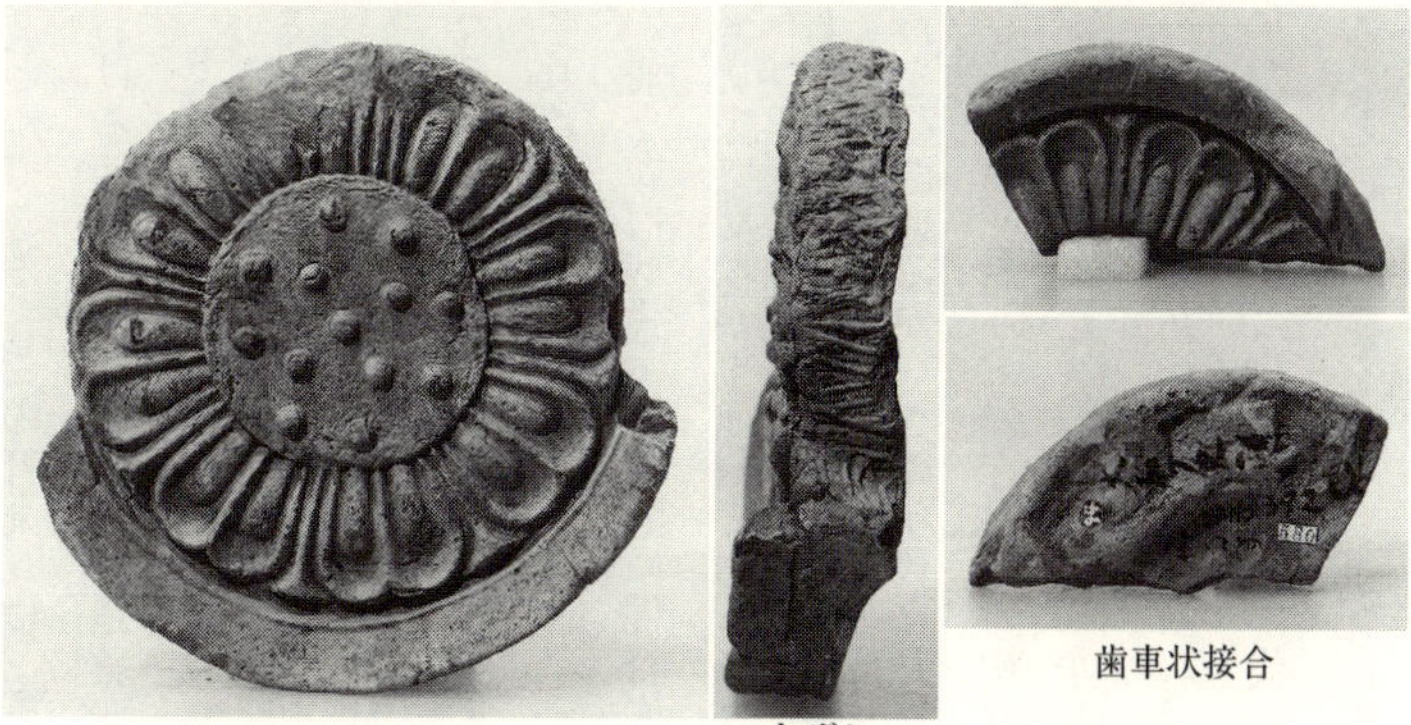

図53　飛鳥寺14型式と坂田寺21型式の丸瓦接合技法

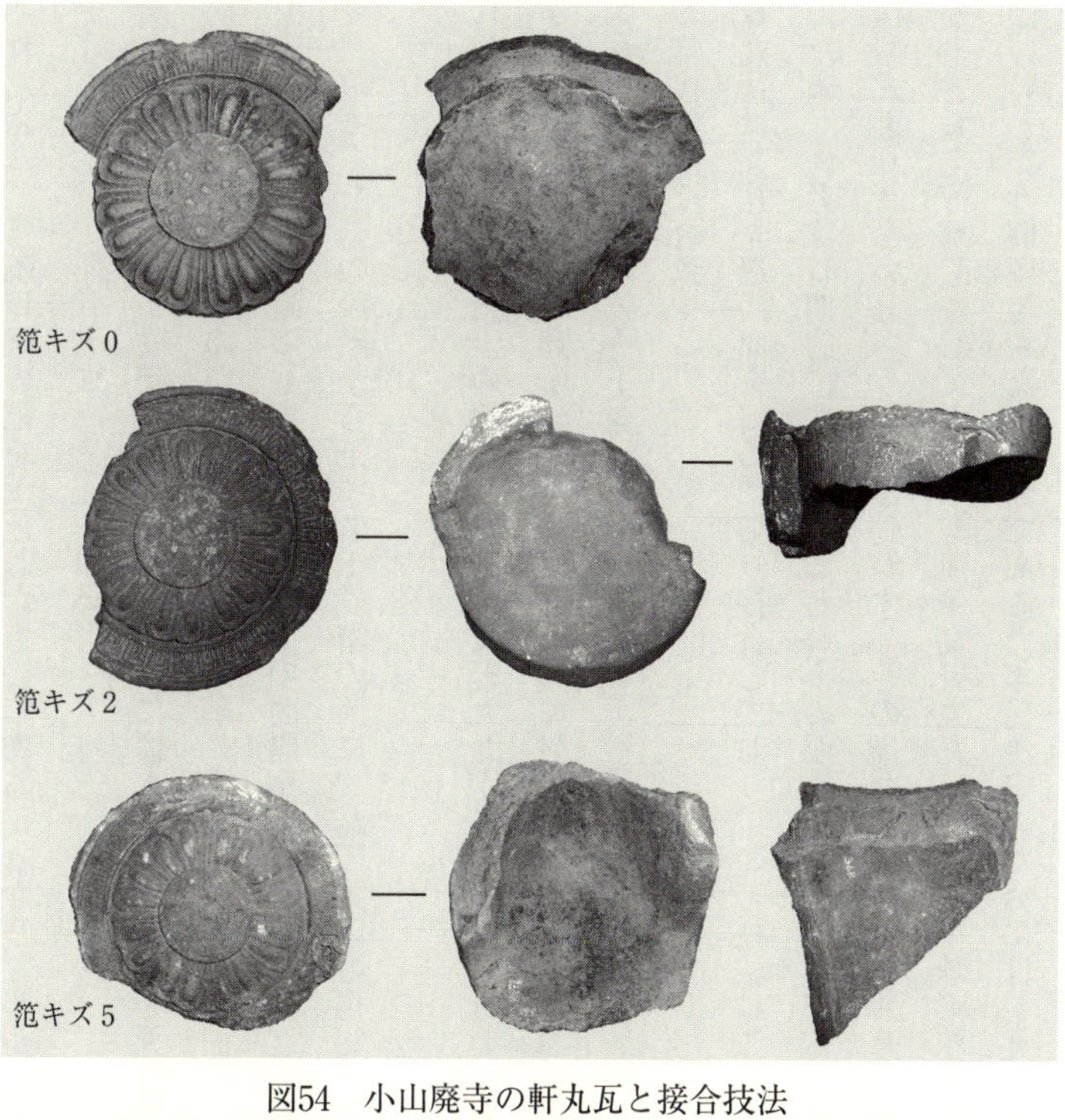

図54　小山廃寺の軒丸瓦と接合技法

ことができる。この軒丸瓦は、藤原宮で使用された六二三三Ba型式の笵を改笵したものであることから、小山廃寺における使用年代は藤原宮の造営がひととおり完了した七〇〇年代初頭と考えられる。

丸瓦先端加工法は、笵キズなしのものは先端未加工であり、一段階のものは凹凸両面に縦方向のキザミを入れているが、一点のみ飛鳥寺14型式の初期のものと同様の加工を行うものがある。笵キズ3段階のものは、凹凸両面に縦ないしは斜め方向、もしくは斜格子状のキザミを入れるが、前段階のものに比べキザミの間隔が広くなり、長さも長くなる。なお、筆者は、小山廃寺の造瓦に関して、笵キズなしの段階から笵キズ1段階の間に、瓦工集団の再編成がなされたと考えている(13)。

飛鳥寺14型式と時期的に併行すると考えられる資料に、軽寺出土の複弁八弁蓮華文軒丸瓦がある。両者はいずれも素文縁で文様が平面的であることが共通するが、14型式は中房の蓮子が二重にめぐるのに対し、軽寺のものは一重であることから、軽寺のものが後続すると考えられる。なお、軽寺は大窪寺・檜隈寺とともに朱鳥元年（六八六）に封戸を得ているが、この年代と瓦から考えられる年代はほぼ合致する。

先述のとおり、軽寺出土の複弁八弁蓮華文軒丸瓦は丸瓦先端凹面を斜めに切り接合しており、この技法はこの寺の素弁八弁蓮華文軒丸瓦とほぼ同様である。そのため、両者は時期的にも近接するというのが筆者の理解である。複弁八弁蓮華文軒丸瓦の年代は六八〇年の飛鳥寺14型式より新しいという見方は動かず、その場合、素弁八弁蓮華文軒丸瓦の年代は六六〇～六七〇年代に求めるのが妥当と考える。しかし、素弁八弁蓮華文軒丸瓦は中房が半球形状を呈するなど古い要素を持ち、単純に年代をあげればいいという問題でもなさそうである。年代決定のためには、丸・平瓦も含めた検討が必要である（図55）。

本薬師寺は、天武九年（六八〇）に発願され、文武二年（六九八）には、伽藍はおおむね完成したと考えられている。

図55　軽寺出土軒丸瓦と接合技法

藤原宮の造瓦については、多くの研究の蓄積があるが、瓦の生産開始年代については、未だ決着を見ない。しかし、発掘調査の結果、藤原宮の瓦のうち大和国外産のものは天武末年（六八〇年代）には生産が開始されていたことが判明し、大和国内のものについても、宮地の地鎮が行われた持統六年（六九二）頃に、生産開始を求める見方が説得力があると考える。この二つの造営事業には複数の瓦工が参加したと考えられるが、丸瓦接合法に限って見た場合、あまり多様性は認められない。次にこの点について述べる。

先述のように、日高山瓦窯には焼成・技法の異なる二者が存在する。一方は丸瓦先端凹面あるいは凸面を斜めに切り、もう一方は縦方向のキザミを入れる。それに対し、高台・峰寺瓦窯は技法の違いから数グループの瓦工の存在が考えられるが、丸瓦先端は基本的に未加工であり、西田中・内山瓦窯も同様である。日高山瓦窯以外のもので、丸瓦先端に何らかの加工を行うものは、六二七四Ac型式のうち多量の砂粒を含むもので、丸瓦先端凹面を斜めに切っている。また、六二三三Ab型式の中で、生産窯不明のものは歯車形接合をとるが、これは宮内から出土しておらず、興善寺、坂田寺など京内の寺院からわずかに出土している程度である。

この他、藤原宮期の軒丸瓦として、檜隈寺出土の六二七五G型式、田中廃寺Ib型式、などがある。いずれも丸瓦先端は未加工である。

このように、藤原宮の瓦生産には、技法の多様さから複数の瓦工が参加したことがうかがわれるが、丸瓦接合法に限って見ると、ほとんどが先端未加工である。このことは、藤原宮造営時は、丸瓦先端に加工を施さず瓦当と丸瓦を接合する方法が一般的であったと言え、ここに瓦工集団の枠をこえた技法の類似性が認められる。

なお、藤原宮期かそれ以前か判然としないが、奥山廃寺Ⅷ A型式も七世紀後半の軒丸瓦と考えられる。この瓦は、山田寺式の範疇で捉えられるもので、山田寺の七世紀後半の軒丸瓦C型式から派生したものである。この軒丸瓦に見える丸瓦先端加工法には、以下のものがある。

①丸瓦先端凹凸両面を斜めに切った後、三角形の切り込みを数カ所いれる歯車形接合をとるもの。
②丸瓦先端凹凸両面を斜めに切った後、キザミ目を入れるもの。
③丸瓦先端端面から鋭利な工具で縦に切り込みを入れるもの。

このうち、①と③の技法は奥山廃寺と大官大寺のみに見られる特異な技法であり、両寺の瓦工が同一であったことの傍証となる。

ここまで、七世紀中頃以降の、飛鳥の軒丸瓦の丸瓦接合法について見てきた。ここで大まかな傾向についてまとめると、七世紀中頃は山田寺と田中廃寺において片柄形加工が認められるが、川原寺では先端にキザミを入れたのみのものが主流となる。このキザミも、川原寺造営工事が進行中に省略され、先端未加工になる。先端未加工のものは、小山廃寺の造営が開始される六七〇年代後半頃にも認められ、本薬師寺や藤原宮では主流となっている。

一方、六八〇年頃に成立したと考えられる飛鳥寺14型式は、丸瓦端面に鋭利な工具でキザミを入れるなど、従前の軒丸瓦には認められない特異な手法をとったり、笵の彫り直しが行われた後は歯車形接合となったり、複雑な変化をたどる。なお、藤原宮の造営時における小山廃寺の軒丸瓦は、縦方向のキザミを凹凸両面に入れるものが主流となるなど、藤原宮との技術的なつながりは認められず、伽藍造営完了までその傾向が認められる。

また、奥山廃寺ⅧA型式や大官大寺、六二三三Ab型式の一部に見られる歯車形接合など、特異な接合方法をとるグループも幾つか存在している。つまり、七世中頃から後半の軒丸瓦における丸瓦接合法は、凹凸両面、側面、端面に丁寧にキザミを入れるものから、キザミを省略した未加工のものへと変化するのが一般的であるが、六八〇年代を境に特異な接合手法をとるものが加わるということとなる。そして、この特異なグループも三つに大別できる。ひとつは、官の造営機構の中に含まれながらも独自の接合技法をとるもの（日高山瓦窯の一群）、特定の寺院造営に中心的に携わった集団（山田寺の造瓦集団、奥山廃寺と大官大寺の造瓦集団、笵キズ1段階以降の小山廃寺の造瓦集団、軽寺の複弁八弁蓮華文軒丸瓦の製作集団）、特定寺院に製品を供給したというよりも、不特定多数の寺院に補足的に瓦を供給した集団（六二三三Ab型式の一部）である。

まとめ

軒丸瓦の製作技法のうち、丸瓦先端加工法について検討してきた。瓦の製作技法の、ごく一部に焦点をあてた検討であるため、不十分で大雑把な検討しか行うことはできなかったが、大まかな傾向として以下のことが言える。

①飛鳥寺に見られる「花組」「星組」は、文様の特徴と技法の特徴が合致するが、七世紀前半には、早くも文様と技法の遊離が認められる。これは、当初、瓦工が行っていた作笵並びに笵の管理を、瓦工以外のものが行うことになったためと考えられる。

②「花組」「星組」に見られた丸瓦先端の加工法、即ち、先端を斜めにカットするか、片枘形にするか、という技法は、七世紀中頃までは一般的な技法として認められるが、それ以降は、先端をカットする技法は一旦途絶え、片枘形加工は山田寺などの特定寺院にのみ認められる特異な技法となる。

③山田寺式に限っては、文様と技法が合致する例（田中廃寺、河内西琳寺、下総龍角寺など）があるが、これは特殊な事例であり、一般的には文様と技法の関連性は薄い。

④七世紀中頃以降は、先端未加工とするものが主流となり、この傾向は少なくとも藤原宮造営まで続くが、七世紀後半になると歯車形接合など特殊な接合法をとるものが現れる。

⑤本薬師寺や藤原宮の造瓦には、技術系譜を異にする複数の集団が参加していたことが、瓦の製作技法からうかがわれるが、丸瓦先端加工法は未加工のものが目立つ。

⑥特殊な接合法をとるものには、特定寺院の造瓦組織の中で中心的な役割を果たした一群（飛鳥寺14型式、奥山廃

寺ⅧA型式、大宮大寺六二三一A型式など）もいれば、特定寺院の造営に携わるのではなく、複数の寺院に少量、製品を供給するもの（六二三三Ab型式の一部）もいる。

このように、七世紀代の軒丸瓦の製作技法には、いくつかの画期が認められる。

奥山廃寺の造瓦（七世紀前半）で認められる文様と技法との遊離（瓦笵の管理者が瓦工から第三者へ）、川原寺式の出現に伴って認められる丸瓦先端加工法の変化（伝統的な技法の廃絶、先端未加工の主流化）、七世紀後半に認められる接合手法の多様化（先端未加工を主流としながらも、歯車形接合など多様な接合法の出現）である。

これらの画期は、主に丸瓦接合法の変化により認定したものであり、瓦の製作技法全体につて検討した場合、異なる結果となるかも知れない。しかし、最初の画期は、飛鳥地域における寺院造営の最初のピークにほぼ合致し、二番目は複弁様式の成立に合致する。さらに三番目の画期は、天武朝に始まる飛鳥・藤原地域における二度目の寺院造営のピークに合致する。瓦づくりという観点から見た場合、大規模な造営工事の集中は、恐らく複数の瓦工を必要としたであろうし、また、造瓦組織そのものの編成の仕方にも、何らかの変化をもたらしたに違いない。そういった意味では、ここで述べてきた画期は、飛鳥地域における造瓦組織の在り方の移り変わりを示している可能性がある。

また、丸瓦接合法の時期的な変化に、瓦工の枠を越え共通する傾向があるとすれば、飛鳥地域における年代根拠のあいまいな資料の時期を決定する際の、根拠のひとつとなる可能性もある。ただし、そのためには、技法全般を含めた検討を経る必要があり、この点については稿を改めて検討することにしたい。

冒頭でも述べたとおり、瓦の研究は軒瓦の文様研究からはじまり、現在でも文様の検討から得られる情報は、最も重要なものとして扱われている。それに対し、技法の分析は、近年、盛んに論じられてはいるものの、あくまでも文様が主であり、技法は従である感は否めない。今回は大雑把な検討に終始した感があるが、筆者は文様とは瓦工ではなく造寺組織が決定するものであり、そこには瓦工の個性は現れないと考える。造瓦組織の研究には、当然ながら文様と技法をリンクさせた視点が必要であるが、特定の瓦工の動向など瓦工そのものについて検討する際には、極論すれば文様を全く無視して、技法のみで検討する必要があるのではないかと考える。

そういった意味で、本稿はそのためのテストケースであり、瓦の技法研究に関する予察である。今後の研鑽をお約束するとともに、多くの方々にご教示・ご指導をお願いしたい。

注

(1) 関野貞「古瓦文様沿革考」『日本の建築と藝術　上巻』一九四二年
(2) 石田茂作「遺物遺跡による当代建立寺院の推定」『総説　飛鳥時代寺院址の研究』一九四四年
(3) 藤澤一夫「屋瓦の変遷」『世界考古学大系　第四巻』一九六一年
(4) 奈良文化財研究所『山田寺発掘調査報告』奈良文化財研究所学報第六三冊、二〇〇二年
(5) 納谷守幸「軒丸瓦製作技法の変遷」『飛鳥文化財論攷集』二〇〇五年
(6) 上原真人『瓦を読む』歴史発掘一一、講談社、一九九七年
(7) 近江俊秀「瓦当文様に現れない瓦工の系譜復元の試み」『橿原考古学研究所論集』第一三、一九九八年
(8) 近江俊秀「藤原宮の造瓦」(上)(下)『古代文化』第五二巻第七・九号、二〇〇〇年（前章）
(9) 花谷浩「寺の瓦作りと宮の瓦作り」『考古学研究』第四〇巻第二号、一九九三年
(10) 山川均『内山一号窯発掘調査概報』大和郡山市教育委員会、一九九四年
(11) 個々の軒丸瓦の技法については、奈良文化財研究所『古代瓦研究』Ⅰ・Ⅱ、二〇〇〇・二〇〇五年を参考にした。
(12) 奈良文化財研究所『川原寺寺域北限の調査』二〇〇四年
(13) 近江俊秀「七世紀後半の造瓦の一形態」『瓦衣千年　森郁夫先生還暦記念論文集』一九九九年

あとがき

日本における律令制度は、天智二年（六六三）の白村江の敗戦を契機とする対外的な緊張関係の中で、急速に整備された。それから四十七年の月日を経て、平城遷都がなされるのであるが、この時間は果たして律令制を日本に根付かせるのに十分であったのだろうか。壬申の乱は、しばしば古い勢力を駆逐し、天皇の権威を飛躍的に高めたと評価されるが、一方で律令制度の中で官僚として高い地位を得た者たちは、藤原氏を除くといずれも伝統的な権威を有する一族であった。

平城遷都の前年、参議以上の地位にあった氏族は、石上氏、大伴氏、藤原氏、粟田氏、小野氏、中臣氏、下毛野氏が各一名であったのに対し、長岡遷都時には藤原氏が四名と躍進しているが、他は大伴氏、大中臣氏、紀氏、石川氏と飛鳥時代以前からの名族が名を連ねている。これは、蔭位制の恩恵もあってのことだか、やはりこうした伝統的な氏族に対する配慮の賜であろう。このことは、律令官僚制が定着した奈良時代になっても、日本は伝統的な氏族社会から脱することはできなかった、言い換えれば伝統的な氏族社会を形式的に律令官僚制という枠に組み込んだことを示しているとも言えるだろう。

本書では、平城京にかかわる三編の論文と、瓦生産に関する二編の論文を掲載した。平城京に対する関心のきっかけは、自分が発掘調査を担当した遺跡を理解するという単純な動機であったが、第二章で記した舎人親王邸の推定を契機に、平城京の宅地の在り方の検討は、奈良時代の社会を復元することにつながるのではないかという問題意識を持つようになった。改稿前の原稿はさらなる居住者復元を目指したものであったが、その後の検討により、遷都当初の宅地の在り方だけではなく、その後の変遷を追跡することによって、次第に解体されていく氏族社会を宅地という観点からも読み解くことができるのではないかと思うようになった。そのことを記したのが第三章の平城京の宅地班給と居住者である。

前稿をベースとして、加筆修正を行ったために、論の展開や論文としての構成にいまひとつまとまりを欠く点があるが、平城京の宅地班給に際しては、氏族が集住できるよう配慮がなされる反面、律令制の円滑な実施のために、特定個人の職掌に応じて貸与される公邸とも言える邸宅が存在するという、伝統的な氏族社会への配慮と律令官僚制の推進という二つの要請に応えるよう行われていたという新たな視点を提示した。

平城京における邸宅は、大伴氏のような伝統的な伴造氏族にとっては、平城京内における氏族の本貫地とも言えるような性格を有しており、坂上郎女の行動に見られるように、その維持のために相当の労力が費やされた。一方、いち早く官僚的な性格を有した藤原氏は、次々と京内の各所に邸宅を広げていった。大伴氏と藤原氏の宅地の在り方の違いは、律令制への氏族の理解や対応の違いを表しているのかも知れない。

本稿は断片的な史料と発掘調査成果の解釈を、ある部分では半ば強引に積み上げたものであるため、多分に憶測によるところが大きいが、今後の都城における宅地の見方、検討の視点について、何らかの問題提起はできたと考えている。

附章として掲載した瓦に係る二編の論文は、手工業生産者が官の造営機構にどのように取り込まれていったのか、という問題意識から執筆したものである。日本における瓦生産は、飛鳥寺造営に伴って百済からやってきた四人の工人から始まる。これらの工人は、寺院の造営に伴い瓦工房を運営し、その中でその弟子たちに技術を伝えていったのであろう。また、寺院造営が盛んになるにつれ、新たな渡来の工人や飛鳥寺造営に参加した工人の弟子たちの手により瓦づくりの技術は短期間のうちに、各地に波及していったと考えられる。

そうした工人たちの多くは、氏寺や官寺の造瓦工房の中に編成されるようになるが、彼らは瓦を作り続けることによって生活をする専業工人であったのか、あるいは造営工事の時に限って、臨時的に編成される半農半工的な工人であったのかという積極的な議論は、あまり聞いたことがない。しかし、少なくとも平城山一体に常設的な工房が置かれることになる平城遷都の以前と以後とでは、専業か半農半工かといった工人の在り方も異なっていたと考えられる。律令制度の導入の定着は、瓦づくり工人の生活を変えた可能性がある。

今回、取り上げた藤原京の造瓦組織の問題は、寺院造営事業の都度、臨時に組織される造瓦工房から、平城山における長期集中生産への移行期にあたると評価されている。特に日高山瓦窯における生産の終了と高台峰寺瓦窯への生産集中は、平城山瓦窯における集中生産のさきがけとなるとされている。それに対し、本稿では藤原京における瓦生産は、官により複数の瓦窯が配置されたが、それらの窯には当初から一定の生産量が割り当てられており、それを終えれば工房そのものが解体され、工人もその任を解かれると考えた。つまり、藤原京における瓦生産とは、従来の寺院の造瓦工房における生産の在り方と何ら変わることがなく、単に複数の工房がひとつの供給先に向けて生産を行っていただけであると理解した。

この点についても、さまざまな異論が予想されるが、瓦生産という観点から見ても、造営工事の都度、臨時に工房を設置するという伝統的な生産体制による藤原京と、常置の工房を置く平城京とでは大きな違いがあるということになる。

貴族の邸宅の話と瓦の話は、一見、何のかかわりもないように思われるかも知れないが、ここまで述べていたように、いずれの切り口も奈良時代という時代を復元することにつながっていくのではないかと考える次第である。

本書の冒頭でも述べたように、平城京に限らず日本で行われている発掘調査の多くは、開発に先立って行われる小規模なものである。こうした調査は、単独ではその意義や目的を語りにくく、理解も得られにくいという側面があるが、しかし、このような調査をないがしろにしてしまうと重要な歴史的な事実が、誰にも気づかれることなく失われてしまうことにもなってしまう。例え小規模な調査であっても、それを粘り強く行い、そこから得られた事実を蓄積し歴史の復元につなげていくことが、今後とも必要であると私は考えている。そして、そうして明らかになった成果をわかりやすい言葉で、多くの皆さんと共有するための取組を、今後とも行っていきたいと思う。

本書を執筆するにあたっては、奈良県立橿原考古学研究所をはじめとする平城京の発掘調査に携わっている皆さん、私とともに現場に携わっていただいた作業員さんたち、研究会などで貴重なご助言をいただいた諸先生方をはじめとする多くの方々のお世話になった。お名前を挙げることはしないが、そうした皆様方に感謝したい。また、本書の企画から作成にあたっては、吉川弘文館の一寸木紀夫さんと高尾すずこさんに、大変お世話になった。文末ながら記して感謝します。

二〇一四年十一月

近江俊秀

索　　引

あ　行

か　行

さ　行

た　行

な　行

は　行

ま　行

や　行

ら　行

わ　行

著者略歴
一九六六年　宮城県に生まれる
一九八八年　奈良大学文学部文化財学科卒業
奈良県立橿原考古学研究所主任研究員を経て
現在、文化庁文化財部記念物課に勤務

主要著書
『古代道路の謎―奈良時代の巨大国家プロジェクト』
（祥伝社、二〇一三年）
『古代国家と道路』（青木書店、二〇〇六年）
『道路誕生』（青木書店、二〇〇八年）
『道が語る日本古代史』（朝日新聞出版、二〇一二年）
『日本の古代道路―道路は社会をどう変えたのか』
（角川学芸出版、二〇一四年）

古代都城の造営と都市計画

二〇一五年（平成二十七）一月一日　第一刷発行

著　者　近《おお》江《み》俊《とし》秀《ひで》

発行者　吉川道郎

発行所　株式会社　吉川弘文館
郵便番号一一三―〇〇三三
東京都文京区本郷七丁目二番八号
電話〇三―三八一三―九一五一〈代〉
振替口座〇〇一〇〇―五―二四四番
http://www.yoshikawa-k.co.jp/

印刷＝藤原印刷株式会社
製本＝株式会社　ブックアート
装幀＝山崎　登

ISBN978-4-642-09341-5